CRIMES EM COMUM

FUNDAÇÃO EDITORA DA UNESP

Presidente do Conselho Curador
Herman Jacobus Cornelis Voorwald

Diretor-Presidente
José Castilho Marques Neto

Editor-Executivo
Jézio Hernani Bomfim Gutierre

Conselho Editorial Acadêmico
Alberto Tsuyoshi Ikeda
Célia Aparecida Ferreira Tolentino
Eda Maria Góes
Elisabeth Criscuolo Urbinati
Ildeberto Muniz de Almeida
Luiz Gonzaga Marchezan
Nilson Ghirardello
Paulo César Corrêa Borges
Sérgio Vicente Motta
Vicente Pleitez

Editores-Assistentes
Anderson Nobara
Henrique Zanardi
Jorge Pereira Filho

RICARDO ALEXANDRE FERREIRA

Crimes em comum
Escravidão e liberdade sob a pena do Estado imperial brasileiro (1830-1888)

© 2011 Editora UNESP

Direitos de publicação reservados à:
Fundação Editora da UNESP (FEU)

Praça da Sé, 108
01001-900 – São Paulo – SP
Tel.: (0xx11) 3242-7171
Fax: (0xx11) 3242-7172
www.editoraunesp.com.br
www.livraria.unesp.com.br
feu@editora.unesp.br

CIP – BRASIL. Catalogação na fonte
Sindicato Nacional dos Editores de Livros, RJ

F443c

Ferreira, Ricardo Alexandre, 1976-
  Crimes em comum: escravidão e liberdade sob a pena do Estado imperial brasileiro (1830-1888) / Ricardo Alexandre Ferreira. São Paulo: Editora Unesp, 2011.
  Anexo
  Inclui bibliografia
  ISBN 978-85-393-0148-5

  1. Escravidão – Brasil – História – Século XIX. 2. Liberdade – Brasil – História – Século XIX. 3. Criminalidade – Brasil – História – Século XIX. 4. Crime – Franca (SP) – História – Século XIX. 5. Escravos – Franca (SP) – Condições sociais. 6. Brasil – História – Império,1822-1889. I. Título.

11-4064
CDD: 981.4
CDU: 94(81)"1822/1889"

Este livro é publicado pelo projeto *Edição de Textos de Docentes e Pós-Graduados da UNESP* – Pró-Reitoria de Pós-Graduação da UNESP (PROPG) / Fundação Editora da UNESP (FEU)

Editora afiliada:

Para Devair e Hélida, pai e mãe.

*Ainda há povos e rebanhos, em algum sítio,
mas não entre nós, meus irmãos: aqui, há Estados.*

*Estado? Que é isto? Pois seja! Abri bem os ou-
vidos, porque, agora, vou dizer-vos a minha palavra sobre a morte dos povos.*

*Chama-se Estado o mais frio de todos os mons-
tros frios. E, com toda a frieza, também mente; e
esta mentira sai rastejando de sua boca: "Eu, o
Estado, sou o povo!".*

(Nietzsche)

AGRADECIMENTOS

A pesquisa que resultou neste livro principiou há mais de uma década. Não há aqui, contudo, o resultado de uma evolução, como seria possível a alguns imaginar, mas sim a história de um conjunto de significativas mudanças e, por que não dizer, rupturas. A mais profunda delas ocorreu exatamente em minha compreensão da história e, como consequência inextricável, de minha percepção da vida. Nas linhas que seguem, menciono e agradeço a algumas das pessoas que atuaram diretamente nessa trajetória e, de muitas maneiras, tornaram o livro que o leitor tem ante os olhos uma realidade. A todos os que aqui não menciono, em razão de um imperdoável esquecimento, minhas desculpas e meu muito obrigado.

Nos últimos anos encontrei no professor Horacio Gutiérrez mais que um orientador. Sua experiência profissional e sua disponibilidade para sugerir caminhos, sempre que a dúvida me impedia de tomar decisões, foram fundamentais. A ele agradeço e me desculpo pelas vezes em que nossas reuniões começaram muito cedo, a ponto de transtornarem a sua rotina diária.

Ao longo desses anos pude contar também com a contribuição de outros profissionais da área de História que leram resultados da pesquisa, debateram e sugeriram aprimoramentos. Ainda na defesa de minha dissertação de mestrado, contei com a leitura dos professores Ida Lewkowicz e Manolo Florentino, os quais, ao saberem que o trabalho prosseguiria no doutorado, além de arguirem a dissertação, realizaram algumas sugestões, na medida do possível incorporadas ao presente texto. A ambos gostaria de agradecer.

Às professoras Marisa Saenz Leme e Maria Aparecida de Souza Lopes sou duplamente grato por terem debatido comigo tanto o trabalho de mestrado quanto o de doutorado, sempre dispostas a contribuir e chamar a minha atenção para aspectos relevantes da interpretação da documentação de época e do diálogo com a historiografia.

A Hebe Mattos e Maria Cristina Wissenbach, nomes a mim muito familiares desde a iniciação científica, agradeço pela participação na banca de defesa de minha tese e, especialmente, pelas críticas e sugestões feitas ao trabalho, muitas delas ora incorporadas à versão final do texto.

Gostaria de agradecer de maneira geral aos diversos colegas que colaboraram diretamente com meu trabalho nos últimos anos. Algumas pessoas caras, entretanto, acompanharam muito de perto momentos importantes não só de minhas pesquisas e trabalho, como também de minha vida, e, por isso, gostaria de agradecer-lhes nominalmente: a Jean Marcel Carvalho França, Susani Silveira Lemos França, Milton Stanczyk Filho e Raphael Nunes Nicolletti Sebrian, meu muito obrigado.

Durante o doutorado, além de intensificar a pesquisa em arquivos, pude aprofundar meus estudos a respeito da história da escravidão e do direito penal no Brasil. Para tanto, foi fundamental a atenção que recebi dos funcionários da Biblioteca do campus de Franca da Unesp, bem como da Faculdade de Direito do Largo São Francisco, da Faculdade de Filosofia, Letras e Ciências Humanas (FFLCH) e do Instituto de Estudos Brasileiros (IEB) da Universidade de São Paulo (USP). No Rio de Janeiro também pude contar com a solicitude dos profissionais da Biblioteca Nacional, do Instituto dos Advogados Brasileiros e do Instituto Histórico e Geográfico Brasileiro. Embora não consiga nomeá-los, gostaria de agradecer a todos.

No Arquivo Municipal de Franca e no Arquivo do Estado de São Paulo pude contar com o pronto atendimento de todos os funcionários, aos quais também gostaria de agradecer. Em especial, sou grato a Fabrício Leonardo Ribeiro e Michelle Tatiane Souza e Silva, meus auxiliares de pesquisa durante o doutorado. Ambos reúnem qualidades fundamentais ao pesquisador do campo da História e espero que tenham muito sucesso em suas carreiras.

Desejo registrar também o meu agradecimento à Fundação de Amparo à Pesquisa do Estado de São Paulo (Fapesp), pelo apoio integral concedido a este trabalho em todas as suas fases. E, ainda, à Fundação Editora da Unesp, que tem contribuído ativamente com a divulgação de minhas pesquisas.

A Karina Anhezini, companheira de uma vida, gostaria de fazer um agradecimento muito especial. Devo a ela – e, sobretudo, a ela – a possibilidade de concluir este e muitos outros trabalhos e conquistas. Além de agradecer, quero também me desculpar por não conseguir oferecer a mesma contribuição que recebi. Por tudo que passamos juntos, muito obrigado.

Gostaria de agradecer, uma vez mais, a meu pai, Devair Messias Ferreira, e minha mãe, Hélida Maria dos Santos Ferreira, pessoas com as quais, especialmente nos últimos anos, tenho estabelecido uma relação mais madura e, talvez por isso, mais intensa. A vocês é dedicado este livro.

Sumário

Prefácio   15
Introdução   19

1   Um estado pouco lisonjeiro: criminosos livres,
    escravos e o tema da segurança individual sob
    o olhar do Executivo   41
2   Costumes e criminalidade: livres e escravos
    num mundo rural   99
3   Um julgamento, duas penas: livres e escravos
    nas leis e nos tribunais   155
4   Dos crimes que são mandados: livres e escravos em
    emboscadas, confrontos e parcerias   193

Considerações finais   235
Referências bibliográficas   239
Anexo   261

PREFÁCIO

É uma satisfação apresentar *Crimes em comum: escravidão e liberdade sob a pena do Estado imperial brasileiro (1830-1888)*, mais um livro de Ricardo Alexandre Ferreira, também autor de *Senhores de poucos escravos*, publicado em 2005, pela Editora Unesp. A convite do orientador, Horacio Gutiérrez, participei da banca de doutorado que deu origem a este novo trabalho, mais uma importante contribuição aos estudos historiográficos sobre a escravidão no Brasil, o "mais frio de todos os monstros frios", para usar as palavras com que o autor conclui sua introdução.

O Brasil nasceu como nação constitucional e escravista. Com a aprovação da primeira Constituição, em 1824, o país passou a reconhecer formalmente amplos direitos civis e políticos de seus cidadãos, ao mesmo tempo que mantinha cerca de 30% de seus habitantes escravizados, considerados como não cidadãos e não pessoas. Mais ainda: à revelia da própria legislação da jovem monarquia, a partir de 1831 o país tornar-se-ia destino de cerca de 1 milhão de novos africanos escravizados, trazidos ilegalmente de regiões da África, confirmando-se como o maior receptor ilegal de escravos nas Américas até 1850. Por fim, seria ainda o último país do Novo Mundo a abolir a escravidão, em 1888. A história da monarquia constitucional brasileira confunde-se com a história da escravidão americana no século XIX.

Esse não era um pequeno problema para um país que se formava baseado em uma Constituição liberal e que não assumia formalmente questões raciais como justificativa para a manutenção da escravidão, ancorando a legalidade dessa prática no simples direito de propriedade. Com milhões de novos escravizados chegando ao país e, ao mesmo tempo, na fronteira tênue entre escravidão e liberdade, a administração da justiça e as sociabilidades cotidianas no Brasil nem sempre separavam com clareza escravos, livres e libertos, apesar de essas categorias serem estruturantes das hierarquias sociais e dos ordenamentos jurídicos do país. A abordagem dessa ambiguidade fundamental é a grande contribuição do presente trabalho.

Neste livro, Ricardo nos brinda com um tratamento renovado o problema de pesquisa da criminalidade escrava no Oitocentos. O trabalho, de fôlego, está ancorado em um amplo conhecimento acumulado nos últimos trinta anos pela pesquisa histórica sobre o tema e na trajetória de mais de uma década de estudo do autor sobre os processos criminais envolvendo escravos da Comarca de Franca, em São Paulo.

Nas últimas décadas, a historiografia tem, preferencialmente, explorado a ampla documentação judiciária relativa à escravidão como fonte para acessar, por um lado, o cotidiano escravo e, por outro, sua rebeldia contra a escravidão expressa em furto de produtos agrícolas, fugas ou assassinatos de senhores e feitores. Apesar disso, a presença de escravizados como réus nos tribunais frequentemente apresentava um escopo mais amplo. De forma original, este livro questiona se os crimes de escravizados na sociedade brasileira oitocentista podem ser sempre caracterizados *apenas ou simplesmente* como atos contra a escravidão.

Nesse sentido, o livro explora, com criatividade e competência, as diferenças e interseções entre criminalidade "escrava" e criminalidade "livre" nos discursos oficiais e no dia a dia da administração da justiça na extensa comarca de Franca, na Província de São Paulo, lugar de fronteira, mundo de senhores com poucos escravos e intensa criminalidade no mundo dos livres, frequentemente com a participação e cumplicidade de escravos. O livro trabalha com nada menos que 779 processos criminais com réus cativos e livres ao longo de todo o período de vigência do Código Criminal do Brasil Monárquico.

Mesmo quando irmanados no crime, os lugares jurídicos de livres e escravos eram diferentes perante os tribunais. Escravos podiam ter penas convertidas em punições físicas e ser devolvidos a seus senhores, que deviam arcar com sua defesa e que muitas vezes os abandonavam ou os alforriavam quando envolvidos em crimes de morte. A integração do escravo no sistema judiciário como réu era uma interferência direta do Estado no poder privado dos senhores, que vinha da tradição portuguesa e se aprofundou a partir da aprovação do Código Penal do Império, em 1830. Qual a diferença de rigor da justiça imperial na punição de livres e de escravos? Qual o lugar de cada um perante os tribunais? Até onde o interesse dos senhores tornava os tribunais mais "tolerantes" com crimes quando cometidos por escravizados?

A partir de questões como essas, Ricardo Alexandre Ferreira oferece uma abordagem inovadora sobre o lugar dos escravizados na criminalidade dos livres, aprofundando nosso conhecimento sobre as interseções entre escravidão e liberdade no Brasil oitocentista e, consequentemente, sobre os significados da cidadania e dos direitos civis em uma sociedade escravista. Temas fundamentais para conhecermos melhor a amplitude da marca deixada pela escravidão na sociedade brasileira. Um passado ainda presente, que precisa ser mais conhecido para que possa realmente "passar".

A todos, uma boa leitura.

Hebe Mattos
Universidade Federal Fluminense

Introdução

O ano era 1868. Tomás fugiu da casa de sua senhora armado com um bacamarte. Enfurecido, o escravo vasculhou as ruas de Olinda em busca da autoridade policial que mandou castigá-lo publicamente. Tão logo encontrou o homem de quem suspeitava, fulminou-o com um tiro à queima-roupa. Preso e julgado, o cativo foi sentenciado à morte. Existia, entretanto, a possibilidade de apelação da sentença, e Tomás foi encarcerado na Detenção do Recife, à espera de uma decisão.

Num dia, porém, que poderia ser como qualquer outro na vida de quem aguarda por um destino certamente fatídico, do interior da enxovia Tomás vislumbrou em uma porta esquecida aberta a oportunidade de escapar da morte. A um passo da rua, foi interceptado pela sentinela, que do cativo recebeu em revide uma pancada fatal. Já condenado à morte pelo primeiro assassinato, Tomás postou-se pela segunda vez no banco dos réus, de onde ouviu o promotor público solicitar ao conselho de jurados, novamente, sua condenação à pena última.

Após intermináveis debates jurídicos, Tomás foi finalmente considerado culpado e condenado à pena de galés perpétuas – trabalharia em obras públicas arrastando correntes pelo resto da vida. A essa altura, seria possível argumentar, de maneira um tanto desa-

20 RICARDO ALEXANDRE FERREIRA

visada, é verdade, que a pena pouco diferia de sua vida de cativo. Não obstante, enquanto esse novo drama se desenrolava no Recife, confirmou-se em Olinda, como resultado definitivo do primeiro julgamento ao qual Tomás fora submetido pelo assassinato anterior, que seu fim seria dado pelas mãos do carrasco na forca.

Como alguém submetido à escravidão, um crime contra a humanidade, poderia ser condenado à morte como criminoso? Como poderia Tomás ser culpado por infringir regras de uma sociedade da qual não era sócio? Como o escravo, considerado como coisa, podia ter descumprido o *contrato social*[1] pactuado por pessoas – assim definidas por terem nascido iguais e livres?

Tais indagações, de inspiração não exclusiva, mas marcadamente rousseaunianas, fundamentaram uma das teses defendidas pelo jovem rábula, que no tribunal do Recife atuou como advogado de defesa do escravo Tomás. Conta-nos o então aluno do quinto ano da Faculdade de Direito do Recife que Tomás foi criado em Olinda, por sua senhora, como se fosse homem livre, embora permanecesse legalmente cativo. Trabalhava para si mesmo e para sua proprietária, era tido por todos que o conheciam como humilde, brioso e bem reputado. Tanto assim era, asseverava o defensor, que por vezes lhe rendiam na cidade o tratamento de *Senhor Tomás*. Contudo, em um dia, sem que se soubesse ao certo o motivo, a proteção da senhora desapareceu. Com 25 anos de idade, Tomás foi preso em uma das ruas de Olinda, amarrado e surrado a mando de uma autoridade policial, ante os olhos de seus amigos e desafetos. Uma vida quase

---

1 "Encontrar uma forma de associação que defenda e proteja com toda a força comum a pessoa e os bens de cada associado, e pela qual cada um, unindo-se a todos, só obedeça, contudo, a si mesmo e permaneça tão livre quanto antes. Este é o problema fundamental cuja solução é fornecida pelo contrato social. As cláusulas desse contrato são de tal modo determinadas pela natureza do ato que a menor modificação as tornaria inúteis e sem efeito, de sorte que, embora talvez jamais tenham sido formalmente enunciadas, são em toda parte as mesmas, em toda parte tacitamente admitidas e reconhecidas; até que, violando o pacto social, cada qual retorna aos seus primeiros direitos e retoma a liberdade natural, perdendo a liberdade convencional pela qual renunciara àquela" (Rousseau, 2006, p.20-1).

livre se vertia em tormento e o cativeiro se apresentava ao escravo com uma de suas faces mais perversas.

A propósito, o advogado de defesa de Tomás era Joaquim Nabuco (1849-1910), um dos mais citados abolicionistas brasileiros. Nabuco (1999) evocou a história do cativo Tomás em seu livro inconcluso *A escravidão*, escrito em 1870, mas publicado pela primeira vez apenas em 1924 no periódico do Instituto Histórico e Geográfico Brasileiro. Mais precisamente, na primeira das três partes que originalmente integrariam a obra intitulada *O crime*. Sob o olhar do jovem e já atuante Nabuco, nenhum assassinato cometeria Tomás caso não fosse compelido por dois outros crimes sustentados pela sociedade brasileira imperial – *a Escravidão* e *a Pena de morte*. Nabuco (2004, p.47) atuou em três julgamentos de escravos. Em suas palavras, "eram todos crimes de escravos ou, antes, atribuídos a escravos [...] alcancei três galés perpétuas".

Escolher o drama do cativo Tomás para a elaboração do seu primeiro libelo contra o cativeiro parece não ter sido um ato fortuito de Joaquim Nabuco. Impressionou muito ao, então, incipiente abolicionista brasileiro a leitura de *Uncle Tom's cabin, or Life among the lowly*,[2] da abolicionista americana Harriet Beecher Stowe[3] – originalmente publicado nos Estados Unidos, na forma de livro, em 1852 –, que narra o drama do velho, humilde e religioso escravo Tomás, cuja sorte mudou drasticamente depois de súbitas mudanças de senhor. Como na narrativa do drama do Tomás brasileiro, uma vida quase livre se vertia em tormento e o cativeiro se apresentava ao escravo com uma de suas faces mais perversas.

Há quem ainda defenda ter a narrativa de Stowe atuado como um dos estopins da Guerra Civil Norte-Americana – a Guerra

---

2 "O romance *Uncle Tom's Cabin* foi traduzido para o português e publicado em Paris e Lisboa sob o título de *A Cabana do Pai Tomás*, em 1853 e 1856 [...] foi também parcialmente publicado em capítulos por *A Redempção*, jornal abolicionista de São Paulo. Os capítulos aparecem de 13 de outubro de 1887 até o último número do jornal em maio de 1888" (Azevedo, 2003a, p.144).

3 Para uma análise ampla e comparativa a respeito do movimento abolicionista nos Estados Unidos e no Brasil, ver Azevedo (2003a).

de Secessão (1861-1865) –, que culminou com a derrota do Sul escravocrata e a consequente abolição legal do cativeiro no país. É possível supor, ao menos, que, na mente do jovem estudante de direito – filho de um dos mais destacados estadistas do Império[4] –, tanto na América do Norte quanto no Brasil, *a história de um cativo chamado Tomás* demonstraria à opinião pública ser um equívoco a imagem do bom senhor vinculada à possibilidade de um cativeiro menos cruel.

Não foi apenas a partir da via abolicionista de Nabuco – que se opunha a outras, tais como a defendida por Joaquim Manoel de Macedo, no conjunto de três novelas intitulado *As vítimas-algozes: quadros da escravidão*, de 1869[5] – que o trinômio "escravidão-

---

4 *Um estadista do Império*: Nabuco de Araujo: sua vida, suas opiniões, sua época (Nabuco, 1949), obra originalmente publicada em 1899. Para uma análise pormenorizada da obra, ver Marson (2008). Ainda sobre a trajetória internacional de Joaquim Nabuco, ver Rocha (2009).

5 "Seguindo dois caminhos opostos, chega-se ao ponto que temos fitado, à reprovação profunda que deve inspirar a escravidão. Um desses caminhos se estende por entre as misérias tristíssimas, e os incalculáveis sofrimentos do escravo, por essa vida de amarguras sem termo, de árido deserto sem um oásis, de inferno perpétuo no mundo negro da escravidão. É o quadro do mal que o senhor, ainda sem querer, faz ao escravo. O outro mostra a seus lados os vícios ignóbeis, a perversão, os ódios, os ferozes instintos do escravo, inimigo natural e rancoroso do seu senhor, os miasmas, deixem-nos dizer assim, a sífilis moral da escravidão infeccionando a casa, a fazenda, a família dos senhores, e a sua raiva concentrada, mas sempre em conspiração latente atentando contra a fortuna, a vida e a honra dos seus incônscios opressores. É o quadro do mal que o escravo faz de assentado propósito ou às vezes involuntária e irrefletidamente ao senhor. Preferimos esse segundo caminho: é o que mais convém ao nosso empenho", excerto extraído do texto "Aos nossos leitores" (Macedo, 1988). O tema dos crimes cometidos por escravos e sua abordagem na literatura brasileira produzida na segunda metade do século XIX é abordado em Süssekind (1988). Para uma análise das relações entre abolicionismo e racismo no Brasil e nos Estados Unidos no Oitocentos, ver Azevedo (2003a). Supõe-se ter sido o livro de Macedo o primeiro romance abolicionista brasileiro. No teatro, o *escravo malévolo* – tipo muito recorrente entre abolicionistas brasileiros, segundo Azevedo – estreou nos palcos do Rio de Janeiro em setembro de 1857 a partir da pena de José de Alencar, em particular *O demônio familiar,* de 1857. Ainda a respeito dos tipos negros construídos na literatura brasileira oitocentista, ver França (1998).

-crime-liberdade" passou a interessar aos historiadores e militantes das causas antiescravista e antirracista no Brasil.

As revoltas de escravos compuseram uma das mais importantes páginas da história do cativeiro de africanos e descendentes no Novo Mundo.[6] No âmbito do Estado, sob a óptica legal, a punição dos integrantes de uma sublevação passava pela transfiguração jurídica do levante em crime. Mesmo que, para isso, muitas vezes os crimes, e não somente aqueles que envolviam escravos, pudessem "ser puxados e empurrados por todos os lados, até que coubessem dentro das formas jurídicas adequadas" (Thompson,

---

6 Durante muitos anos, uma das principais referências para os estudiosos das revoltas escravas nas Américas foi a obra *Da rebelião à revolução*: as revoltas de escravos nas Américas (Genovese, 1983), que associa as mais significativas rebeliões escravas no Novo Mundo ao movimento mais amplo das chamadas revoluções burguesas. Recentemente, foi publicado no Brasil um novo balanço crítico das pesquisas que se ocuparam do tema da resistência escrava nas Américas, de autoria de Matthias Röhring Assunção (2006). O autor não só atualiza a imensa bibliografia a respeito do tema das revoltas escravas, como engrossa as fileiras dos críticos da "teleologia marxista" na qual é enquadrada a citada obra de Genovese. Ademais, Assunção procura demonstrar a amplitude de sentidos atribuídos pelos estudiosos ao conceito de "resistência escrava". O autor destaca a importância das pesquisas que lançaram mão de pressupostos metodológicos oriundos do relativismo cultural — da busca pelo *hidden transcript* de que fala James Scott — para o entendimento das chamadas agências ou demandas escravas. Contudo, pondera que abandonar completamente o conceito de hegemonia, caro aos estudos marxistas de tradição gramsciana, também não seja uma medida útil. De acordo com Assunção (2006, p.359): "Se a reconstrução do discurso do subalterno, portanto é complicada, mais difícil ainda é a interpretação do que ele diz. A pequena crítica ao nosso ilustre precursor Genovese não deve induzir ao abandono do projeto de estudo comparativo que ele inaugurou. Procurar abrigo por detrás de uma postura empiricista de 'eu deixo apenas as fontes falarem' tampouco é a solução. Historiadores não podem se dar ao luxo de apenas repetirem ou reiterarem os discursos dos agentes da história. Novos modelos devem não somente dar conta dos fatores favorecendo a rebelião, como também dos que preveniram elas. Devem poder comparar uma série de níveis de realidade histórica, desde a economia à estrutura social, desde a política à cultura. E devem poder navegar entre essencialismos e dogmatismos".

24 RICARDO ALEXANDRE FERREIRA

1997, p.333).[7] É preciso asseverar, entretanto, que a transformação da rebeldia escrava em crime representou uma das intromissões mais espinhosas de poderes externos e normativos em conflitos resolvidos, durante muito tempo, interna e reservadamente, pelos senhores, seus feitores, administradores e escravos. A fronteira que demarcava o fim do direito de castigar dos proprietários e o início da atribuição de punir do Estado constituía-se num território de artimanhas e enfrentamentos. Contudo, essa intervenção, aos poucos, tornou-se mais efetiva[8] e legou ao futuro uma formidável massa documental.

Produzidos em sua maior parte nos séculos XVIII e XIX, esses papéis oficiais abrangem, ainda que de maneira muitas vezes fragmentária, desde o princípio dos debates a respeito da elaboração de uma determinada lei até o cumprimento de sentenças condenatórias

---

7 A presença de Thompson na historiografia brasileira é inegável, mesmo naqueles trabalhos que não a explicitam. Entretanto, não se tem aqui a compreensão de que os conceitos de *classe* e *economia moral*, tal como ele os formulou no ato mesmo de estudar a sociedade inglesa do século XVIII, sejam uma espécie de panaceia metodológica para o estudo das diversas facetas da história do cativeiro no Brasil. Serviram, antes, especialmente nas décadas de 1980 e 1990, ao diálogo das, então, novas gerações de historiadores acadêmicos com antigos intelectuais de esquerda, mais afeitos às estruturas e aos conceitos generalizantes.

8 Stuart Schwartz (1988) afirma, por exemplo, que os senhores de engenho da Bahia colonial indubitavelmente dispunham de elevado *status* e riqueza, além de controle de instituições locais e extensas redes de parentesco, constituindo-se no segmento mais poderoso daquela sociedade. Mas sua autoridade não era irrestrita. Segundo o autor: "Após a fase inicial de desbravamento do território, no século XVI, a presença de administradores régios e da relação na Bahia estabeleceu certos limites aos senhores de engenho. Os funcionários da Coroa raramente interfeririam em questões de controle da escravaria, matéria em que os senhores de engenho o mais das vezes possuíam total liberdade; entretanto, as ações destes últimos eram restritas pelo governo régio quando conflitavam com o governo civil ou a administração da justiça. A capacidade da Coroa de controlar o mundo dos engenhos era limitada, porém, pela distância, dificuldades e redes de parentesco e influência que não raro incorporavam os próprios magistrados". Ainda segundo o mesmo autor, "à medida que se desenvolveu a estrutura judiciária nas vilas do Recôncavo, as autoridades centrais puderam organizar e executar melhor as funções de policiamento [...]. O mundo dos engenhos não esteve completamente fora do alcance da lei, e não só a palavra dos senhores de engenho imperou nessas propriedades" (ibidem, p.234).

CRIMES EM COMUM **25**

em comarcas localizadas nos mais distantes sertões da época. Por tal amplitude, esses códigos, atas parlamentares, alvarás, avisos, decretos, livros cartoriais, ofícios, inquéritos, processos, apelações e relatórios administrativos têm sido cada vez mais frequentados por estudiosos interessados na interpretação de uma história crítica do cotidiano[9] que, sem dúvida, é mais ampla do que a história do cativeiro.

O interesse dos pesquisadores dedicados ao estudo do nosso passado escravista por essa documentação gerou, no entanto, uma consequência peculiar. Ao consultar, organizar e recortar esses documentos,[10] estabelecendo um diálogo entre suas questões contemporâneas e os textos produzidos no passado, os historiadores encaminharam, de certa maneira, um movimento inverso ao das autoridades coloniais e imperiais – a vinculação entre crimes cometidos por cativos e a rebeldia dos escravos contra o cativeiro.[11]

No âmbito da historiografia dedicada ao estudo do cotidiano e da resistência escrava no Brasil, a conjugação do trinômio "escravidão-crime-liberdade" propiciou, em conjunto com outras abordagens e fontes, instigantes debates e até polêmicas interpretativas.[12] Uma delas desencadeou-se há quase duas décadas, quando alguns

---

9 O desenvolvimento e as contribuições teórico-metodológicas de uma *historiografia crítica do cotidiano* são detidamente analisados em Dias (1998b, p.223-58).

10 Ações peculiares ao trabalho do historiador que, na acepção de Michel de Certeau (2002, p.71), produz seus documentos "pelo simples fato de recopiar, transcrever ou fotografar estes objetos mudando ao mesmo tempo o seu lugar e o seu estatuto".

11 No Brasil, embora não devam ser esquecidos os nomes de Clóvis Moura, Décio Freitas e Alípio Goulart como estudiosos pioneiros das insurreições e das revoltas de cativos, um dos primeiros trabalhos a lançar mão da análise sistemática de processos criminais envolvendo cativos de uma dada região para a análise da rebeldia escrava foi *Escravidão negra em São Paulo*: um estudo das tensões provocadas pelo escravismo no século XIX (Queiroz, 1977).

12 Os desdobramentos específicos dos estudos a respeito do tema da resistência escrava na historiografia brasileira encontram-se inextricavelmente amalgamados aos "territórios e deslocamentos ocorridos nas três últimas décadas na história social da escravidão no Brasil". Um mapeamento, muito preciso, dos principais pontos de inflexão de tais deslocamentos pode ser consultado em Mattos (2008, p.49-61).

26   RICARDO ALEXANDRE FERREIRA

pesquisadores argumentaram que a historiografia precedente, especialmente dos anos 1960 e 1970, apesar de contribuir com o avanço na compreensão do papel do cativo na luta contra a escravidão, centrava-se excessivamente na violência como principal arma usada tanto para a dominação senhorial quanto para a resistência empreendida pelos escravos.[13]

Ao explorarem fontes de natureza criminal, alguns desses historiadores se lançaram à tentativa de interpretar os significados e sentidos conferidos pelos próprios cativos aos planejamentos de ataques individuais e coletivos contra senhores, feitores e administradores, à prática de furtos e desvios da produção das fazendas, à resistência às autoridades policiais nos núcleos urbanos, à aplicação de pequenos golpes e às relações não autorizadas estabelecidas com escravos fugitivos, quilombolas,[14] ex-escravos, tropeiros, mascates, taberneiros, boticários, bacharéis em direito, e tantos outros membros da sociedade que gravitava ao redor do cativeiro.

Embora não sejam uníssonos, de maneira geral, esses estudos concluíram que o crime, sobretudo o de morte, era um ato limite antecedido por uma série de outras manifestações cotidianas de desagrado dos cativos em sua relação com os senhores. Cientes dessas demandas, muitos senhores realizavam concessões aos seus escravos – interpretadas por alguns pesquisadores como estratégias de dominação fundadas em critérios paternalistas.[15] Do seu lado, os cativos eram capazes de compreender essas concessões como conquistas e negociar com os proprietários entre os extremos da submissão e da rebeldia.[16] Não acredito que a possibilidade de vinculação entre

---

13 Realizei uma exposição mais detalhada deste debate em Ferreira (2005a).

14 Em especial, para o tema dos quilombos, quilombolas e suas relações com a população escrava e livre em diversos pontos do Brasil, desde o período colonial, ver Reis & Gomes (1996) e Gomes (2005).

15 Uma das obras que mais contribuíram para o desenvolvimento dessas reflexões na historiografia brasileira foi A terra prometida: o mundo que os escravos criaram (Genovese, 1988).

16 Foi por ocasião do centenário da abolição (1988) que, inspirados pelos desdobramentos da historiografia internacional, especialmente inglesa e norte-americana, alguns pesquisadores se lançaram ao estudo de documentos cartoriais

crimes cometidos por escravos e sua luta consciente pela conquista da liberdade deva ser deixada de lado, em razão de traduzir, especificamente, uma alternativa de interpretação ligada a um momento específico do debate historiográfico das décadas de 1980 e 1990. Embora não se possa atribuir a todos os escravos a compreensão da escravidão em sua amplitude institucional, os ataques individuais e coletivos a senhores, feitores e autoridades estatais – por quebras de acordos, durante sessões de castigos e humilhações públicas ou reservadas, ou, ainda, como desfechos de planos cruentos cuidadosamente elaborados diariamente em meio a ameaças e padecimentos – ocorreram nas diversas regiões do país permeando a literatura, os debates promovidos nas assembleias parlamentares, os relatórios emitidos por secretarias de governo, a imprensa e, consequentemente, contribuindo de maneira decisiva para a extinção legal do cativeiro no Brasil.[17]

Ainda assim, creio ser importante afirmar que, dependendo da época e do lugar onde ocorria a relação entre senhores e escravos, se em áreas urbanas ou rurais, nos sertões ou litorais, de acordo com o tipo de atividades desenvolvidas, com a dimensão das propriedades, com a quantidade de cativos possuídos por proprietário, com a maior parcela de crioulos ou de africanos na população de escravos e libertos, dentre outros fatores, uma parte significativa das ações

---

para dialogar com as tradições historiográficas a respeito do escravismo brasileiro que lhes antecederam. Engajados no debate, do qual emergiu a interpretação do "cativo sujeito de sua história", é possível destacar: Reis (2003); Machado (1987), Reis & Silva (1989); Algranti (1988); Lara (1988); Chalhoub (1990); Wissenbach (1998); e Slenes (1999). As principais críticas à ideia do "cativo sujeito de sua história" encontram-se em Gorender (1990) e Queiroz (1998).

17 Nos últimos anos, alguns estudiosos têm se dedicado ao entendimento da participação dos cativos no processo de abolição da escravidão no Brasil. A importância da criminalidade escrava praticada na segunda metade do século XIX no Sudeste é discutida em Azevedo (1987); Machado (1994) e Mattos (1998). Também inserido nesse debate, porém visando compreender os significados conferidos às noções de *legalistas* e *radicais* atribuídas à atuação dos escravos no movimento pela abolição da escravatura, desde a década de 1870, em São Paulo, encontra-se o estudo *O direito dos escravos*: lutas jurídicas e abolicionismo na província de São Paulo na segunda metade do século XIX. (Azevedo, 2003).

28 RICARDO ALEXANDRE FERREIRA

tidas como delituosas praticadas pelos escravos os aproximava mais da população livre em geral[18] do que propriamente dos seus senhores. É justamente essa percepção que o presente estudo procura desenvolver, sustentando a pergunta: Era o crime de um escravo, em qualquer tempo ou lugar, um ato contra a escravidão?

Ao admitir, como pressuposto de abordagem da questão, que nem sempre existia uma relação linear entre qualquer tipo de crime atribuído a um escravo e a revolta contra a instituição escravista, é possível ir além dos estatutos jurídicos da época – livre, liberto

---

18 Alguns trabalhos foram particularmente relevantes ao estudo dos homens livres que viveram no seio da sociedade escravista. Caio Prado Júnior (2000) é apontado como um dos pioneiros autores a considerar a importância crescente da população livre e pobre, comprimida entre senhores e escravos, na história da colonização do Brasil. Maria Sylvia de Carvalho Franco (1997) foi pioneira no Brasil ao lançar mão da análise de processos criminais da Comarca de Guaratinguetá para estudar a vida dos homens livres no mundo rural na "velha civilização do café" no século XIX. Nessa obra, Franco (1997, p.46) reconheceu "que por vezes, e especialmente em pequenas propriedades, o escravo trabalhou ao lado do homem livre, participando então das instituições próprias a este último". Peter Einsenberg (1989) era um crítico da ideia que reputava incompatível a convivência do trabalho livre e escravo no Brasil afirmando que, apesar de não se confundirem, ambas as formas podiam ser contemporâneas e até semelhantes em certos aspectos. No processo de incipiente urbanização verificado na cidade de São Paulo, entre fins do século XVIII e abolição do cativeiro, Maria Odila Leite da Silva Dias (1995) analisou a luta pela sobrevivência de mulheres pobres que possuíam no desempenho de atividades improvisadas e temporárias, tais como o comércio ambulante e a confecção de artesanatos caseiros, sua forma de inserção na sociedade da época. Nas ruas "escravas de tabuleiro, vendendo quitutes e biscoitos, alternavam-se com vendedoras (livres, caipiras, mestiças), de garapa, aluá, saúvas fêmeas e peixes. Focos diferentes de organização e circulação da sobrevivência, de que participavam escravos e livres, brancos pobres e forros" (ibidem, p.115). Tomando em conta esses estudos, outros pesquisadores também se dedicaram à análise do cotidiano da população livre, bem como de suas relações com escravos e libertos em diferentes regiões do Brasil. Dentre esses trabalhos, é possível destacar Samara (2005, versão revisada da dissertação de mestrado da autora *O papel do agregado na região de Itu* – 1780 a 1830, publicada na Coleção Museu Paulista – Série de História v.6, 1977, acrescida de um novo texto a respeito do "trabalho livre nas áreas de colonização Ibérica"); Campos (1978); Souza (2004); Mattos (1987); Moura (1998); Faria (1998). Um balanço de produção historiográfica recente a respeito do tema é realizado no texto de Dias (1998a, p.57-72).

e escravo. Abre-se ao historiador a oportunidade de penetrar no universo das fronteiras que separavam cotidianamente a escravidão e a liberdade, para compreender, por meio da interpretação de diferentes registros produzidos na época, as possibilidades de ambos os conceitos em lugares e arranjos sociais peculiares, que participaram da composição do Império do Brasil. Em outras palavras, o que pretendo ao longo dos capítulos deste livro é empreender um estudo comparativo dos registros de ações tidas como transgressões praticadas por livres, libertos e escravos para compreender, sob o prisma da criminalidade – tal como ele foi desenhado pelas penas de diversos integrantes do Estado Imperial Brasileiro ao longo do Oitocentos –, como os mundos da escravidão e da liberdade se interpenetravam.

Neste ponto da Introdução, é, ou pelo menos alguns esperariam que fosse, o momento de apontar e justificar os recortes empíricos, temporais e geográficos que balizam e fundamentam o estudo que se vai dar a ler. A pesquisa que deu origem ao presente livro, entretanto, foi parte de um longo aprendizado que marcou todos os momentos iniciais de minha formação no campo da história até a defesa do doutorado. Mais que justificar escolhas e definir critérios, acredito ser oportuno narrar, brevemente, a trajetória que resultou neste texto. Narrativa essa que se encerrará com a exposição de cada um dos capítulos que compõem o livro.

Há pelos menos três décadas, pesquisadores de diferentes áreas das humanidades[19] argumentam que havia cativos africanos e seus

---

19 Em conjunto com outros trabalhos, as pesquisas que se dedicaram ao estudo da demografia e da posse de cativos em diferentes regiões do Brasil foram particularmente importantes ao conhecimento das várias possibilidades de existência da escravidão no país. Ver Luna (1981); Luna & Costa (1983); Schwartz (1983); Slenes (1985); Gutiérrez (1987); Mattos (1988); Schwartz (2001); Motta (1999); e Bacelar (2000). Também se inseriram no debate com os autores que atribuíam às relações com o mercado externo os principais elementos da formação econômica e social do Brasil, revelando a importância dos negociantes coloniais nesse processo, as obras: *Em costas negras*: uma história do tráfico de escravos entre a África e o Rio de Janeiro (séculos XVIII e XIX) (Florentino, 1997) e *Homens de grossa aventura*: acumulação e hierarquia na praça mercantil do Rio de Janeiro (1790-1830) (Fragoso, 1998).

descentes nas mais variadas regiões do Brasil desempenhando um conjunto diversificado de atividades que não se limitava à produção destinada ao mercado externo. Segundo esses estudiosos, uma parcela significativa dos escravos que viveram no Brasil pertencia a senhores de posses modestas. Em geral, habitantes de localidades rurais que, para o trabalho de produção de gêneros alimentícios e mercadorias destinadas ao consumo e ao mercado interno, contavam com uma mão de obra mista composta por alguns cativos[20] (na maioria dos casos, menos de cinco escravos), um ou outro trabalhador livre ou liberto e, especialmente, filhos, sobrinhos, tios, afilhados, irmãos dentre outras pessoas que mantinham laços de dependência com os proprietários.[21]

Convicto da relevância em aprofundar o conhecimento do cotidiano de escravos, libertos e livres em tais condições, sem pretender com isso afirmar a maior importância dessa modalidade do cativeiro sobre as outras formas coexistentes no país, e, pelo contrário, da mesma maneira que outros historiadores, entendendo-as como facetas interdependentes da mesma história, escolhi como *locus* imediato de produção dos processos-crime então a serem por mim analisados o Termo e depois Comarca de Franca (ver área delimitada no mapa da Figura 1).[22]

---

20 Luna & Klein (2005, p.107-8) afirmam que "o uso de mão-de-obra escrava, inicialmente de índios e depois de negros, para produzir gêneros de subsistência e destinados ao mercado local, foi uma das características distintivas da escravidão brasileira. Poucas foram as outras sociedades escravistas nas Américas que fizeram uso tão sistemático da cara mão-de-obra escrava nessa área de produção".

21 Refiro-me aqui ao modelo patriarcal vigente durante muito tempo no Brasil, o qual, na acepção de Kátia de Queirós Mattoso (1982, p.124), é o tipo de família "na qual o *pater famílias* reúne, sob sua autoridade e sob seu teto, tias e tios, sobrinhos, irmãs e irmãos solteiros, vagos primos, bastardos, afilhados, sem contar os 'agregados'. Estes últimos são livres ou alforriados, brancos pobres, mestiços ou negros, que vivem na dependência tutelar da família e são considerados como parcelas dessa comunidade familiar. Também os escravos fazem parte da família. Todos os escravos, pois o privilégio não é restrito aos domésticos".

22 Área do município de Franca destacada no mapa, a partir das delimitações dos rios Pardo, Grande e divisas da província de São Paulo com a de Minas Gerais constantes no mapa original.

Uma vasta área hoje ocupada por cerca de duas dezenas de cidades, situada no extremo nordeste da então província de São Paulo, na divisa com Minas Gerais, num dos mais importantes caminhos, a Estrada dos Goiases, que ligava o litoral às províncias de Goiás e Mato Grosso. Uma região, como tantas outras áreas de fronteira, mal afamada no século XIX pela notícia da recorrência de distúrbios e assassinatos. Uma das áreas incluídas, pelos contemporâneos, nas chamadas "novas regiões a oeste" da província paulista que, sem nunca ter se inserido na produção de açúcar para exportação, foi uma das últimas a desenvolverem durante o Oitocentos, em larga escala, a cultura dos cafezais. Um ambiente rural, habitado, durante todo o século XIX, por *senhores de poucos escravos*.

Pesquisar possíveis peculiaridades da *criminalidade escrava* ocorrida fora do ambiente da clássica *plantation* escravista, numa região rural, foi um objetivo que passei a perseguir já há algum tempo. Espalhados pelo país, outros pesquisadores,[23] também estimulados pelos desdobramentos da historiografia dedicada ao estudo da história de africanos e descendentes nas décadas de 1980 e 1990, abraçaram empreitada semelhante na tentativa de ampliar o conhecimento a respeito da história do cativeiro em suas várias formas de ocorrência no Brasil.

Na bibliografia especializada, alguns estudiosos que manejam os conceitos de crime e criminalidade, do ponto de vista da análise historiográfica, advertem para a necessidade de distingui-los: *Crime*

---

23 Muitos desses estudos, embora centrados na análise da criminalidade escrava, reforçam as conclusões da história demográfica a respeito da relevância da existência de senhores de pequenas posses de escravos ao longo do século XIX em diferentes localidades de Mato Grosso, São Paulo, Paraná, Bahia, Espírito Santo e Minas Gerais. Acredito que o número de pesquisas regionalmente localizadas a respeito do tema seja maior, contudo é possível destacar os seguintes estudos: Volpato (1993); Silva (1996); Souza (1998); Pena (1999); Santos (2000); Guimarães (2001); Dantas (2002); Reis (2002); Cardoso (2002); Pires (2003); A. P. Campos (2003); G. A. Soares (2004, p.57-80); e De Jesus (2005). Alguns trabalhos analisam escravos e livres criminosos unidos pelas vicissitudes da pobreza, é o caso dos estudos: Zenha (1984); Soto (2001); e Rosemberg (2006).

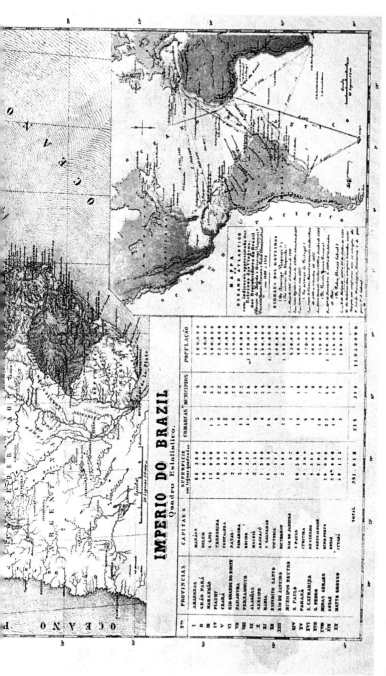

Figura 1 – Mapa do Império do Brasil (*Atlas do Império do Brasil – Os mapas de Cândido Mendes* (1868). Rio de Janeiro: Arte e História Livros e Edições, 2000. p.II).

é o fenômeno social em sua singularidade, dotado, não obstante, em alguns casos, de um potencial para análise que possibilita múltiplas interpretações; enquanto *Criminalidade* é o fenômeno social em sua dimensão mais ampla que, a partir do estabelecimento de regularidades e cortes, permite a compreensão de padrões (Fausto, 2001).

Armado com essas ferramentas conceituais preliminares, dediquei-me a listar todos os autos-crime nos quais existia a categoria réu escravo, em todas as modalidades de delito praticados contra todos os tipos de vítima, no período (todo o século XIX) e lugar (Franca) delimitados inicialmente (1997) para a pesquisa, pois assim seria possível verificar quais padrões existiam na documentação selecionada, articulando-os com a interpretação de casos específicos. Logo, o conjunto dos processos criminais estudados deveria representar uma amostra da criminalidade escrava praticada no país, pelo menos dos casos que chegaram até o presente por meio do registro policial e judiciário preservado. Portanto, toda a questão era tabular os dados da região por mim estudada e estabelecer uma comparação entre regiões por meio da leitura da bibliografia pertinente.

O trabalho com os processos criminais – pertencentes ao Cartório do 1º Ofício Criminal de Franca lotados no Arquivo Histórico Municipal "Capitão Hipólito Antonio Pinheiro" –, que envolviam escravos indiciados como réus, indicava-me, no entanto, que havia um problema no uso do termo "criminalidade escrava" para toda aquela documentação. Chamavam a minha atenção, inicialmente, o volume e a intensidade de relações, aparentemente corriqueiras, entre cativos e livres (donos de lojas, proprietários de gado, parceiros de jogo, lavadeiras de roupas, costureiras, entre outros). Definitivamente esses escravos não viveram em uma localidade urbana, onde as pesquisas demonstram que o cotidiano de cativos e livres pobres era bem próximo dadas as peculiaridades do trabalho escravo, especialmente dos chamados "cativos ao ganho".[24] Apesar

---

24 Percorrer as ruas vendendo alimentos, refrescos, ervas medicinais, ou mesmo prestando serviços, com o fim de arrecadar uma quantia a ser entregue aos senhores em períodos previamente acertados era, em geral, o trabalho dos

da existência de ruas nos arraiais e na principal vila da região de Franca, pelo menos até a chegada da ferrovia e das plantações em maior escala de café nas últimas décadas do século XIX, mantinham-se, como em tantas outras localidades do Brasil, os precários limites entre o incipiente núcleo urbano, os subúrbios da vila e a área rural. O cotidiano era marcado fundamentalmente pela vida no campo. A criação de gado, porcos e as lavouras de alimentos eram as paisagens predominantes.

Concentrei a minha atenção nos crimes que envolviam os cativos e seus senhores, pois poderiam partir dali algumas das respostas aos meus questionamentos. Deparei com versões e mais versões jurídicas de encarniçadas lutas travadas, especialmente, no momento em que o proprietário, de posses modestas e quase sempre sem feitores, tentava castigar sozinho o homem escravo que um dia fora o menino negro nascido e criado na fazenda, filho dos escravos de nação que se mudaram com os entrantes mineiros no movimento de povoação da região Nordeste de São Paulo, ou o escravo comprado ainda jovem de um vizinho por ocasião da partilha de um inventário, que desde a infância mostrou ser altivo. Os castigos infligidos aos cativos – denunciados à Justiça, sobretudo, por simpatizantes da abolição na localidade – eram terríveis, mas alguns senhores morreram, ou quase, nas pontas das facas e sob as ferramentas de trabalho de seus escravos. Nesses casos, a máxima entre os proprietários locais era a mesma de outras regiões. Para não se perder um dos únicos escravos da casa em idade produtiva,

---

cativos ao ganho, os quais, algumas vezes, nem mesmo residiam com seus proprietários. Os estudos que abordam a história da escravidão brasileira dos meios urbanos já não são tão raros, dentre eles é possível citar: a respeito do Rio de Janeiro: Algranti (1988); Soares (1988); Holloway (1997); Karasch (2000); e Carlos E. L. Soares (2004). Para Salvador, outro importante centro urbano de cativos no Brasil, ver: Mattoso (1982, sobretudo o item: "As solidariedades encontradas: o trabalho", p.134-43); Reis (2003); e Oliveira (1988). A cidade de São Paulo, especialmente, a partir de meados do século XIX, apresenta-se como um centro urbano em desenvolvimento, no qual livres, libertos e escravos disputavam espaços nas ruas e chafarizes, ver: Dias (1995); Wissenbach (1998); e Machado (2004, p.57-97).

o senhor deveria vendê-lo logo para outro lugar antes que um desafeto político, familiar ou mesmo um vizinho descontente denunciasse o caso à polícia ou à promotoria pública e o escravo fosse para a cadeia à espera do julgamento, ou, pior, de lá para a forca ou para as galés perpétuas. Contudo, não era tão fácil numa comunidade onde todos se conheciam burlar a lei nem conter a língua ferina do "sei por ouvir dizer", manejada por mera curiosidade ou calculada vindita. Esses crimes, homicídios e ferimentos graves, me auxiliaram muito na interpretação da relação dos cativos com os seus proprietários, mediada pela ação da Justiça, na região. O cotidiano de senhores e escravos era marcado pela tolerância de algumas práticas dos cativos (pequenas desobediências quanto à forma de conduzir o trabalho, namoros não autorizados e furtivas andanças pelos mais variados locais do município) que com o tempo se alargavam até serem abruptamente interrompidas pelos proprietários.[25]

Os crimes de sangue que opunham de um lado os escravos e de outro a população livre desvinculada dos senhores compunham, no entanto, a grande maioria dos casos, e tudo indicava que a resposta para minhas perguntas estava no estudo dos padrões do que poderia ser chamado – por oposição à "criminalidade escrava" – de "criminalidade livre". A partir do aprendizado resultante dessa trajetória, os 120 processos criminais que envolviam escravos como réus e vítimas, analisados em *Senhores de poucos escravos*: cativeiro e criminalidade num ambiente rural 1830-1888, foram expandidos, durante a pesquisa que resultou no livro que agora o leitor tem em mãos, para todos os 1.160 autos-crime relacionados no índice do Arquivo Histórico Municipal de Franca para o período de 1830 a 1888.

Após a leitura de todos os documentos, excluí muitos que se constituíam apenas em duplicatas de outros processos (traslados), queixas seguidas da desistência formal do autor, autos de corpo de delito sem prosseguimento, autuações de exames de mortes consi-

---

25 Ver Ferreira (2005a, especialmente o capítulo 1, "Criminalidade e cotidiano entre senhores e escravos", e o capítulo 2, "Senhores – autoridades – escravos", p.31-115).

CRIMES EM COMUM **37**

deradas naturais ou provenientes de suicídios (sem indiciamento de réus por cumplicidade, ajuda ou incitação); outros, ainda, eram petições avulsas, *habeas-corpus* soltos e autos de prisão em geral. Evidentemente, toda a documentação lida foi considerada sob o ponto de vista qualitativo. Para o estudo dos padrões da criminalidade foram selecionados os processos que chegaram à fase da pronúncia, ou seja, todos aqueles documentos que contavam pelo menos com a fase inicial de inquirição das testemunhas. Assim, o montante considerado nas quantificações passou de 1.160 para 779 documentos. Um *corpus* documental bastante extenso, dotado, não obstante, de um conjunto de informações homogêneo. Obras produzidas por juristas e literatos contemporâneos do período estudado, códigos de leis, ofícios trocados pelas autoridades locais com a presidência da província, bem como relatórios emitidos pelos membros do Executivo Imperial complementaram o conjunto de fontes consideradas nessa última fase da pesquisa.

A vigência do Código Criminal do Império durante o período de existência legal da escravidão no Brasil (1830-1888), se manteve como a delimitação temporal aqui adotada. O marco inicial da pesquisa poderia ser estabelecido no ano de 1841, quando o aparato jurídico-policial do Império sofreu a sua reforma mais contundente. No entanto, ao selecionar uma área específica do Império – cujo povoamento iniciou-se ainda em fins do século XVIII – como área específica de produção dos processos-crime analisados, é relevante considerar as possibilidades interpretativas oferecidas pelas fontes produzidas em toda a vigência do Código Criminal do Império. Ademais, essa delimitação temporal permite a análise de um *corpus* documental construído a partir de uma uniformidade de princípios jurídicos que definem os crimes, os criminosos e as penas. Sempre que necessário, entretanto, retomarei a situação de livres e escravos diante da Justiça criminal no período colonial para a identificação de rupturas e permanências.

Uma vez que é de natureza judiciária o principal *corpus* documental analisado neste estudo, é importante pontuar, como pressuposto interpretativo, que a Justiça tinha – mesmo no período em apreço, fortemente marcado pela presença de bacharéis em Direito, juízes e juristas em todos os poderes que compunham o Estado Imperial Brasileiro – a necessidade em reafirmar-se constantemente diante da sociedade como uma instância autônoma, um campo de constantes embates, de maneira a tornar crível sua função de mediar conflitos, pois de outra maneira ela não se sustentaria no intrincado jogo de forças em que estava imersa e não teria condições nem mesmo de favorecer, quando era o caso, este ou aquele grupo.[26]

Apesar de ser esse um pressuposto interpretativo corrente em trabalhos historiográficos que se valem do estudo de documentos ou personagens do Judiciário no Brasil,[27] ele ainda gera alguns debates, levados adiante por estudiosos que, baseados em referenciais teóricos distintos, optam por denunciar uma vinculação necessária e explícita do Judiciário com os grupos dominantes da sociedade.[28] Contudo, reafirmo minha opção interpretativa no tocante à Justiça, na medida em que estudos que analisaram diferentes períodos e regiões do Brasil, com distintos instrumentais teórico-metodológicos, têm demonstrado, para o período imperial brasileiro, a procura empreendida por pessoas de diferentes setores sociais, incluindo escravos e livres pobres, pela polícia e pelo Judiciário em busca da mediação e solução de seus conflitos.[29]

---

26 O estudo de referência para esta afirmação é: Thompson (1997, especialmente o capítulo 10, item 4, "O domínio da lei").

27 A presença das reflexões de E. P. Thompson a respeito da justiça pode ser destacada, entre outros aqui já citados, nas obras: Grinberg (1994 e 2002); Mendonça (1999); Pena (2001); e Azevedo (2003).

28 Nessa tendência interpretativa podem ser situadas as obras: Malerba (1994) e Neder (2000).

29 De acordo com Ivan de Andrade Vellasco (2004, p.163-4): "Aos homens pobres livres, escravos e forros não passou despercebida a utilidade do poder judiciário e seus usos como espaço de negociação da ordem e de afirmação de suas visões de justiça e liberdade; não viveram ao largo de um mundo institucional supostamente projetado e funcional apenas para os membros da elite. É certo que lhes foi necessário vencer os óbices de toda natureza que certamente lhes surgiam no caminho quando buscavam utilizar a justiça; é certo que sua participação no mundo da ordem foi uma experiência e um aprendizado das diversas faces desse universo, no qual foram também atores, ainda que como

CRIMES EM COMUM **39**

Assim, norteado por tais questões e pressupostos, o Capítulo 1 deste livro tem como objetivo abordar o problema da criminalidade em sua dimensão mais ampla, tal como era produzido pelas penas das autoridades do Executivo Imperial. Interessa saber como os crimes cometidos por livres e escravos eram integrados ao problema geral da segurança pública e individual nos discursos proferidos pelos ministros da Justiça e presidentes de São Paulo, nas respectivas casas legislativas, na corte e na sede da província paulista.

Composto um quadro geral do problema da criminalidade no Império e nele compreendido o lugar conferido aos diferentes tipos de delitos praticados por livres e escravos, é possível concentrar a análise em uma região rural específica do país, onde o contato dos cativos com a população livre em geral era bastante amplo – o Termo e depois Comarca de Franca. Dessa maneira, no Capítulo 2, procuro compreender qual a gênese da má fama criminosa dessa localidade no século XIX. Quais as principais atividades nela desenvolvidas? De que se ocupavam os trabalhadores livres e escravos? Quais eram as similitudes e diferenças das circunstâncias de ocorrência dos crimes por eles cometidos?

Praticada a ação, qualificada como transgressão à lei penal vigente, dava-se início ao inquérito, que, declarado procedente, poderia tornar-se um julgamento. O próximo passo do texto é abordar, nesse ambiente, o mundo da legislação e da prática jurídica nos tribunais. No Capítulo 3, busco compreender a situação de livres e escravos na esfera do Judiciário criminal. Como ambos eram entendidos pelo Direito Penal no Brasil dos períodos colonial e imperial? Quais as implicações de se ter ou não um senhor na hora de responder judicialmente por um crime num tribunal do interior do país? Quais réus eram mais constantemente punidos pela lei – livres ou escravos?

---

neófitos numa organização que, em muitos aspectos, lhes era secreta pela impenetrabilidade de suas regras e linguagens; mas, como tal, demonstraram estar atentos a certos aspectos e ações do poder, e interpretaram, à sua maneira, o que era a justiça e qual o papel do seus funcionários". Pioneira neste debate foi Zenha (1984). Na mesma direção de afirmações, ver também: Rosemberg (2006).

Encerra o livro a análise de uma das faces dos crimes cometidos por livres e escravos que, muitas vezes, é deixada de lado, ou apenas rapidamente mencionada, pela historiografia especializada. No Capítulo 4, são analisados os crimes cometidos por mando e associações entre livres e cativos. O envio de escravos para o cumprimento de mortes e surras era uma especificidade regional ou um aspecto integrante do cativeiro no país? Havia pessoas especificamente designadas para o cumprimento dessas missões ou o lavrador de hoje podia tornar-se o capanga de amanhã? Em que circunstâncias livres e escravos se juntavam para a execução de práticas tidas como delituosas?

Assim, ao articular diferentes narrativas a respeito de crimes e da criminalidade atribuída a livres, libertos e escravos no Brasil do Oitocentos, materializadas pelas penas de diferentes integrantes do Estado Imperial, o livro que o leitor tem em mãos busca contribuir com a compreensão do difícil caminho, ainda em curso, para a construção da cidadania no país. Espero que ele possa se somar a tantos outros esforços produzidos por historiadores contemporaneamente engajados no enfretamento cotidiano do "mais frio de todos os monstros frios".

1
UM ESTADO POUCO LISONJEIRO: CRIMINOSOS LIVRES, ESCRAVOS E O TEMA DA SEGURANÇA INDIVIDUAL SOB O OLHAR DO EXECUTIVO

> *A violação da segurança individual repercute necessariamente na segurança pública, e produz se não verdadeiras alterações, ao menos abalos que amiudados podem promover graves perturbações. Por este lado não é de certo lisonjeira a condição do país. Embora agravado pela guerra [contra o Paraguai] e suas conseqüências, o estado precário da segurança individual tem sua origem na falta de instrução das classes menos favorecidas, e sobretudo na impunidade.*
>
> (José de Alencar, Relatório do Ministério da Justiça do ano de 1868)

Insurreições, sedições e rebeliões foram, durante algum tempo, as formas de transgressão mais frequentemente abordadas pela historiografia. Em geral, dotadas de grande repercussão, essas ações coletivas conceituadas como crimes em códigos de leis figuraram como circunstâncias privilegiadas para o estudo de lutas travadas em nome da transformação das sociedades em que ocorreram.[1]

---

1 Inúmeros estudos poderiam ser aqui citados. Destaco dois por terem abordado delitos conceituados, respectivamente, como rebelião e insurreição, os quais compõem a parte II do Código Criminal de 1830, intitulada "Dos crimes públicos". São eles: Marson (1986) e Reis (2003).

Nas últimas décadas, contudo, pesquisadores de diferentes áreas das humanidades também têm se interessado pela interpretação de outros registros de criminalidade produzidos para a apuração de eventos tidos como delituosos cuja repercussão muitas vezes circunscreveu-se à região onde foram praticados. Homicídios, ferimentos, roubos e furtos têm sido estudados na perspectiva de uma história do cotidiano que muito contribuiu para a interpretação de "práticas, costumes e estratégias de sobrevivência" (Dias, 1998b, p.223-58), protagonizados por homens e mulheres que viveram em diferentes épocas e lugares.

Acompanhando, entretanto, um movimento mais amplo de transformações da Justiça Criminal em países europeus, já no Brasil do século XIX essa criminalidade miúda passou a interessar cada vez mais às autoridades administrativas estatais. Relatórios periodicamente emitidos por altos funcionários de Estado eram dotados de um tópico obrigatório a respeito do estado da "segurança individual e da propriedade" no Império. Compor o cenário desses debates administrativos, ocorridos sob a vigência do Código Criminal de 1830, é o objetivo central deste capítulo.

Parte-se aqui do pressuposto de que na esfera da segurança individual ou mesmo no plano mais amplo "dos crimes particulares", como eram conceituados os delitos compreendidos na terceira parte do Código Criminal do Império, não havia, de modo geral, entre as autoridades administrativas, o interesse em diferenciar crimes cometidos por livres, libertos ou escravos. Tal hipótese se apoia em duas ordens de questões que perpassaram, em maior ou menor medida, tanto ministérios da Justiça imperiais norteados por tendências políticas mais liberais quanto por convicções mais conservadoras.

De um lado, a preocupação de ministros da Justiça e presidentes das províncias com a frágil estabilidade interna do Império implicava cautela no tratamento de notícias que conjugavam os assuntos "crime" e "escravidão". O tema já causava grandes transtornos à administração quando figurava em papéis oficiais de governo na forma de tentativas de insurreições e assassinatos de senhores e feitores.[2] De outro lado, havia a prática enraizada entre as mesmas autoridades em reunir, em seus relatórios, muitos escravos, libertos e livres, tidos como criminosos, sob expressões genéricas, tais como: "classes menos favorecidas", "classes inferiores" ou "classes ínfimas da sociedade".[3] Nesse caso, além da sistemática reiteração do estereótipo da vadiagem,[4] é preciso considerar a incapacidade demonstrada pelo Estado, mesmo após as reformas centralizadoras da década de 40 do século XIX, para a coleta, organização e análise dos registros de criminalidade produzidos em todo o país.[5]

Desde o início do período imperial, coube aos ministros da Justiça elaborar um detalhado relatório a respeito de suas atividades que incluía uma apreciação sobre o problema da criminalidade no país. Anos mais tarde, tarefa semelhante, porém restrita à sua circunscrição administrativa, também foi atribuída aos presidentes das províncias. Conforme as prescrições legais, ministros e presidentes se dirigiam às sessões de abertura das respectivas casas legislativas, na corte e nas sedes das províncias, e apresentavam suas narrativas. Esses relatórios eram compostos a partir de uma rede de informações que abrangia desde a mais longínqua freguesia

---

2 A respeito do tema, ver Azevedo (1987) e Machado (1994).

3 Ao analisar o binômio "classes pobres, classes perigosas" em um debate parlamentar realizado na "Câmara dos Deputados do Império do Brasil nos meses que se seguiram à lei da abolição da escravidão, em maio de 1888", Sidney Chalhoub (1996) detecta, entre referências indiretas a autores estrangeiros que abordaram o tema desde meados do século XIX, uma racionalidade fria: "os pobres carregam vícios, os vícios produzem os malfeitores, os malfeitores são perigosos à sociedade; juntando os extremos da cadeia, temos a noção de que os pobres são, por definição, perigosos. Por conseguinte, conclui decididamente a comissão, 'as classes pobres [...] são [as] que se designam mais propriamente sob o título de – classes perigosas –'". Para outras considerações do autor a respeito do mesmo tema, ver Chalhoub (1986).

4 Para uma visão geral da história do *processo de desclassificação social no Ocidente*, bem como da construção da categoria social do vadio no Brasil colonial, ver Souza (2004, especialmente "II – Da utilidade dos vadios").

5 Um estudo que aborda os projetos de elaboração de estatísticas criminais no Brasil Imperial em comparação com suas congêneres francesas encontra-se em Pimentel Filho (2002).

rural até a sede do Império, constituindo-se, portanto, em fontes adequadas para o estudo da criminalidade numa perspectiva governamental.[6]

Na primeira parte deste capítulo são abordadas as questões mais gerais relativas às alterações sofridas pelo aparato jurídico-administrativo do Império, com especial atenção às atividades da Secretaria de Estado de Negócios da Justiça, a qual, só mais tarde (1891), passaria a ser denominada oficialmente Ministério da Justiça e Negócios Interiores, e finalmente, em 1967, apenas Ministério da Justiça. Dentre as províncias que compreendiam o Império do Brasil foi escolhida a de São Paulo por sua posição de destaque no Centro-Sul do país, especialmente em decorrência dos problemas com a necessidade de substituição da mão de obra escrava no contexto da expansão das plantações cafeeiras na segunda metade do Oitocentos.

Algumas questões nortearam o desenvolvimento do capítulo: Como as autoridades administrativas imperiais concebiam o tema da criminalidade? Como operavam os diversos interesses? O que se

---

6 Não há aqui, do ponto de vista interpretativo, uma aceitação tácita do quadro da criminalidade composto pelos membros do executivo imperial, mas sim a oportunidade de compreender as transformações do cenário da segurança individual no Brasil oitocentista apresentado como crível aos legisladores, o qual, por sua vez, acabava por integrar os principais debates nas casas de leis do Império. Durante algum tempo, a historiografia brasileira manifestou certo receio em lançar mão de documentos produzidos por instituições oficiais que compunham o aparato burocrático do Estado em estudos que se interessavam pela interpretação das ações de grupos tidos como marginais nas épocas em que viveram. Uma primeira transformação sofrida por essa cautela, de caráter teórico-metodológico, ocorreu no início dos anos 80 do século XX, com o uso maciço e generalizado pelos historiadores de processos-crime como fontes, especialmente os produzidos no século XIX. No entanto, nos últimos anos, alguns estudos têm encontrado em outros conjuntos documentais provenientes do Poder Executivo um valioso contraponto para as interpretações que partem de recortes espacialmente localizados na tentativa de compreender, por um lado, os mecanismos de repressão e controle, e, por outro, as práticas e estratégias de alguns grupos sociais no cotidiano. Nessa linha de abordagem, que valoriza o estudo conjunto de processos criminais e relatórios oficiais, destacam-se: Machado (1994), Pimentel Filho (2002) e Vellasco (2004).

CRIMES EM COMUM **45**

entendia por "criminalidade escrava" no âmbito administrativo? Constituiu-se, durante o período escravista, entre as autoridades de governo imperiais a noção de uma "criminalidade livre"? Qual a frequência do registro de homicídios e ferimentos graves praticados por escravos contra os senhores e seus prepostos, e dos escravos contra a população livre desvinculada do poder senhorial? Como ministros e presidentes concebiam a segurança individual sob o aspecto regional? Na opinião desses agentes do Estado, havia diferenças entre as características dos crimes praticados nas principais cidades e nos distantes sertões do Império?

A criminalidade vista da corte

O que compete ao ministro?

Para a compreensão das transformações da concepção do problema da segurança individual pelos ministros da Justiça é relevante considerar alguns elementos que delineavam a função no cenário institucional do Império. Quem eram os ministros? Quais as suas atribuições? Como o cargo era institucionalmente concebido e delimitado pela Constituição do Império? A incursão pelos caminhos do aparato burocrático da época na busca por algumas respostas para as questões formuladas conduz inicialmente à interpretação do texto constitucional de 1824, elaborada por um dos conhecidos juristas do Império.

Os ministros são não só os primeiros agentes do monarca no exercício do Poder Executivo, mas também partes integrantes ou complementares deste poder; sem que eles referendem ou assinem os atos, não há atos do poder Executivo, não tem força obrigatória. Antes disso são projetos de atos ou atos incompletos, e cujo cumprimento imporia aos executores inteira responsabilidade, pois que procederiam sem ordem ou autorização legítima. São agentes importantíssimos da Coroa, são seus conselheiros administradores, juízes administrativos, tutores dos estabelecimentos pios e de proteção, executores das leis do interesse coletivo ou social encarregados de dirigir e inspecionar os agentes da administração; enfim, são as forças vivas do chefe do Estado para o andamento e bem-estar deste. (São Vicente, 2002, p.340)

O Direito Público brasileiro e análise da Constituição do Império, de 1857, obra da qual esse excerto é parte, era um dos livros de cabeceira do imperador Pedro II; conta-se mesmo que o monarca o tinha todo na memória (Dutra, 2004). Ao mesmo tempo, e não por acaso, o estudo de autoria do jurista José Antônio Pimenta Bueno (1803-1878) constituiu-se na interpretação dos fundamentos jurídicos do Brasil Imperial mais convergente com a leitura legal do Estado elaborada pelo próprio trono (Kugelmans in São Vicente, 2002).

Ao expor sua interpretação da Constituição de 1824, bem como das modificações por ela sofrida, o autor explica e sugere alterações ao quadro institucional que compunha o Estado no Império do Brasil de meados do Oitocentos. Sua explanação a respeito da relevância e das atribuições dos ministros de Estado indica alguns dos fundamentos jurídicos que norteavam a função. Entretanto, no decorrer das diferentes fases políticas da história imperial, os comprometimentos – algumas vezes alternados durante os anos – com diferentes correntes partidárias,[7] com divergentes concepções e propostas de condução do Estado,[8] integravam fundamentalmente

---

7 Embora já próximo do período de Conciliação (1853-1862) entre os partidos políticos imperiais, o próprio Pimenta Bueno deixou os liberais para, paulatinamente, juntar-se aos conservadores. Essa mudança, ocorrida entre os últimos anos da primeira e os primeiros da segunda metade do Oitocentos, precedeu sua nomeação para o cargo de presidente da Província do Rio Grande do Sul (1850) e, posteriormente, a eleição para ao cargo vitalício de senador (1852) (Kugelmans in São Vicente, 2002).

8 Entre as polêmicas jurídicas e políticas que envolveram a obra de Pimenta Bueno, destaca-se a da responsabilidade, ou não, dos ministros de Estado pelos atos do Poder Moderador. Para Bueno, as decisões do Poder Moderador eram privativas do imperador. Porém, para outro estadista/jurista, Zacarias de Góis e Vasconcellos, os ministros também eram responsáveis pelos atos de tal poder,

CRIMES EM COMUM **47**

as opiniões dos ministros a respeito do "estado da segurança individual" e de outros inúmeros temas tratados nos relatórios oficiais por eles emitidos.

De maneira semelhante ao que ocorreu com outros ministros da época, Pimenta Bueno ocupou os mais variados cargos ligados aos diferentes poderes que compunham o Estado Imperial. Uma rápida apreciação sobre sua trajetória auxilia na compreensão do caminho que muitas vezes era trilhado até o ministério. O futuro visconde (1867) e depois (1873) marquês de São Vicente, cuja origem modesta, os apadrinhamentos e a estreiteza de relações com o imperador Pedro II são sempre lembrados pelos estudiosos, bacharelou-se na Faculdade de Direito de São Paulo, foi presidente das províncias do Mato Grosso e do Rio Grande do Sul e atuou como representante diplomático na condição de plenipotenciário do Brasil no Paraguai. Na carreira jurídica, foi magistrado e ascendeu ao cargo de desembargador. Em sua longa e típica trajetória[9] no cenário institucional do Império, Pimenta Bueno também desempenhou as funções de deputado provincial, senador, ministro e membro do Conselho de Estado.

No final dos anos 50 do Oitocentos, quando publicou *O Direito Público brasileiro...*, Pimenta Bueno dava conta da existência de seis secretarias de governo ou ministérios, número que ele aconselhava

---

argumento defendido no seu *Da Natureza e limites do Poder Moderador*, cuja primeira edição data de 1860 e a segunda, de 1862. No debate também se envolveu Paulino José Soares de Souza, o visconde do Uruguai, que combateu os argumentos de Zacarias na obra *Ensaio sobre o Direito Administrativo* (1862). Recorrentemente tomadas pela historiografia como um embate entre a leitura conservadora (Bueno e Uruguai) e a leitura liberal (Zacarias) da Constituição do Império, as obras referidas continuam despertando o interesse dos pesquisadores para o aprofundamento da compreensão dos matizes e nuanças envolvidos na composição do Estado Imperial brasileiro (ver Oliveira, 2002; 2003).

9 De acordo com José Murilo de Carvalho (1996, p.129): No Império do Brasil, "embora houvesse distinção formal e institucional entre as tarefas judiciárias, executivas e legislativas, elas muitas vezes se confundiam na pessoa dos executantes, e a carreira judiciária se tornava parte integrante do itinerário que levava ao Congresso e aos conselhos de governo".

ser elevado a pelo menos oito, dada a grande quantidade de atribuições de cada ministro. O autor dizia que a Secretaria do Império, por exemplo, estava excessivamente sobrecarregada "não só por grande peso de trabalho, mas pela concentração nela de serviços inteiramente heterogêneos entre si" (São Vicente, 2002, p.339). Quase uma década antes, em 1848, o próprio Bueno ocupou a pasta da Justiça. Além dele, se sucederam na chefia da Secretaria de Estado dos Negócios da Justiça personagens centrais do cenário político de fases decisivas da história imperial. Dentre os mais de quarenta nomes que ocuparam o ministério até a abolição do cativeiro é possível destacar: Diogo Antonio Feijó (1784-1843), que foi responsável pelo relatório de 1831; Bernardo Pereira de Vasconcelos (1795-1850), que apresentou à Assembleia Geral o relatório de 1837; Paulino José Soares de Souza (1807-1866), responsável pelos relatórios de 1840 e pelo primeiro do ano de 1842; Eusébio de Queiroz Coutinho Mattoso Camara, que apresentou os relatórios relativos aos anos 1849 e 1851; José Thomaz Nabuco de Araújo Filho (1813-1878), um dos ministros que por mais tempo ocuparam o cargo, figura como autor dos relatórios de 1853 a 1856 e também de 1865; Zacarias de Góis e Vasconcellos (1815-1877), que apresentou o segundo relatório relativo ao ano de 1863. Na lista de nomes que chefiaram a pasta da Justiça figura também o do autor do romance *O guarani* (1857), José Martiniano de Alencar (1829-1877), defensor da escravidão e ferrenho opositor de Pedro II,[10] responsável pela apresentação à Assembleia Geral Legislativa do

---

10 "Em 1867, José de Alencar começou a publicar *Ao imperador: novas cartas políticas de Erasmo*, provavelmente a mais controversa de suas dezenas de obras. Nela não compôs romance nem peça de teatro, não teorizou a nacionalidade brasileira nem a estética literária, áreas que o erigiram em mestre do vernáculo para os contemporâneos e gerações futuras. As *Novas cartas políticas* tiveram por objeto principal um assunto bem menos nobre, ao menos para o leitor de hoje: a defesa da escravidão negra no Brasil. Dirigidas ao imperador Pedro II em tom contundente e pedagógico, elas davam continuidade à primeira série epistolar, *Ao imperador: cartas* (1865), em que o romancista tinha apostrofado o monarca para tratar de outros problemas políticos, como a conflituosa relação entre a Coroa, o Executivo e o Parlamento" (Parron, 2008, p.9).

relatório ministerial do ano de 1868, ao qual pertence o excerto que inicia este capítulo.

Apesar das mudanças ocorridas no decorrer dos anos, as atribuições e competências dos ministros da Justiça permaneceram bastante amplas, como alegou Bueno. Em meados do Oitocentos, cabia à Secretaria a suspensão das garantias constitucionais nos casos previstos em lei. Estavam também a cargo do ministro a organização e divisão das administrações da Justiça Civil, Comercial e Criminal, bem como todo o movimento da magistratura, que envolvia atividades como nomeações, suspensões, promoções e remoções (São Vicente, 2002). Quando a Graça Imperial era solicitada pelos condenados, na forma de pedidos de anistia, perdão ou comutações de penas, competia ao ministro da Justiça intermediar as relações entre o Poder Judiciário e o Poder Moderador.[11] Em caráter especial, a Secretaria da Justiça acumulava ainda a função de Ministério do Culto, organizando as divisões eclesiásticas, provimentos de bispados e todos os assuntos que representassem a necessidade de relação das ordens e instituições religiosas com o Estado (São Vicente, 2002).

---

11 O Poder Moderador foi definido pela Constituição de 1824. "Perdoar ou moderar as penas impostas a réus condenados por sentença (o direito de graça)" era apenas uma das várias atribuições concedidas ao seu detentor – o monarca. A existência e as atribuições desse Quarto Poder foram motivos de constantes controvérsias e embates políticos nas diferentes fases do Império, mas o Poder Moderador não deixou de existir nem mesmo durante as regências. "Como, de acordo com a Constituição, o Poder Moderador era 'privativamente delegado' ao monarca, a abdicação de Pedro I levantou dúvidas sobre a legalidade ou não de os Regentes exercerem este Poder. Ficou estabelecido [pela lei de 14 de junho de 1831 que definiu o modo de a Regência governar] que os regentes poderiam desempenhar todas as prerrogativas do Poder Executivo e todas as funções do Poder Moderador, 'com o referendo do ministro competente', excetuando-se apenas uma: a de dissolver a câmara dos deputados". Durante os debates em torno do Ato Adicional de 1834 os Liberais não conseguiram extinguir o Quarto Poder, apenas o Conselho de Estado, o qual, por sua vez foi recriado pela lei de interpretação do Ato Adicional em 1841 (Oliveira, 2003, p.147-8).

50 RICARDO ALEXANDRE FERREIRA

Na apresentação de seus relatórios à Assembleia Geral, os ministros da Justiça separavam os assuntos por temas, expunham o estado (a situação) de cada item, explanavam suas ações, propunham projetos e alterações legais. Entre os assuntos tratados estavam os contingentes de Soldados Permanentes e Guardas Nacionais, os problemas relacionados à polícia em suas atribuições administrativas e judiciárias[12] e, correlata a essas, a situação da iluminação pública, das estradas, dos correios, dos telégrafos, além de diversos temas relativos aos desdobramentos do problema da escravidão de africanos e descendentes no país, e, ainda, dos vadios, dos mendigos, das sociedades secretas, entre outros. Os ministros também prestavam contas a respeito das instituições carcerárias, educacionais, bem como das constantes tentativas de levar a termo as estatísticas populacional, policial e judiciária do Império.

No período compreendido entre a promulgação do Código Criminal do Império, em dezembro de 1830, toda a Regência (1831-1840), e a primeira década do Segundo Reinado, o mundo da segurança individual, ou seja, das vinditas, das disputas por divisas que acabavam em tiros e pancadas, dos conflitos matrimoniais e das brigas em ruas, tabernas e festas, ocupava um espaço pequeno nos relatórios emitidos pelos ministros da Justiça. Nessa época, a atenção dos membros do Executivo voltou-se especialmente para a segurança pública, mais especificamente para as notícias a respeito da origem e desdobramentos das revoltas civis e militares, das sedições, rebeliões e insurreições que irromperam nas diversas províncias do país.

---

12 "A polícia em geral é a constante vigilância exercida pela autoridade para manter a boa ordem, o bem-ser público nos diferentes ramos do serviço social; é ela quem deve segurar os direitos e gozos individuais e evitar os perigos e os crimes. *Chama-se administrativa ou preventiva* na parte em que se destina ou dirige a manter tais gozos e prevenir os delitos, e então entra na competência do poder administrativo; *chama-se judiciária* quando tem por encargo rastrear e descobrir os crimes que não puderam ser prevenidos, capturar seus autores, coligir os indícios e provas, e entregar tudo aos tribunais" (São Vicente, 2002, p.240, grifos nossos).

Entre os anos de 1824 e 1848 explodiram no Império do Brasil:

levantes liberais de diferentes configurações políticas, organização e composição social: a Confederação do Equador, a Farroupilha, a Sabinada, a Revolução de 1842 em São Paulo e Minas e a Praieira. Por sua vez, os homens livres pobres e escravos aquilombados marcaram sua presença em insurreições como as Cabanadas do Pará e de Alagoas, a Balaiada, o Ronco da Abelha e o Quebra Quilos. E acompanhando esses episódios de maior projeção, é importante lembrar a atuação escrava, tanto nos enfrentamentos cotidianos e nas pequenas rebeliões quanto na revolta dos Malês na Bahia, em 1835. (Marson, 1998, p.73)[13]

Ademais, os ministros alegavam outro problema que impunha a realização de menções rápidas e gerais, a respeito de homicídios e ferimentos nas províncias – a deficiência das comunicações entre as vilas e a capital do Império, que impedia o estudo dos padrões da criminalidade individual. A recorrente queixa a respeito da ineficiente integração das autoridades da corte com as das diferentes províncias figurou na base dos principais argumentos que conduziram às reformas sofridas pela Justiça Criminal do Império, especialmente a ocorrida no início da década de 1840.

É preciso reformar

No relatório do ano de 1837, o então ministro da Justiça Bernardo Pereira de Vasconcelos argumentou que a recorrente reclamação contra a impunidade que se espalhava por todo o território do Império só poderia ser adequadamente avaliada quando os mapas com os perfis de crimes e criminosos fossem produzidos a partir das informações enviadas pelas províncias. Ainda assim, Vasconcelos

---

13 Para um panorama geral do período, ver também Carvalho (1996, especialmente *Teatro de sombras*: a política imperial).

52 RICARDO ALEXANDRE FERREIRA

divulgou números parciais remetidos pelas províncias de Rio de Janeiro, Espírito Santo, Bahia, Alagoas, Piauí, Maranhão, Minas Gerais, Santa Catarina e Goiás. Foi apresentada ao parlamento uma lista simples, sem especificação da participação de cada localidade, na qual os crimes classificados como "contra a segurança da pessoa e vida", ou os chamados crimes de sangue, compunham a metade dentre todas as tipificações.[14] Mesmo sem apresentar elementos mais detalhados a respeito dos crimes e dos criminosos, esse primeiro esforço de produção de um perfil dos delitos praticados era composto por duas características que se perpetuaram nos debates a respeito da criminalidade individual durante todo o período imperial: 1) O maior número de crimes contra a pessoa sobre os que eram cometidos contra a propriedade; 2) A impunidade.

Bernardo Pereira de Vasconcelos foi uma das personagens emblemáticas no processo de construção do Estado brasileiro, com especial destaque na organização da Justiça Criminal. Seu nome figurou tanto entre os principais reformadores liberais do período regencial quanto na construção do chamado "regresso conservador", que conferiu algumas das feições definitivas à conceituação, apuração e julgamento dos crimes no Império do Brasil. Desde *O estadista do Império*, de Joaquim Nabuco, os estudiosos da história política do Brasil imperial atribuem a Vasconcelos, ainda que com alguma incerteza quanto à autoria, esta autodescrição:

> Fui liberal, então a liberdade era nova no país, estava nas aspirações de todos, mas não nas leis, não nas idéias práticas; o poder era tudo: fui liberal. Hoje, porém, é diverso o aspecto da sociedade: os

---

14 "Ataques contra a segurança da pessoa e vida 537 [50,1%]. Contra a propriedade 271 [25,3%]. De natureza mista 59 [5,5%]. Fuga de presos, resistência e injúrias 130 [12,1%]. Diversos outros crimes 75 [7,0%]. Total 1072 [100 %]." Relatório do Ministério da Justiça (ministro Bernardo Pereira de Vasconcelos) do ano de 1837, disponível na página eletrônica do Projeto de Imagens de Publicações Oficiais Brasileiras do Center for Research Libraries e Latin American Microform Project <http://brazil.crl.edu/bsd/bsd/u1828/000008.html> e <http://brazil.crl.edu/bsd/bsd/u1828/000009.html>.

princípios democráticos tudo ganharam e muito comprometeram; a sociedade, que então corria risco pelo poder, corre agora risco pela desorganização e pela anarquia. Como então quis, quero hoje servi-la, quero salvá-la, e por isso sou regressista. Não sou trânsfuga, não abandono a causa que defendo, no dia de seus perigos, da sua fraqueza; deixo-a no dia em que tão seguro é o seu triunfo que até o excesso a compromete.[15]

Uma década antes de redigir o relatório ministerial mencionado, em 1827, Bernardo Pereira de Vasconcelos apresentou à Câmara dos Deputados, então na segunda legislatura após a dissolução da Assembleia Constituinte em 1823, um projeto para a criação de um novo código penal destinado a substituir o Livro V das Ordenações Filipinas. Dias depois, outro deputado, José Clemente Pereira (1787-1854), apresentou uma proposta parcial para o mesmo fim. Os dois textos foram submetidos à apreciação de uma comissão que decidiu não escolher entre eles um vencedor. A comissão, após apontar aspectos mais ou menos favoráveis a cada uma das propostas, optou por combiná-las em um terceiro texto a ser exposto ao debate parlamentar. Diante das negativas dos legisladores, a ideia seguinte foi a de imprimir os dois textos e distribuí-los aos parlamentares para que se procedesse ao debate. Venceu, por fim, a opinião que resolvia o impasse com a criação de uma comissão composta por deputados e senadores. Essa nova comissão tomou o projeto mais completo por base sem, contudo, abandonar o texto de Clemente Pereira. Dos debates que se seguiram, a tentativa de abolição da pena de morte foi a mais polêmica, mas apenas resultou na extinção da *pena última* nos casos dos crimes entendidos como de origem política, ficando previsto com base na Constituição de 1824 o recurso do pedido de Graça ao Poder Moderador como última chance aos réus condenados no grau máximo como "homicidas" ou "cabeças de

---

15 Excerto atribuído ao então (1837) ministro da Justiça Bernardo Pereira de Vasconcelos, citado em Nabuco (1949, v.I, p.43). Para um estudo mais amplo da trajetória de Bernardo Pereira de Vasconcelos, ver Vasconcelos (1999).

insurreições" (Alves Jr., 1864).[16] Foi promulgado o Código Criminal do Império no último mês do ano de 1830, imortalizado, a partir de então, como o código de Bernardo Pereira de Vasconcelos.[17]

Dois anos antes de Vasconcelos assumir o Ministério da Justiça, sua obra mais conhecida figurava como um dos mais recorrentes alvos de críticas nas discussões a respeito do tema da criminalidade. Gustavo Adolfo D'Aguilar Pantoja (1798-1867), seu antecessor na pasta da Justiça, teceu comentários desabonadores ao, então, novo Código Penal e a seu complemento, o Código do Processo Criminal.[18] Os argumentos expostos por Pantoja apoiavam-se na ideia de que a maior causa da impunidade estava entranhada nas deficiências dos próprios códigos criados para apuração de crimes, julgamento e punição dos criminosos. Sua crítica era ampla, mas atacava fundamentalmente a noção de que o Código Criminal do Império era um avanço em relação às antigas leis portuguesas. Na opinião do ministro, ambas as legislações se colocavam em extremos indesejáveis.

Se o Livro V das Ordenações dos Filipes pecava por nimiamente severo, os princípios do Código do Processo e do Código Criminal

---

16 Para uma detalhada descrição dos embates parlamentares que levaram à elaboração dos Códigos Criminal e do Processo Penal do Império, ver Sleiman (2008).

17 Os fundamentos jurídicos imbricados na criação do Código de 1830 serão abordados no Capítulo 3 deste livro.

18 Enquanto ao Código Criminal competia a conceituação dos crimes, criminosos e suas penas, cabia a outro código, o do Processo Penal de Primeira Instância promulgado em 1832, elaborado a partir de um projeto apresentado à Câmara dos Deputados por Manuel Alves Branco, a definição de todo o rito que validava a composição das peças que compunham o processo criminal, da formação da culpa até a realização dos julgamentos pelo Tribunal do Júri. Era o Código do Processo que definia as autoridades policiais, judiciárias, sua hierarquia e competências, portanto ao longo do século ele recebeu duas reformas, a primeira em 1841 e a segunda em 1871, as quais serão tratadas a seguir neste capítulo. *Código do Processo Criminal de Primeira Instancia do Império do Brasil com a Lei de 3 de dezembro de 1841 n.261*, comentado e anotado pelo Conselheiro Vicente Alves de Paula Pessoa. Rio de Janeiro: Jacintho Ribeiro dos Santos Livreiro-Editor, 1899.

pecam por nimiamente indulgentes, e ainda assim não seria tanto o mal, se todas as Leis fossem, como deviam ser, executadas, e se a organização do Código do Processo não desse lugar a tantas impunidades. Todas as Leis derivam, mais ou menos, das máximas e princípios do tempo. Antigamente quase todos os crimes tinham pena capital, ou de cortamento de alguma parte do corpo, pena bárbara e horrível, hoje quase todos os crimes têm penas muito leves, quase todos são afiançáveis, certos mesmo não têm pena alguma.[19]

No relatório ministerial de 1837, Vasconcelos assumiu a existência de problemas pontuais no código elaborado a partir de seu projeto, embora não tenha deixado de mencionar as traduções realizadas e o interesse de juristas europeus pelo texto. Contudo, afirmou que tais problemas eram próprios do desafio envolvido na elaboração de um código que carregava consigo a missão de produzir a "transição rápida de uma Legislação feita em diversas circunstâncias, e tempos, fundada em costumes peculiares, em preconceitos de remotos séculos, para outra acomodada à organização das sociedades modernas"[20] que, ao nascer, se colocava em desarmonia com muitos interesses, hábitos e costumes do país. Às pequenas reformas sugeridas ao Código Criminal, entre as quais a revisão do artigo que tratava do crime de rebelião, Vasconcelos opôs a necessidade de mudanças profundas na organização da Justiça nas comarcas, estabelecida no Código do Processo Criminal de 1832. Suas críticas recaíam, especialmente, sobre a figura do juiz

---

19 Relatório do Ministério da Justiça (ministro Gustavo Adolfo D'Aguilar Pantoja) do ano de 1836, disponível na página eletrônica do Projeto de Imagens de Publicações Oficiais Brasileiras do Center for Research Libraries e Latin American Microform Project <http://brazil.crl.edu/bsd/bsd/u1827/000034.html>.

20 Relatório do Ministério da Justiça (ministro Bernardo Pereira de Vasconcelos) do ano de 1837, disponível na página eletrônica do Projeto de Imagens de Publicações Oficiais Brasileiras do Center for Research Libraries e Latin American Microform Project <http://brazil.crl.edu/bsd/bsd/u1828/000012.html>.

56 RICARDO ALEXANDRE FERREIRA

de paz,[21] eleito nas freguesias com competências cíveis, criminais e, em não poucos casos, leigo em assuntos jurídicos. Ainda em seu relatório de 1837, assevera o ministro Vasconcelos:

> Muitas vezes, e a experiência o mostra, os Processos organizados pelos Juízes de Paz abundam em nulidades, para cujo suprimento não subministra o Código [do Processo Criminal] meios convenientes. Sendo apresentados ao Juiz de Direito para os sujeitar ao conhecimento do Júri na ocasião da sua reunião, não tem ele o necessário tempo para os rever e examinar. D'aqui tem resultado muitas vezes que na sustentação da pronúncia pelo Júri [decisão pela procedência ou não da acusação contra o réu], apareçam nulidades insanáveis no Processo, para as quais nenhum outro remédio se tem conhecido, senão o da Apelação, que ocasiona despesas exorbitantes, com grave dano da Justiça, e, não raras vezes, com prejuízo da inocência.[22]

Relembrando a autodescrição, mencionada antes, é oportuno ressaltar que nem sempre foi assim. Vasconcelos, juntamente com

---

21 De acordo com Thomas Flory (1981, p.64): "*The original law of 1827 had created a magistrate of primarily conciliatory and civil jurisdiction who nevertheless carried a certain coercive potential to mobilize local resistance to an absolutist threat. The Procedural Code reversed the order of precedence, deemphasizing the civil jurisdiction of de justice of the peace in favor of his criminal and police powers. After 1832 the 'juiz de paz' possessed authority to arrest wanted criminals in his or any other jurisdiction and to judge crimes for which the maximum penalty did not exceed a fine of 100 'mil réis' ($77) and six month in the jail. More important, the Code gave the magistrate responsibility not only to assembling but also for determining cause for arraignment, arrest, and the bringing of charges (formação de culpa) in all crime proceedings. As the official responsible for bringing formal criminal charges, the parish judge stood at the base of the entire system of criminal justice*".

22 Relatório do Ministério da Justiça (ministro Bernardo Pereira de Vasconcelos) do ano de 1837, disponível na página eletrônica do Projeto de Imagens de Publicações Oficiais Brasileiras do Center for Research Libraries e Latin American Microform Project <http://brazil.crl.edu/bsd/bsd/u1828/000015.html> e <http://brazil.crl.edu/bsd/bsd/u1828/000016.html>.

outros liberais do Primeiro Reinado, foi um entusiasta da Lei de 15 de outubro de 1827 que criou um juiz de paz em cada paróquia, chegando mesmo a redigir um manual destinado a instruir os futuros juízes acerca de suas atribuições. Em sua "Carta aos senhores eleitores da Província de Minas Gerais", de 1828, o então deputado Vasconcelos (1999, p.112) afirmava que, como bons pais de família, esses juízes procurariam conciliar as partes que intentavam em juízo. "Os pleitos insignificantes e os delitos de pequena entidade serão julgados perante estes escolhidos do povo", escreveu ele. Já no final da década de 1830, quando atacava o Juízo de Paz, Vasconcelos, então à frente do chamado "regresso conservador", afirmou ter ocorrido um desvio da função daquela autoridade localmente eleita, em relação ao que foi originalmente previsto na lei de criação do cargo.

As críticas de Vasconcelos não paravam no Juízo de Paz: outro elemento do sistema judiciário do Império, fruto das reformas liberais de inícios dos anos 1830, criticado no relatório ministerial de 1837, foi o conjunto de critérios adotados para a escolha dos Conselhos de Jurados. Antes, porém, de passar à crítica elaborada pelo ministro, é oportuno explicitar brevemente um pouco da história e funcionamento do júri no Brasil.

Inspirado em modelos de países europeus, especialmente na tradição anglo-saxônica, o júri existiu no Brasil antes mesmo da Independência. As cortes de Lisboa,[23] por lei de 1821, criaram o júri para atuar nos crimes de liberdade de imprensa. Em junho de 1822, as cortes também criaram a instituição no Brasil; entretanto, diferentemente de Portugal, onde os jurados eram eleitos localmente, no Brasil eles eram indicados por corregedores da Coroa portuguesa. A existência e as atribuições do Conselho de Jurados chegaram a ser debatidas na Assembleia Constituinte dissolvida em 1823 (Flory, 1981, p.115-27). Esses debates nortearam a elaboração dos artigos 151 e 152 da Constituição de 1824, nos quais consta respectivamente:

---

23 Para um estudo amplo a respeito das Cortes de Lisboa, ver Berbel (1999).

O poder judicial é independente, e será composto de juízes e jurados, os quais terão lugar assim no civil, como no crime, nos casos e pelo modo que os códigos determinarem [...]. Os jurados pronunciam sobre o fato e os juízes aplicam a lei. (São Vicente, 2002, p.593)

Embora tenha havido uma lei datada de 20 de setembro de 1830 que regulou mais detidamente o funcionamento do júri brasileiro, o fez ainda como instituição política. Foi apenas com a promulgação do Código do Processo Criminal de 1832 que o júri tornou-se efetivamente um Tribunal Judiciário com alçada em todos os crimes. Por consequência, foi também o Código do Processo que definiu o conjunto de regras para a escolha dos chamados juízes de fato (os jurados). Os jurados eram selecionados nos municípios por vereadores, juízes de paz e párocos entre os habilitados como eleitores na localidade. No sistema que prevaleceu até a reforma de 1841, as referidas autoridades locais excluíam de listas previamente elaboradas nos distritos de paz os nomes que não lhes pareciam gozar de conceito público, inteligência, integridade ou bons costumes. A lista dos selecionados devia ser afixada nas portas das paróquias ou capelas para que fossem encaminhadas reclamações, em razão de nomes ausentes ou indevidamente relacionados. Uma vez por ano, as mesmas autoridades se reuniam para revisar a lista, os nomes finalmente apurados eram transcritos em livros, publicados nas portas da Câmara dos Vereadores e na imprensa, transcritos em cédulas e depositados em uma urna que permanecia trancada por duas chaves guardadas pelo presidente da câmara e pelo promotor de Justiça. Antes do início de uma sessão de julgamento, sempre presidida por um juiz de direito, eram sorteados sessenta nomes entre os qualificados. Esse grupo era dividido em dois conselhos de jurados. O que atuava inicialmente era chamado de *Primeiro Conselho de Jurados* ou *Júri de Acusação*. Para a composição desse primeiro conselho eram sorteados por um menino, entre os sessenta nomes do sorteio inicial, pelo menos 23 jurados. Em uma reunião fechada, após nomearem um presidente e um secretário, esses jurados debatiam a respeito de cada um dos processos criminais em pauta. Caso considerassem necessários esclarecimentos suplementares, os jurados podiam solicitar a presença das testemunhas ou dos representantes de acusadores e acusados. Após todas as deliberações, os jurados definiam se havia ou não provas que motivassem o julgamento. Quando esse júri não encontrava evidências contra o acusado, o caso era encerrado e a causa, declarada improcedente pelo juiz de direito, ficando sem efeito a queixa ou denúncia. De outra forma, quando o primeiro conselho opinava pela procedência da causa, dava-se prosseguimento ao processo, com a pronúncia, a determinação da prisão do réu e a produção do libelo acusatório (um documento redigido pela parte acusadora, na maioria dos casos pelo promotor público, contendo os argumentos que sustentavam a culpa do réu). Terminada a formação da acusação e com a anuência do juiz de direito, eram sorteados outros doze jurados entre os nomes restantes na urna. Essa escolha obedecia ao direito de algumas recusas de nomes pelas partes acusada e acusadora. Esse conselho era chamado *Segundo Conselho de Jurados* ou *Júri de Sentença*, dele sairia a decisão pela culpa ou pela inocência do réu.[24]

De posse de um esclarecimento mais detalhado a respeito do funcionamento legal da instituição do júri de acordo com as determinações do Código do Processo Criminal de 1832, voltemos à crítica elaborada por Bernardo Pereira de Vasconcelos contra a instituição. De acordo com o ministro:

O derramamento de nossa população em um território extenso, e pouco povoado, torna em muitos lugares sumamente difícil a

---

24 *Código do Processo Criminal de Primeira Instancia do Império do Brasil com a Lei de 3 de dezembro de 1841 n.261*, comentado e anotado pelo conselheiro Vicente Alves de Paula Pessoa. Rio de Janeiro: Jacintho Ribeiro dos Santos Livreiro-Editor, 1899, artigos 23 a 31, p.45-54. Para uma análise da ação cotidiana do júri na definição de comportamentos criminalizáveis na Província do Espírito Santo durante o período imperial, ver Campos & Betzel (2008, p.228-56).

60   RICARDO ALEXANDRE FERREIRA

reunião de sessenta jurados, que devem concorrer em cada Sessão. O mesmo Código [do Processo Criminal] supõe a existência de Municípios, onde se não encontra esse número, e por isso admite a convocação daqueles indivíduos, que como indignos excluíra para exercer as funções de Jurados, como se a falta de pessoas dignas tornasse tais aquelas, que o não eram; ou como se o Cidadão, que habita lugares menos povoados, gozasse de menos garantias, que os outros! Por esta maneira entregou o nosso Código [do Processo Criminal] a honra, a fortuna, e a vida desses Cidadãos àquela mesma incapacidade, ou indignidades, que é repelida nos Municípios mais populosos.[25]

Tais argumentos de Vasconcelos contra os juízes de paz e o júri não eram opiniões isoladas, pois traduziam interesses e convicções políticas que acabaram por se concretizar na mudança sofrida pelo Código do Processo Criminal em 1841.[26] A reforma criou os cargos de subdelegado, delegado e chefe de polícia, todos indicados pelo Executivo, os quais substituíram, a partir de então, o juiz de paz em quase[27] todas as suas funções policiais. O *Primeiro Conselho de*

---

25 Relatório do Ministério da Justiça (ministro Bernardo Pereira de Vasconcelos) do ano de 1837, disponível na página eletrônica do Projeto de Imagens de Publicações Oficiais Brasileiras do Center for Research Libraries e Latin American Microform Project <http://brazil.crl.edu/bsd/bsd/u1828/000015.html>.

26 Thomaz Flory (1981, p.184) defende a ideia de que as transformações da estrutura de competências policiais e judiciárias introduzidas pela reforma de 1841 do Código do Processo marcaram fundamentalmente uma fase de centralização política no Império do Brasil. *"The 1841 law did indeed create a professional magistracy dependent upon the central government. The law's political essence derived from coercive ties of dependence – primarily the power of appointment – that bound the magisterial network to the government and gave the ministry ultimate control over its judicial representatives. Put simply, in return for his appointment and salary the magistrate would represent and make palatable the authority of his patron, the central government. This was dependence in the ideal sense, since it had no necessary partisan content".*

27 Segundo o artigo 65 da reforma de 1841 do Código do Processo Criminal, nos limites de sua jurisdição territorial, o juiz de paz ainda possuía poderes para proceder à execução de exames de corpos de delito, reprimir os bêbados, os

Jurados ou *Júri de Acusação* foi extinto. A formação da culpa nos processos criminais passou à competência dos delegados de polícia que ao final da inquirição de testemunhas remetia os processos aos juízes municipais,[28] também indicados pelo governo central dentre bacharéis formados em direito. Os juízes municipais revisavam os processos, sustentavam ou revogavam a decisão pela procedência da culpa contra o acusado feita pelos delegados de polícia, para finalmente enviar os autos ao juiz de direito, que, a partir de então, realizava a pronúncia e presidia o processo até o julgamento, onde um único conselho de jurados resolvia pela culpa ou inocência do réu.

A lei de 1841 também mudou os critérios para a escolha dos membros do júri. Se em apenas um Termo não fosse possível qualificar cinquenta pessoas aptas para serem jurados, reunir-se-iam duas ou mais localidades. As listas iniciais dos candidatos a jurados passaram a ser produzidas pelos delegados de polícia, que deveriam arrolar todos os indivíduos moradores na sua jurisdição que fossem eleitores, soubessem ler e escrever e possuíssem rendimentos anuais:

> por bens de raiz ou emprego público 400$000 nos Termos das Cidades do Rio de Janeiro, Bahia [sic], Recife e São Luiz do Maranhão; 300$000 nos Termos das outras Cidades, e 200$000 em todos os mais Termos. Quando o rendimento provier do comércio ou

---

mendigos, os vadios e as "meretrizes escandalosas, que perturbam o sossego público, obrigando-os a assinar termos de bem viver", destruir quilombos e vigiar para que novos não se formassem, prender os criminosos procurados e comunicar a outros juízes a prisão deles em seus distritos. *Código do Processo Criminal de Primeira Instancia do Império do Brasil com a Lei de 3 de dezembro de 1841 n.261*, comentado e anotado pelo conselheiro Vicente Alves de Paula Pessoa. Rio de Janeiro: Jacintho Ribeiro dos Santos Livreiro-Editor, 1899, p.390.

28 O cargo de juiz municipal não foi uma novidade da reforma de 1841. De acordo com o Código do Processo Criminal de 1832 o juiz municipal era escolhido a partir de uma lista tríplice composta por bacharéis em direito, indicada pelas Câmaras Municipais. A partir de 1841, eles passaram a ser indicados pelo governo central, em geral pelos presidentes das províncias, e sua função judicial se misturou à policial, o que só se alterou com a reforma do Código do Processo Criminal de 1871.

indústria, deverão ter o duplo. Exceptuam-se os Senadores, Deputados, Conselheiros e Ministros de Estado, Bispos, Magistrados, Oficiais de Justiça, Juízes Eclesiásticos, Vigários, Presidentes e Secretários dos Governos das Províncias, Comandantes das Armas e dos Corpos de 1ª linha.[29]

Uma cópia da lista era afixada na porta da paróquia local e outra, remetida ao juiz de direito em época predeterminada de todos os anos. As listas ainda eram submetidas a juntas revisoras, compostas pelo juiz de direito, pelo promotor público e pelo presidente da Câmara Municipal, em sessões públicas. Essas juntas deveriam atender a reclamações, corrigir erros, inserir e excluir nomes, até que a listagem fosse registrada em livros apropriados. Uma vez terminada a lista geral, os nomes nela contidos seriam transcritos em cédulas e depositados em uma urna trancada por três chaves que ficariam em poder dos três membros da junta revisora ou de seus suplentes. Os livros com os nomes dos jurados, bem como a urna contendo as cédulas, eram guardados pela Câmara Municipal, que se responsabilizava por fornecê-los nos dias de trabalho do júri.[30]

Mesmo com as reformas, o sistema do júri, entretanto, continuou dividindo a opinião de juristas e políticos. A cada novo gabinete ministerial e, em alguns casos, a cada novo relatório apresentado à Assembleia Geral, os ministros da Justiça atribuíam à instituição do júri grande parte da responsabilidade pela impunidade dos acusados pela prática de crimes. Quando as denúncias de fraude não se dirigiam diretamente à escolha dos jurados, identificavam-se

---

29 *Código do Processo Criminal de Primeira Instancia do Império do Brasil com a Lei de 3 de dezembro de 1841 n.261*, comentado e anotado pelo conselheiro Vicente Alves de Paula Pessoa. Rio de Janeiro: Jacintho Ribeiro dos Santos Livreiro-Editor, 1899, p.430.

30 Ver capítulo III da Reforma do Código do Processo Criminal de 1841, artigos 223 a 239. *Código do Processo Criminal de Primeira Instancia do Império do Brasil com a Lei de 3 de dezembro de 1841 n.261*, comentado e anotado pelo conselheiro Vicente Alves de Paula Pessoa. Rio de Janeiro: Jacintho Ribeiro dos Santos Livreiro-Editor, 1899, p.429-34.

parcialidades dos juízes de direito e dos "juízes de fato" atribuídas a cooptações e intimidações promovidas por chefes locais que não se interessavam pela condenação deste ou daquele réu. Vejamos o que disse a esse respeito, quase dez anos após a reforma de 1841, o também conservador Eusébio de Queiroz, ministro da Justiça responsável pela apresentação do relatório de 1849 à Assembleia Geral na segunda sessão da oitava legislatura:

> Não é possível dissimular, Senhores, o grande número de atentados cometidos contra a segurança individual; não há uma só província que não tenha contribuído com seu contingente para a história de assassinatos e violências, ultimamente perpetrados, que seria longo referir-vos. A pouca ou nenhuma força de que podem dispor as autoridades policiais, o desleixo e negligência de algumas, a conivência de outras, e mais que tudo a impunidade que acoroçoa os criminosos, são as principais causas a que se devem atribuir tantos e tão atrozes assassinatos, como os que têm chegado ao conhecimento do Governo. *Nos sertões, onde abundam os crimes desta natureza, ou não há julgamentos, ou representa-se uma farsa ridícula com aparências judiciais em que as decisões são de antemão conhecidas ou porque os juízes são cúmplices, ou porque são fracos e subscrevem as sentenças que lhes impõem os potentados do lugar.*[31]

Apesar da persistência de problemas anteriores, a lei da reforma do Código do Processo de 1841 definiu quase todas as bases sobre as quais funcionou a Justiça Criminal brasileira até o final do Império, sem grandes alterações. Nesse sentido, argumenta Joaquim Nabuco ao discutir as atuações de liberais e conservadores à frente dos Gabinetes Ministeriais no contexto das reformas judiciárias:

---

31 Relatório do Ministério da Justiça (ministro Eusébio de Queiroz Coutinho Mattoso Camara) do ano de 1849, disponível na página eletrônica do Projeto de Imagens de Publicações Oficiais Brasileiras do Center for Research Libraries e Latin American Microform Project <http://brazil.crl.edu/bsd/bsd/u1841/000006.html>. Grifos nossos.

O Código do Processo [de 1832] havia feito dos juízes de paz o elemento ativo da justiça criminal: a reação conservadora substituíra esse mecanismo popular pela polícia, que foi centralizada nas capitais, com a criação dos chefes [de polícia] e unificada nas mãos do ministro da justiça. Quando se votou a lei que assim transformara completamente o sistema da justiça, o partido Liberal protestou em nome das conquistas populares da Regência, e levantou-se em armas em São Paulo e Minas. No governo, porém, de 1844 a 1848, ele nunca seriamente pensou em reformar a lei de 1841; fez algumas tentativas sem insistência. (Nabuco, 1949, v.I, p.194)

No que concernia especificamente à Justiça Criminal, foi apenas em 1871 que se realizou nova e última mudança legal significativa durante o Império.[32] Efetivada no mesmo ano que a "Lei do Elemento Servil", no conjunto da qual ficou mais conhecida a "Lei do Ventre Livre", a Reforma Judiciária levada a termo pelo ministro Francisco de Paula de Negreiros Sayão Lobato, formalizada pela lei de 20 de setembro de 1871, atendia a algumas das propostas de reforma sugeridas por antigos projetos que se sucederam à reforma

---

32 Segundo o jurista Vicente Alves de Paula Pessoa as leis que reformaram Código do Processo Criminal de primeira instância de 1832 assim se sucederam: "Foi reformado em muitas partes pela Lei n.260 de 3 de Dezembro de 1841, para cuja execução se deram os regulamentos de 31 de janeiro de 1842, 2 fevereiro e 15 de março do mesmo ano. Ainda tivemos novas reformas, pela Lei n.2033 de 20 de setembro de 1871, e Regulamento n.4824 de 22 de novembro do mesmo ano; não sendo vicioso citar como reformas o Decreto n.5456 de 5 de novembro de 1873, que contém providencias e medidas transitórias para a instalação de novas relações, que são sete, criadas pelo Decreto n.2342 de 6 de agosto de 1873. O Decreto n.5485 de 7 de novembro de 1873, declarando especiais as comarcas sedes das Relações. O de n.5467 de 12 de novembro de 1873, dando Regulamento para a interposição dos agravos e apelações cíveis. O de n.5618 de 2 de maio de 1874, dando novo Regulamento às Relações do Império". *Código do Processo Criminal de Primeira Instancia do Império do Brasil com a Lei de 3 de dezembro de 1841 n.261*, comentado e anotado pelo conselheiro Vicente Alves de Paula Pessoa. Rio de Janeiro: Jacintho Ribeiro dos Santos Livreiro-Editor, 1899, p.7.

CRIMES EM COMUM   **65**

de 1841.[33] No plano criminal, destacou-se o fim da sobreposição de competências policiais e judiciárias nas mesmas autoridades. De acordo com a reforma de 1871, os crimes afiançáveis, tais como os ferimentos leves, não eram mais levados ao tribunal do júri, ficavam restritos à competência policial. Por sua vez, os delegados de polícia perderam a competência para a formação da culpa nos processos criminais que apuravam crimes considerados graves, tais como o homicídio. Essa atribuição passou à alçada exclusiva dos juízes municipais, os quais submetiam suas decisões aos juízes de direito.[34]

Cada uma dessas reformas culminou na alteração dos destinos de muitas pessoas, fossem elas membros da polícia e da Justiça, ou mesmo do conjunto geral dos habitantes do Império, homens e mulheres, livres e escravos, criminosos ou não.

Aumentam as notícias de homicídios e outros crimes violentos

No início dos anos 1840, e ainda com a repetida alegação da ineficácia das leis figurando entre os principais motivos para a perpetuação da impunidade, o ministro da Justiça Francisco Ramiro D'Assis Coelho, no relatório relativo ao ano de 1839, reiterou argumentos e críticas de seus antecessores e apresentou à Assembleia Geral a relação nominal dos réus sentenciados à pena de morte, que

---

33 Em seu *Estadista do Império*, Joaquim Nabuco (1949, v.III, p.236) assim descreve a sequência de projetos de reforma do judiciário produzidos pelos ministros da Justiça entre a lei de 1841 e a lei de 1871: "em 1846 e 1848 (situação liberal) propostas de [José Joaquim] Fernandes Torres e [José Antonio] Pimenta Bueno; em 1854, projeto de [José Thomaz Nabuco [de Araujo] (ministério Paraná); em 1858, projeto substitutivo de [Francisco] Diogo [Pereira] de Vasconcelos; em 1862, proposta de [João Lins Vieira Cansansão de] Sinimbu; em 1866, proposta de [José Thomaz Nabuco [de Araujo]. Em 1861, [Francisco de Paula de Negreiros] Saião Lobato preparou um projeto de reforma que foi impresso e distribuído, mas não chegou a ser apresentado à Câmara".

34 Para uma análise especifica dos debates em torno da Reforma de 1871, ver Cerqueira Leite (1982).

recorreram ao Poder Moderador. No documento constam 62 réus, todos do sexo masculino. Dentre eles, a maior parte, 28, era proveniente do município da corte e de outros tribunais da província do Rio de Janeiro, nove foram enviados por Minas Gerais, oito pela província do Ceará, cinco pela Bahia, três pelo Maranhão, três por São Paulo, dois pela Paraíba, dois por Pernambuco, um por Goiás e um por Santa Catarina. Do total de réus (62) que apelaram das sentenças, apenas onze tiveram suas penas comutadas para: prisão perpétua, galés perpétuas, desterro (para fora da comarca) e degredo (para outras partes do Império). O ministro enfatizou que a maior parte (64,5%) dos pedidos de clemência foi negada e os réus definitivamente foram condenados à execução na forca, conforme as disposições do Código Criminal. Entre os nomes dos quarenta réus que morreriam no patíbulo, é possível identificar onze escravos. Outros quatro cativos tiveram as penas comutadas e nenhum figurou entre os onze réus perdoados.[35]

Francisco Ramiro D'Assis Coelho não foi o primeiro ministro da Justiça a divulgar as execuções, pois essa era uma atribuição da pasta. Entretanto, ostentar enforcamentos como prova de controle dos distúrbios provinciais, eficiência das leis e medida contra a impunidade parece não ter sido uma estratégia de unânime aceitação ante o problema da criminalidade. Outros ministros preferiram adotar em seus relatórios distintas estratégias de explicação para o problema da criminalidade no Império, estreitamente vinculadas ao ataque à estrutura judiciária então vigente.

No início de 1841, o ministro da Justiça Paulino José Soares de Souza, futuro visconde do Uruguai, adotou em seu relatório a respeito do ano anterior uma explicação para a criminalidade fundada nas diferenças existentes entre as populações do litoral e as que viviam no interior das províncias. Segundo o ministro, separados

---

35 Relatório do Ministério da Justiça (ministro Francisco Ramiro D'Assis Coelho) do ano de 1839, disponível na página eletrônica do Projeto de Imagens de Publicações Oficiais Brasileiras do Center for Research Libraries e Latin American Microform Project <http://brazil.crl.edu/bsd/bsd/u1830/000044.html>.

CRIMES EM COMUM **67**

uns dos outros e das povoações por enormes distâncias cobertas por serras e matas, sem instrução moral e religiosa, os habitantes do interior viviam fora do alcance do governo e estavam imbuídos de uma mal-entendida noção de liberdade:

> os homens bons que habitam esses lugares vêem-se forçados, em defesa própria, a oprimir para não serem oprimidos; constituem-se pequenos centros de força, a que se aglomeram os perseguidos, que depois a vingança torna também perseguidores. Essa força cresce na razão dos acontecimentos quotidianos, e procurando cada um obter maior grau de preponderância e tornar-se temido para ser respeitado, abre a sua proteção ao maior número de facinorosos e turbulentos. *Como as justiças territoriais são o resultado das eleições, recaem estas muitas vezes em pessoas que deveriam expiar nas prisões uma longa carreira de crimes, e que reforçadas com a autoridade dos cargos se tornam pequenos potentados, de fato independentes do Governo, e acima de toda a responsabilidade.* Dispondo nas eleições de grande número de votos, não é raro que encontrem proteções valiosas e decididas. Tal é o estado de muitos dos nossos sertões.[36]

Quando redigiu o mencionado relatório, Paulino cerrava fileiras ao lado de Bernardo Pereira de Vasconcelos na chefia do Partido Conservador.[37] Apesar de manifestarem temperamentos distintos, os dois políticos/juristas tornaram-se amigos íntimos. Conta-se que Vasconcelos pedia a Paulino discursos para serem lidos no Senado e, até mesmo, empréstimos em dinheiro. Contudo, diferen-

---

36 Relatório do Ministério da Justiça (ministro Paulino José Soares de Souza) do ano de 1840, disponível na página eletrônica do Projeto de Imagens de Publicações Oficiais Brasileiras do Center for Research Libraries e Latin American Microform Project <http://brazil.crl.edu/bsd/bsd/u1831/000019.html>, grifo nosso.

37 Mais que isso, Paulino era membro, ao lado de Joaquim José Rodrigues Torres (futuro visconde de Itaboraí) e Euzébio de Queirós, da trindade Saquarema, núcleo fundamental na direção do Partido Conservador no período-chave do processo de construção do Estado no Império do Brasil (Mattos, 1994).

temente de Vasconcelos, Paulino não defendeu a escravidão: "Na questão do tráfico, reconhecia o dano que sua abolição traria para a indústria nacional, mas as razões de Estado e a pressão externa, física e moral, lhe pareciam falar mais alto" (Uruguai, 2002, p.40).

No que se refere ao problema do controle dos registros de criminalidade produzido nas províncias, da mesma maneira que seus antecessores no ministério, Paulino reclamou da ausência de uma estatística criminal para todo o Império. De acordo com o ministro: "apenas ultimamente [1841] poucos presidentes tem empreendido coligir [...] alguns dados em seus relatórios, mas, além de poucos, são seus trabalhos baseados em diverso plano, e feitos com diversas vistas, pelo que a sua falta de uniformidade os torna pouco aproveitáveis".[38]

Dois anos depois, em 1844, o ministro Manuel Alves Branco, autor de grande parte do projeto original do Código do Processo Criminal de 1832, "ferrenho inimigo" de Bernardo Pereira de Vasconcelos (Dutra, 2004, p.39), tentou levar abaixo a argumentação de seu também adversário político Paulino José de Souza a respeito da civilidade das regiões litorâneas em detrimento dos sertões. Segundo Branco:

> [No que toca] aos crimes de natureza individual, cumpre-me dizer, que nesta parte ainda é mui lastimoso o nosso estado. Fatos horríveis dos mais bárbaros atentados são ainda muito freqüentes em todas as Províncias do Império, sem excetuar mesmo (coisa incrível) a Província do Rio de Janeiro, sem dúvida a mais civilizada, de população mais concentrada, e a face das autoridades numerosas, e das Supremas do Império.[39]

---

38 Relatório do Ministério da Justiça (ministro Paulino José Soares de Souza) do ano de 1840, disponível na página eletrônica do Projeto de Imagens de Publicações Oficiais Brasileiras do Center for Research Libraries e Latin American Microform Project <http://brazil.crl.edu/bsd/bsd/u1831/000025.html>.

39 Relatório do Ministério da Justiça (ministro Manuel Alves Branco) do ano de 1843, disponível na página eletrônica do Projeto de Imagens de Publicações Oficiais Brasileiras do Center for Research Libraries e Latin American Microform Project <http://brazil.crl.edu/bsd/bsd/u1834/000008.html>.

CRIMES EM COMUM **69**

Em meados da década de 1840, os ministros já manifestavam na Assembleia Geral a opinião de que havia alguma melhora na situação das rebeliões nas províncias, que marcaram fundamentalmente o período das regências e o início do reinado de Pedro II. No entanto, se a tranquilidade pública não era mais o único foco de atenção em pauta, pelo menos no plano das afirmações oficiais de governo, a segurança da pessoa e da propriedade passava paulatinamente a figurar no plano mais elevado das preocupações do Executivo.

Alguns crimes, em especial, começavam a ganhar relevo. Dentre eles, destacava-se a perpetuação de delitos entre famílias.[40] No relatório de 1846, o ministro José Joaquim Fernandes Torres menciona a continuação dos conflitos entre as famílias Militão e Guerreiro na Bahia, cuja sucessão alternada de assassinatos já envolvia bandos armados com duas dezenas de pessoas. Além dessas ocorrências, o ministro destacou a generalizada prática de crimes "puramente individuais" em todas as províncias, especialmente nas regiões mais remotas onde, segundo ele, "as povoações ainda pouco ilustradas tem como recurso a prática brutal do punhal e do bacamarte, e não as leis, para vingar-se de seus inimigos pessoais".[41]

José Antônio Pimenta Bueno, então ainda entre os liberais, assumiu o Ministério da Justiça na segunda metade da década de 1840 e ficou encarregado de apresentar o relatório relativo ao ano de 1847. O ministro asseverou que o problema da segurança pessoal e da propriedade individual se avultava, especialmente no interior de algumas províncias no norte do país. Na Bahia permanecia o conflito familiar entre Militão e Guerreiro com a multiplicação de homicídios e enfrentamentos. No norte da província de Alagoas, diversos fugitivos da justiça acusados por assassinatos e outros

---

40 Para uma análise ampla do binômio "violência-família", no período compreendido entre as duas últimas décadas do período colonial e meados do Oitocentos, no Ceará, ver Vieira Jr. (2002).

41 Relatório do Ministério da Justiça (ministro José Joaquim Fernandes Torres) do ano de 1846, disponível na página eletrônica do Projeto de Imagens de Publicações Oficiais Brasileiras do Center for Research Libraries e Latin American Microform Project <http://brazil.crl.edu/bsd/bsd/u1838/000015.html>.

delitos sobressaltavam os povoados. O ministro destacou o nome de Vicente de Paula, que, a partir das matas de Jacuípe, e junto com outros homens, realizava façanhas, invadia vilas, festas públicas, praticava assaltos e diversos delitos narrados nas páginas dos relatórios dos chefes de polícia. Vicente de Paula tornou-se cada dia mais conhecido e seu bando teria alcançado alguns povoados das regiões limítrofes entre Alagoas e Pernambuco.

A essa altura, nos anos finais da década de 1840, as estatísticas criminais não eram inexistentes, mas continuavam a ser vistas com reservas pelos ministros, o que tornava corrente nos relatórios a narrativa de alguns crimes considerados atrozes. Em 18 de dezembro de 1847, na província do Ceará, foram assassinados na fazenda Cana Brava João Ribeiro de Mello, dois filhos menores, uma filha, uma afilhada, um vaqueiro e uma agregada da casa. Os assassinos teriam sido vários homens chefiados por Raimundo Gadelha, Lourenço Gadelha e José Bezerra. Horas após o crime, um dos filhos da vítima seguiu com homens armados à procura dos assassinos de sua família, matou o principal chefe, Raimundo Gadelha, e outros dois homens. Uma escolta armada foi até a província do Piauí prender José Bezerra, terceiro acusado pelas mortes no Ceará. Contrariando a autoridade do delegado local, a escolta prendeu Antonio Bezerra, José Bezerra e um escravo. Tão logo o grupo atravessou a divisa da província do Ceará, José Bezerra foi assassinado por pessoas que se diziam vingadoras da morte da família de João Ribeiro de Mello.[42]

Aos poucos, os chamados *facinorosos*, identificados com nome, sobrenome e o epíteto de "célebres homicidas e ladrões", perseguidos durante anos pelas autoridades policiais, passaram a dividir as páginas dos relatórios oficias de Estado não só com as vinganças desencadeadas por conflitos eleitorais e familiares, mas também com assassinatos cometidos por maridos traídos, companheiros

---

42 Relatório do Ministério da Justiça (ministro José Antônio Pimenta Bueno) do ano de 1847, disponível na página eletrônica do Projeto de Imagens de Publicações Oficiais Brasileiras do Center for Research Libraries e Latin American Microform Project <http://brazil.crl.edu/bsd/bsd/u1839/000014.html>.

CRIMES EM COMUM **71**

de trabalho e cateretês envolvidos em rixas e desafios, fossem eles livres ou escravos. É verdade que esses crimes não eram inicialmente apresentados em relatos detalhados, pois, de maneira geral, até meados do Oitocentos, os ministros preferiam narrar na Assembleia Geral os crimes considerados de maior gravidade e repercussão. Mas eles estavam presentes em menções gerais ao avultado número de homicídios de diversas naturezas que se espalhavam por todas as províncias do Império comunicados pelos chefes de polícia e arrolados nas estatísticas criminais e judiciárias.

Entre o início da década de 1850 e o ano 1862, sob a égide da política de conciliação,[43] as estatísticas criminais passaram a seguir a padronização tão reclamada (Gráfico 1). Nesse aspecto, em particular, apesar das permanentes reclamações a respeito de mapas parciais ou não enviados pelas províncias, a nova estrutura policial e judiciária estabelecida pela reforma de 1841 dava mostras de uma ligação mais efetiva na integração dos municípios com as sedes das províncias e dessas com o Ministério da Justiça.

A maior preocupação com a segurança individual e a organização da estatística, entretanto, parece ter resultado numa dor de cabeça adicional às autoridades administrativas. A análise dos dados enviados pelos presidentes de província ao Ministério da Justiça nos anos 1850 indicava que os números da criminalidade individual cresciam vertiginosamente. Ano a ano, mais e mais homicídios e ferimentos chegavam ao conhecimento da polícia e da Justiça.

---

43 No período compreendido entre os anos de 1853 e 1862, inicia-se com o gabinete ministerial presidido por Honório Hermeto Carneiro de Leão (marquês do Paraná) uma política de conciliação entre os partidos Liberal e Conservador em nome da integridade do Império. Nas palavras de Joaquim Nabuco (1949, p.176) "durante, pode se dizer, dez anos antigos Liberais e antigos Conservadores vão aparecer misturados nos mesmos gabinetes, até que com a formação do Partido Progressista os conservadores puros se extremam outra vez e de novo recomeça o antagonismo dos partidos". É para caracterizar esse período que Joaquim Nabuco cita a famosa frase de Holanda Cavalcanti: "'Não há nada mais parecido com um Saquarema que um Luzia no poder', era a verdade sentida por todos", completa Nabuco (1949, p.174). Ver também: Marson (1986, especialmente o capítulo: "O império do progresso").

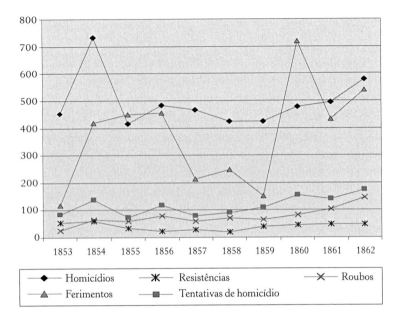

Gráfico 1 – Estatística criminal do Império do Brasil (1853-1862). Obs.: Não há nos mapas que deram origem ao presente gráfico a distinção entre criminosos livres, libertos ou escravos.
Fonte: Relatórios dos ministros da Justiça 1853-1862.

Vez por outra, a estatística era usada pelas autoridades do Executivo para sustentar a opinião da manutenção ou de um ligeiro decréscimo do número de "crimes contra a pessoa" entre um ano e outro.

A comparação entre os números de 1855 e 1854, período em que a quantidade de homicídios apontada pelos dados coligidos nas províncias caiu quase pela metade (Gráfico 1), ficou a cargo do primeiro ministro da Justiça do período da conciliação partidária, José Thomaz Nabuco de Araújo, um dos maiores entusiastas da quantificação. Segundo seu filho, Joaquim Nabuco, as propostas de reforma do Judiciário elaboradas por Nabuco de Araújo seguiam o traço marcante da personalidade do estadista, pois se originavam do resultado da identificação de falhas e lacunas observadas durante sua experiência como advogado, juiz e ministro. Entre essas falhas, Nabuco de Araújo conferia especial atenção à ausência

CRIMES EM COMUM **73**

da quantificação dos delitos e dos dados a respeito do andamento dos processos criminais. Especificamente com relação a esse tema, conta-nos o filho biógrafo, citando o próprio pai:

"Não existindo entre nós outros registros criminais senão os livros dos culpados, livros disseminados por inúmeros cartórios sem garantia alguma de autenticidade, dos quais com dificuldade e grande despesa os cidadãos tiram folhas corridas para se mostrarem livres de culpa" (são palavras suas), nomeia ele uma comissão de advogados, Perdigão Malheiro, sendo relator, para organizar um projeto instituindo no Império os registros criminais, à imitação dos da França, reproduzidos em Portugal, na Itália e em outros países.

"... Esses registros criminais, dizia ele, além de serem um elemento da estatística prestam uma prova fácil das reincidências e um meio cognoscitivo pronto para saber-se o passado dos acusados" (Nabuco, 1949, p.351-2). Assim como os registros criminais, é de Nabuco o primeiro ensaio de estatística criminal, decreto nº 3572 de 30 de dezembro de 1865, mandando executar o regulamento da Estatística Policial e Judiciária. (ibidem, p.352)

Ainda assim, mesmo Nabuco de Araújo via os dados quantitativos com cautela. Em seu relatório ministerial, o estadista alertou os legisladores que seria uma temeridade a inferência de conclusões a partir dos números de crimes relativos a um único ano, especialmente, segundo ele, do ano de 1855, quando uma epidemia de cólera-morbo "infundiu por toda parte o terror e destruiu muitos algozes e vítimas, acometendo principalmente a classe que fornece à estatística criminal o maior número deles".[44] A estatística trazia a criminalidade individual à ordem do dia, sem, contudo, diferenciar livres de escravos ou bandidos afamados e reincidentes de pessoas que recorreram a soluções violentas para seus desentendimentos cotidianos.

---

44 Relatório do Ministério da Justiça (ministro José Thomaz Nabuco de Araújo) do ano de 1855, disponível na página eletrônica do Projeto de Imagens de Publicações Oficiais Brasileiras do Center for Research Libraries e Latin American Microform Project <http://brazil.crl.edu/bsd/bsd/u1847/000007.html>.

Terminada, contudo, a fase da conciliação partidária, tornou-se mais difícil, mesmo para os contemporâneos, empreender nos relatórios ministeriais um estudo sistemático da progressão das estatísticas criminais e judiciárias. Em geral, cada novo ministro da Justiça de um novo gabinete adotava novas estratégias de coleta, organização e apresentação dos dados recolhidos nas comarcas. Muitos lamentavam não poder contar com os dados por atrasos, ausências ou a existência apenas de números parciais. Acresce que o mais completo levantamento demográfico do Império só foi levado a termo em 1872 (Botelho, 1998). Até então, sem os números da variação populacional do país, tornava-se quase impossível compreender o aumento ou a diminuição dos números de crimes, embora os ministros sempre tenham tentado chamar a atenção para alguns temas que estariam diretamente vinculados com a elevação dos números de delitos violentos registrados e processos julgados nas comarcas do Império.

Os padrões gerais dos crimes apresentados pelos ministros a cada novo relatório, contudo, se perpetuaram durante as décadas do Oitocentos. As características mais marcantes da época do primeiro esforço estatístico aqui mencionado, da década de 1830, permaneciam inalteradas. Refletindo o padrão mais comum de criminalidade estudada a partir de processos criminais em diferentes regiões no mesmo período, o número de delitos chamados violentos (ferimentos e homicídios) continuou a se sobrepor aos que chegavam ao conhecimento das autoridades a respeito dos danos e subtrações da propriedade.[45]

Quanto aos perfis de criminosos, inicialmente as estatísticas não separavam os delitos cometidos por escravos do restante da população. Apenas no item "Infração de Posturas" essa distinção era feita, mantendo-se durante os anos um número muito superior de réus livres em relação aos que se encontravam no cativeiro. Em alguns

---

45 Refiro-me aqui sempre aos delitos que chegaram à fase de inquérito policial e aos que se tornaram processos criminais. Os padrões obtidos a partir dos números de prisões, especialmente em centros urbanos como o Rio de Janeiro, por exemplo, demonstram por vezes percentuais significativos de crimes contra a ordem pública ou contra a propriedade (cf. Algranti, 1988).

CRIMES EM COMUM **75**

relatórios da década de 1870 foram quantificados os réus que responderam a julgamento, dentre eles mais de 90% eram livres. No entanto, à medida que o país se desenvolvia, a população crescia e os problemas com a substituição da mão de obra escrava se tornavam incontornáveis. Assim, dois novos complicadores foram agregados às explicações das autoridades do Poder Executivo a respeito do problema da criminalidade no Império. De um lado, a necessidade de deslocar cativos do Nordeste do Brasil para as lavouras cafeeiras do Rio de Janeiro e de São Paulo, significativamente intensificada após o encerramento do tráfico transatlântico (1850),[46] convergiu com o aumento das tensões nas regiões de lavouras exportadoras, e com o incremento no registro de ferimentos e assassinatos praticados pelos cativos contra seus senhores e feitores.[47] De outro lado, o aumento paulatino da presença da população de imigrantes no país também era citado como uma das causas do crescimento do número de crimes.

Ao ver-se legalmente compelido a justificar o número de homicídios que saltara de 423 em 1859 para 579 em 1862 (Gráfico 1), o então ministro João Lins Vieira Cansansão de Sinimbú lançou mão dos dois complicadores aqui mencionados. Vejamos os argumentos usados pelo ministro para explicar aos legisladores da corte as causas da elevação dos índices da criminalidade individual:

---

46 O tráfico interprovincial no Brasil existia antes de 1850. Foi, entretanto, após essa data que se adensou o envio de escravos, especialmente das províncias do Nordeste para o Centro-Sul. No entanto, em 1871, preocupados com o grande contingente de escravos rapidamente transferidos para a Província de São Paulo, os representantes dos senhores de escravos propuseram na Assembleia Provincial taxações sobre a importação que culminaram no significativo encarecimento dos cativos. O debate se seguiu no restante do país. Entre fins de 1880 e início de 1881 "as províncias de São Paulo, Minas Gerais e Rio de Janeiro criaram impostos de tal monta que virtualmente proibiam a importação de escravos de outras províncias, assim pondo fim ao tráfico interprovincial de seres humanos [...]. Finalmente, em 1885 uma lei foi aprovada libertando todos os escravos transferidos de uma província para outra" (Graham, 2002, p.140-1).

47 Para os principais debates a respeito da vinculação entre o movimento interprovincial de cativos do Nordeste para o Centro-Sul e o aumento da criminalidade escrava nas áreas exportadoras do Rio de Janeiro e de São Paulo na segunda metade do Oitocentos, ver Azevedo (2003a); Chalhoub (1990); Machado (1987; 1994); e Mattos (1998).

São conhecidas as causas que influem diretamente para o aumento na perpetração de crimes. Os Chefes de Polícia são unânimes em atribuí-lo principalmente à falta de educação moral e religiosa, à deficiência de força que auxilie a autoridade na perseguição dos criminosos, à fraqueza das prisões, ao patronato dos particulares e a indulgência dos jurados nos julgamentos. *A essas causas gerais devem acrescentar-se ainda outras que me parecem dignas de atenção.* Muitas empresas têm sido iniciadas no Império e encontram-se em pleno andamento. A falta de braços que geralmente se sente, obriga os empresários a procurar fora do país os trabalhadores que aqui não encontram, e, como não é natural não há aí melhor escolha no tocante à moralidade. O mesmo acontece com os *estrangeiros* que vêm para a lavoura a título de colonos, e pior ainda pelos que chegam com destino ao serviço das cidades e ao doméstico. A maior parte deles traz como principal ambição enriquecer com pouco trabalho, para voltar em breve à pátria: poucos se destinam à vida estável de proprietários modestos e regrados. Esta população variadíssima em religião, em nacionalidades, em costumes, não encontra nas cidades e mesmo nos campos a polícia ativa e severa a que estava acostumada e que constantemente pesava sobre ela; entra em plena e ampla liberdade, quase licença. O desejo ardente de enriquecer e má educação fazem o resto. Por outro lado, a *escravidão* e principalmente a transferência que em tão larga escala se fez de escravos do Norte para o Sul em procura dos altos preços por que são aqui pagos, não tem sido causa menos abundante de crimes contra a pessoa.[48]

Além de criticar a ineficiência das execuções e açoitamentos de escravos julgados culpados segundo a lei de 10 de junho de 1835,[49]

---

48 Relatório do Ministério da Justiça (ministro João Lins Vieira Cansansão de Sinimbú) do ano de 1862, disponível na página eletrônica do Projeto de Imagens de Publicações Oficiais Brasileiras do Center for Research Libraries e Latin American Microform Project <http://brazil.crl.edu/bsd/bsd/u1854/000004.html>, os grifos são nossos.

49 Consta a transcrição integral dessa lei no anexo. O tema será mais amplamente tratado no Capítulo 3.

CRIMES EM COMUM **77**

que punia particularmente os ataques contra senhores e feitores, o ministro Sinimbú argumentou que não eram apenas os delitos que aumentavam, mas o trabalho das autoridades policiais que se tornava dia a dia mais ativo e vigilante, revelando um maior número de crimes. Reconhecia, contudo, que ainda era elevado o número de criminosos que não chegavam aos tribunais. Ao final de seu comentário, o ministro arrematou com o adjetivo mais corrente no período: "Se não é lisonjeiro o estado da segurança individual, também não é desanimador, e com severidade e constância chegaremos, em próximo futuro, ao estado das nações mais policiadas".[50]

Cabe agora efetuar uma pausa no acompanhamento do tema da criminalidade nos relatórios ministeriais. A partir dos anos 1870, as principais características da criminalidade individual persistiram. Contudo, como advertiu o ministro Sinimbú, o problema da substituição da mão de obra foi definitivamente colocado no centro das questões de segurança pública e particular. A suspeição generalizada contra a população livre nacional, composta por muitos ex-escravos e descendentes de africanos, passava a justificar generalizações sobre as chamadas "classes menos favorecidas". Os imigrantes europeus também não eram necessariamente vistos com bons olhos por todos os membros do Executivo. No Centro-Sul, a província de São Paulo era motivo de grandes preocupações.

A criminalidade vista da província

A relação entre o poder central, simbolizado pela corte do Rio de Janeiro, e as lideranças regionais das províncias apresentou-se como um tema profícuo em interpretações historiográficas que

---

50 Relatório do Ministério da Justiça (ministro João Lins Vieira Cansansão de Sinimbú) do ano de 1862, disponível na página eletrônica do Projeto de Imagens de Publicações Oficiais Brasileiras do Center for Research Libraries e Latin American Microform Project <http://brazil.crl.edu/bsd/bsd/u1854/000004.html>.

78   RICARDO ALEXANDRE FERREIRA

visaram, sobretudo, responder à questão de como a América portuguesa, com exceção da Cisplatina, manteve-se unida num mesmo Estado. Em estudo recentemente publicado, Miriam Dolhnikoff assevera que a importância conferida pela historiografia às reformas de caráter descentralizador[51] e centralizador,[52] da primeira metade do século XIX, relegou ao segundo plano um aspecto fundamental da política imperial – a existência de um pacto de tipo federalista organizado tanto por liberais quanto por conservadores, no seio da monarquia constitucional, que perpassou todo o processo de construção do Estado e permitiu a manutenção de sua unidade. De acordo com a autora, prevaleceu no Império um jogo de negociação e conflito, no qual as elites provinciais se constituíram à medida que conseguiam participar efetivamente do governo central, assumindo compromissos com a construção de um Estado Nacional (Dolhnikoff, 2005).

Escaparia às pretensões do presente capítulo remeter todos os participantes do debate historiográfico a recompô-lo em suas complexidades.[53] Contudo, mesmo Dolhnikoff, que reavalia o binômio descentralização-centralização, reconhece que a reforma de

---

51 Reformas corporificadas em duas legislações significativas: a criação do Código do Processo Criminal de 1832, que reforçou a função policial do juiz de paz eleito nas freguesias, e a emenda constitucional (o Ato Adicional de 1834) que extinguiu o Conselho de Estado e criou as Assembleias Legislativas Provinciais com competência para tomar diversas decisões autônomas.

52 Em conjunto, a Lei n.105, de 12 de maio de 1840, que interpretou a reforma constitucional de 1834 (Ato Adicional) e limitou os poderes das Assembleias Provinciais, a Lei n.234, de 23 de novembro de 1841, que recriou o Conselho de Estado, bem como a reforma do Código do Processo Criminal de 1841 foram apontadas como as grandes reformas do Regresso Conservador.

53 Os debates a respeito do tema datam ainda do século XIX. Contudo, na historiografia brasileira das últimas décadas, é possível destacar, entre outros, três textos fundamentais: Carvalho (1996); Dias (2005), "Ideologia liberal e construção do Estado"; e Mattos (1994). Os dois primeiros foram produzidos na década de 70 do século XX e o último, em meados da década seguinte. Com ênfase na figura do juiz de paz, também participou do debate o aqui já citado estudo de Thomas Flory (1981), originalmente publicado nos Estados Unidos, cuja tradução para o espanhol, pelo Fondo de Cultura Econômica, data de 1986.

CRIMES EM COMUM **79**

1841 consolidou o processo centralizador de um setor da burocracia imperial, o Judiciário, embora, para a autora, essa revisão conservadora não tenha alterado pontos essenciais do arranjo liberal estabelecido logo após a abdicação de Pedro I em 1831 (Dolhnikoff, 2005). Nesse delicado jogo, estabelecido entre o centro e as províncias, a figura dos presidentes de província[54] funcionava como a de delegados do poder central nas diferentes partes do Império, encarregados da negociação com as lideranças regionais. Sua existência estava prevista na Constituição de 1824 e suas atribuições foram alteradas de acordo com a criação de novas instituições e cargos provinciais. A emenda constitucional de 1834 estabeleceu como competência dos presidentes sancionar as leis aprovadas nas Assembleias Legislativas Provinciais ou devolvê-las para serem revistas e novamente votadas. Os presidentes eram também encarregados de submeter à Assembleia Provincial as propostas de reforma ou criação de novas posturas, conforme as solicitações enviadas pelas câmaras municipais, ou mandá-las executar em caráter emergencial até que pudessem ser votadas pelo legislativo da província. Suas diversas atribuições correspondiam às de todo o gabinete ministerial restritas à sua circunscrição administrativa e à relação hierárquica do Executivo. Entre as inúmeras competências dos presidentes de província estava a comunicação dos problemas apontados pelas autoridades policiais e judiciárias das comarcas, termos e municípios aos ministros da Justiça, bem como a mobilização de soldados permanentes e guardas nacionais para o combate às revoltas e aos crimes individuais considerados de maior gravidade, por gerarem comoções nas povoações (São Vicente, 2002).

---

54 O cargo de presidente provincial foi criado com a Constituição de 1824, o projeto chegou a ser discutido na Assembleia dissolvida em 1823. Ao interpretar o artigo constitucional que regulamentava a livre nomeação e demissão dos presidentes, afirma Pimenta Bueno: "Esses agentes da administração central são os motores, as sentinelas avançadas da ação executiva, os encarregados de esclarecer o governo geral, de guardar a ordem, a paz pública, de promover os interesses, o progresso, o bem-ser das províncias, de coadjuvá-lo enfim em suas importantes e variadas funções" (São Vicente, 2002, p.395).

Em especial, é a função de autoridade executiva com alçada nos assuntos vinculados aos delitos públicos e particulares na província que torna o presidente um elo fundamental para o entendimento das transformações nas concepções do problema da criminalidade no período imperial, sob o olhar administrativo. Em São Paulo, como de resto nas demais províncias, os relatórios regularmente emitidos pelos presidentes eram apresentados nas sessões de abertura da Assembleia Legislativa Provincial. Em relação à criminalidade, alguns presidentes, especialmente na segunda metade do século, preferiram realizar considerações gerais e anexar a seus relatórios os textos produzidos pelos chefes de polícia.

Assim como ocorria nos relatórios dos ministros da Justiça, antes de passarem à narração do "estado da segurança individual e da propriedade", os presidentes referiam-se à situação da "tranquilidade pública" na província. Nesse item, as notícias de revoltas de escravos ocupavam várias laudas dos relatórios dos presidentes de São Paulo. Apesar de tornarem-se mais frequentes na segunda metade do século, as informações a respeito da suspeita do planejamento de levantes escravos percorriam a província de um lado a outro, durante boa parte do período Imperial, espalhando-se mesmo pelas localidades que produziam apenas para o consumo de seus moradores e um pequeno comércio regional, onde as autoridades sequer conseguiam indiciar vinte escravos para que se configurasse legalmente a prática do crime de Insurreição conforme os preceitos do Código Criminal de 1830 (cf. Ferreira, 2005a, p.98-103).

Já no segundo relatório de 1848, o presidente Vicente Pires da Motta[55] comunicou aos legisladores ter recebido notícias a respeito do receio de insurreições em Campinas, Piracicaba e Itu (pertencentes respectivamente às regiões identificadas com os números

---

55 Relatório dos Presidentes da Província de São Paulo (presidente Vicente Pires da Motta) segundo de 1848, disponível na página eletrônica do Projeto de Imagens de Publicações Oficiais Brasileiras do Center for Research Libraries e Latin American Microform Project <http://brazil.crl.edu/bsd/bsd/u1085/index.html>.

XI, XVII e XIII no mapa "Província de São Paulo" – Figura 2). Os inúmeros ofícios remetidos à presidência pelas autoridades locais informavam que os fazendeiros da Freguesia de Indaiatuba, com medo, teriam abandonado suas residências. Soldados foram deslocados da capital para a região, mas nada foi encontrado. Apesar de não se ter confirmado a suspeita, o presidente advertiu os legisladores de que a combinação de uma revolta de escravos com a delicada situação política do país poderia causar "males incalculáveis".

Foi, porém, especialmente a partir dos anos 1860, com o aumento das denúncias e informações enviadas à presidência da província pelas autoridades locais a respeito de escravos que se insurgiam contra seus senhores ou feitores e logo após entregavam-se à prisão, que os chefes de polícia intensificaram suas críticas quanto à não aplicação da pena de morte prevista na lei de 10 de junho de 1835.

A penalidade imposta pela referida Lei tem sido burlada, principalmente no Júri da Capital; condescendência ou escrúpulo dos jurados que evitam sempre concorrer para imposição da pena capital; entendendo alguns erradamente que ela só pode ser aplicável, concorrendo testemunho ocular com a confissão dos réus. A conseqüência desgraçada deste prejuízo ou fraqueza, é que a penalidade ordinariamente aplicada a tais delitos se converte em estímulo para os escravos assassinarem seus senhores, como um meio de chegar as galés, que alguns referem ao cativeiro. Em vão se tem feito sentir isso no Júri da Capital.[56]

Os motivos para a não aplicação da referida lei, e em especial da pena de morte nela prevista como grau máximo, obedeciam a pelo menos duas ordens de questões. Por um lado, houve a prática,

---

56 Relatório dos Presidentes da Província de São Paulo (presidente Antonio José Henriques) de 1861, disponível na página eletrônica do Projeto de Imagens de Publicações Oficiais Brasileiras do Center for Research Libraries e Latin American Microform Project <http://brazil.crl.edu/bsd/bsd/998/000046.html>.

XVII.

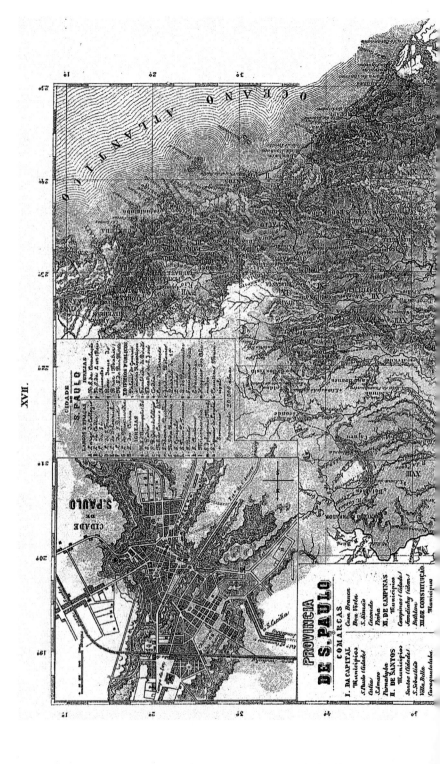

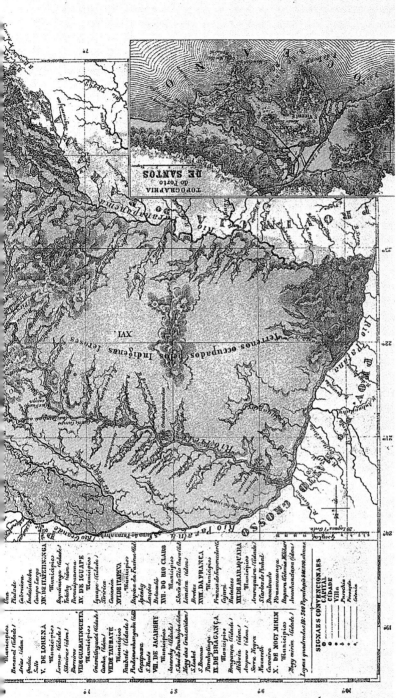

Figura 2 – Província de São Paulo, comarcas 'Atlas do Império do Brasil – Os mapas de Cândido Mendes (1868). Rio de Janeiro: Arte e História Livros e Edições, 2000, p.XVII).

incentivada pelo próprio imperador Pedro II, de se promover a sistemática comutação das penas de morte – por meio das prerrogativas de Clemência (recurso de graça) conferidas pela Constituição de 1824 ao detentor do Poder Moderador – em outras penas, tais como: prisão com trabalhos no caso de réus livres ou, como ocorria frequentemente no caso dos réus escravos, em galés perpétuas.[57] Por outro lado, não interessava a alguns senhores que cativos de vultoso custo fossem perdidos por uma condenação à morte. Para evitar o transtorno havia entre senhores de Campinas e Taubaté, por exemplo, a tentativa de descaracterizar em juízo a condição de feitor da vítima (Machado, 1987) para que o seu cativo réu não fosse condenado com base na severa lei de 1835, mas sim pelo Código Criminal.[58] Caso a estratégia fosse bem-sucedida, ao cativo condenado em penas que não fossem de morte caberiam outros recursos jurídicos, além da comutação das penas de prisão em açoites.

Ainda a respeito desse tema, há um aspecto jurídico digno de nota. Tanto nos relatórios administrativos da época, como visto antes, quanto na historiografia que tratou do tema da criminalidade escrava, afirmou-se que muitos escravos no Sudeste na segunda metade do século XIX atentavam contra a vida de senhores e feitores e depois se entregavam à polícia por preferirem a prisão e as galés ao rigoroso cativeiro das *plantations*. Dependendo das condições em que se dava o cativeiro esse argumento é bastante plausível. Entretanto, em seus comentários ao Código do Processo Criminal

---

57 "*Art. 46 – A pena de prisão com trabalho* obrigará aos réus a ocuparem-se diariamente no trabalho que lhes for destinado dentro do recinto das prisões, na conformidade das sentenças e dos regulamentos policiais das mesmas prisões [...] Art. 44 – *A pena de galés* sujeitará os réus a andarem com calceta no pé e corrente de ferro, juntos ou separados, e a empregar-se nos trabalhos públicos da província onde tiver sido cometido o delito à disposição do governo" (*Código Criminal do Império do Brasil*, comentado e anotado pelo conselheiro Vicente Alves de Paula Pessoa. 2.ed. (aumentada). Rio de Janeiro: Livraria Popular de A. A. da Cruz Coutinho, 1885, artigo 46, p.119 e artigo 44, p.115, os grifos são nossos).

58 Esse tema será tratado no Capítulo 3, que aborda mais detidamente as punições de cativos indiciados como réus pelo Judiciário.

do Império do Brasil, o jurista Vicente Alves de Paula Pessoa acrescenta um outro aspecto relevante. De acordo com o autor, segundo o Aviso de 30 de outubro de 1872:

> O direito dominical [do proprietário] sobre o escravo desaparece pelo fato da condenação definitiva do mesmo escravo a pena de galés perpétuas; e assim uma vez perdoado, e considerada a pena extinta, não pode o condenado voltar à escravidão.[59]

Paula Pessoa cita ainda, no mesmo sentido, um parecer dado em resposta a uma consulta à Seção de Justiça do Conselho de Estado, publicado no segundo número da *Gazeta Jurídica* de 1873:

> O perdão conferido pelo Poder Moderador anula a condição social dos escravos condenados a galés perpétuas que não podem voltar à escravidão; visto como em seu benefício, e não no interesse do antigo senhor, cessa por virtude da Graça, a perpetuidade da pena.[60]

Ou seja, pelo menos em teoria, caso um escravo fosse condenado às galés perpétuas pelo assassinato de um feitor ou senhor, e ainda assim, por habilidade das argumentações de seu defensor, fosse merecedor da Graça Imperial, ele se tornaria um homem livre. Esse era um expediente à mão dos interessados em ajudar os cativos a conquistar a liberdade por meio dos tribunais. Já é conhecida da historiografia brasileira a atuação de advogados e juristas simpatizantes da abolição para a libertação de escravos por meio de proces-

---

59 *Código do Processo Criminal de Primeira Instancia do Império do Brasil com a Lei de 3 de dezembro de 1841 n.261*, comentado e anotado pelo conselheiro Vicente Alves de Paula Pessoa. Rio de Janeiro: Jacintho Ribeiro dos Santos Livreiro-Editor, 1899, nota 3206, p.499.

60 *Código do Processo Criminal de Primeira Instancia do Império do Brasil com a Lei de 3 de dezembro de 1841 nº. 261*, comentado e anotado pelo conselheiro Vicente Alves de Paula Pessoa. Rio de Janeiro: Jacintho Ribeiro dos Santos Livreiro-Editor, 1899, nota 1644, p.271.

86 RICARDO ALEXANDRE FERREIRA

sos cíveis.[61] Contudo, se em muitos casos o direito penal servia aos interesses de controle e punição a serviço dos senhores, em outros não estava descartada a sua utilização como "arena receptível e acessível às demandas escravas" (E. Azevedo, 2003.p.57).

A criminalidade escrava, sob o olhar administrativo, sempre tomou a feição das notícias de insurreição e atentados contra proprietários de escravos e seus prepostos. Contudo, no alvorecer da segunda metade do Oitocentos, o executivo da província paulista fazia coro com a sede do Império, no que respeitava à segurança individual. O mesmo presidente Pires da Motta, que em 1848 alertou os legisladores quanto à possibilidade de novas revoltas de escravos, manifestou na reunião de abertura da Assembleia Provincial, anos depois, suas precauções quanto aos crimes violentos cometidos pela população em geral, os quais, em diferentes circunstâncias do cotidiano, envolviam livres, libertos e escravos, mas não eram assim especificados no relatório. Em seu discurso relativo ao ano de 1850, o presidente Pires da Motta asseverou:

> Estão quase extirpados os últimos restos da revolta em Pernambuco [Praieira], e todas as províncias gozam de paz. Nesta Província [de São Paulo] a ordem e a tranqüilidade permaneceram inalteráveis, e devemos esperar que continue esse estado feliz. Se, porém, não tem aparecido crimes, que ameacem o sossego público, é muito para lamentar, que o mesmo se não possa dizer dos atentados contra a segurança individual. Não são raros os delitos contra a propriedade, mas a freqüência das violências contra as pessoas assusta e horroriza. Constantemente recebem-se participações de homicídios, alguns acompanhados de circunstâncias as mais agravantes, e odiosas.[62]

---

61 Dentre as obras que estudaram a libertação de escravos por meio de ações cíveis, destacam-se: Grinberg (1994 e 2002); Chalhoub (1990); E. Azevedo (1999). No tocante às estratégias jurídicas de libertação de escravos no contexto da lei dos sexagenários, ver Mendonça (1999).

62 Relatório dos Presidentes da Província de São Paulo (presidente Vicente Pires da Motta) do ano de 1850, disponível na página eletrônica do Projeto de Imagens de Publicações Oficiais Brasileiras do Center for Research Libraries e Latin American Microform Project <http://brazil.crl.edu/bsd/bsd/984/000003.html>.

CRIMES EM COMUM **87**

Os temores pareciam não ser de todo injustificados. Se no final dos anos 1840 o avanço da criminalidade preocupava as autoridades administrativas provinciais, duas décadas mais tarde (1870), no auge da expansão da produção cafeeira, São Paulo figurava na estatística policial do Império como a terceira colocada na lista das províncias com maior número total de delitos praticados. Na época, segundo o relatório do chefe de polícia, São Paulo perdia apenas para Pernambuco, cuja população era maior "na razão de um terço", e para o Ceará, que tinha metade dos habitantes da província paulista.[63]

O então futuro ministro da Justiça José Thomaz Nabuco de Araújo tomou posse na presidência de São Paulo em 27 de agosto de 1851, quando ainda pertencia ao Partido Conservador. No ano seguinte, da mesma maneira como faria logo a seguir à frente da pasta da Justiça na corte, providenciou a preparação das estatísticas criminais e judiciárias da província. Os padrões constantes nos mapas de São Paulo não destoavam daquele apresentado em relação ao restante do Império. Consta que foram submetidos aos tribunais do júri de primeira instância em São Paulo, no ano de 1851, 176 crimes em 151 processos.[64] Mais de 80% tratavam de crimes particulares, e dentre esses, quase 90% se referiam a homicídios e ferimentos.

Mais recorrentemente do que ocorria nos mapas criminais do Ministério da Justiça, no entanto, na província de São Paulo o número de réus escravos era, em alguns casos, divulgado separadamente dos réus livres e libertos. Ainda assim, entre os processos julgados nas comarcas de São Paulo em 1851, o pequeno número

---

63 Relatório dos Presidentes da Província de São Paulo (presidente José Theodoro Xavier) do ano de 1874, disponível na página eletrônica do Projeto de Imagens de Publicações Oficiais Brasileiras do Center for Research Libraries e Latin American Microform Project <http://brazil.crl.edu/bsd/bsd/984/000003.html>.

64 Relatório dos Presidentes da Província de São Paulo (presidente José Thomas Nabuco de Araújo) do ano de 1852, disponível na página eletrônica do Projeto de Imagens de Publicações Oficiais Brasileiras do Center for Research Libraries e Latin American Microform Project.

de réus cativos (11,1%)[65] em relação aos livres ratificou a tendência entre os números apurados para o país como um todo. Nos anos seguintes, mesmo considerando-se que ora constavam estatísticas criminais preparadas pela secretaria de polícia, ora o número de processos-crime julgados pelos tribunais do júri de cada comarca, a participação cativa manteve-se em torno de 10% do total. Anexada ao relatório de 1871, uma listagem intitulada "Crimes cometidos na Província de São Paulo em 1870"[66] apresenta um total de 389 réus listados, dos quais 26 (6,68%) eram cativos. Com base nessas informações, é possível inferir que, independentemente das variações locais entre a população livre e escrava, manteve-se a tendência geral na província de os escravos comporem uma pequena fração do total de réus.

Ainda no relatório de 1871, foi apresentado um recenseamento dos "presos existentes nas cadeias da Província de São Paulo em 1870".[67] A listagem totalizou 292 encarcerados, dos quais 114 eram escravos. Adiante falaremos mais detalhadamente das cadeias da província paulista; por ora, vale ressaltar que, num período em que os ataques violentos à autoridade senhorial em São Paulo sofreram um grande incremento, o recenseamento menciona 52 (45,6%) cativos condenados pelos crimes da lei de 10 de junho de 1835, ou

---

65 Relatório dos Presidentes da Província de São Paulo (presidente José Thomas Nabuco de Araújo) do ano de 1852, disponível na página eletrônica do Projeto de Imagens de Publicações Oficiais Brasileiras do Center for Research Libraries e Latin American Microform Project.

66 Relatório dos Presidentes da Província de São Paulo (presidente Antonio da Costa Pinto Silva) do ano de 1871, disponível na página eletrônica do Projeto de Imagens de Publicações Oficiais Brasileiras do Center for Research Libraries e Latin American Microform Project <http://brazil. crl.edu/bsd/bsd/1012/000152.html> até <http://brazil.crl.edu/bsd/ bsd/1012/000159.html>.

67 Relatório dos Presidentes da Província de São Paulo (presidente Antonio da Costa Pinto Silva) do ano de 1871, disponível na página eletrônica do Projeto de Imagens de Publicações Oficiais Brasileiras do Center for Research Libraries e Latin American Microform Project <http://brazil. crl.edu/bsd/bsd/1012/000142.html> até <http://brazil.crl.edu/bsd/ bsd/1012/000147.html>.

seja, crimes contra os senhores, seus prepostos ou familiares deles. Todos os demais 62 (54,4%) escravos estavam presos por crimes (na maior parte dos casos homicídios) praticados contra outros cativos e pessoas livres distintas de seus proprietários, feitores e administradores, ou seja, estavam no âmbito dos crimes cometidos por escravos que as autoridades administrativas simplesmente agrupavam à criminalidade atribuída à população em geral, pois eram ações motivadas por razões semelhantes às dos crimes cometidos por pessoas livres.

Nem só de números, porém, eram compostos os relatórios. Após apresentar as tendências apuradas na estatística criminal, as autoridades provinciais passavam a atribuir causas aos problemas com a segurança individual. Os motivos apontados eram os mais variados, embora seguissem os mesmos tópicos constantes nos relatórios dos ministros da Justiça e vice-versa. Predominavam as motivações consideradas pelas autoridades como frívolas e ocasionais, sempre acompanhadas de menções ao corriqueiro porte de armas de fogo e facas, à prática de jogos, ao abuso de bebidas alcoólicas e, especialmente, às disputas envolvendo amantes.

Conta o chefe de polícia em 1871 que, no dia 24 de julho do ano anterior, na cidade de Pindamonhangaba (pertencente à região VII – Comarca de Taubaté, identificada no mapa província de São Paulo, Comarcas – Figura 2), Francisco Antonio Ferreira assassinou sua esposa Francelina, e feriu gravemente Bento José da Costa. A suspeita inicial de Ferreira recaiu sobre outro homem, de nome Cândido, com quem Francelina estaria mantendo relações amorosas. Ciente das promessas de vingança, Cândido teria se antecipado ao esposo traído e lhe denunciado Francelina, que naquele momento estava em um dos quartos da casa de Nicolau com o verdadeiro amante.

Ferreira corre precipitadamente para a casa de Nicolau, seu patrão, e ali encontra sua mulher em adultério com Bento da Costa. Enquanto Ferreira sacia sua cólera no sangue de Bento, que recebe muitas facadas, Francelina foge para o Rio Paraíba, que corre perto

90 RICARDO ALEXANDRE FERREIRA

da casa, com intenção de ocultar nas águas sua desonra, porém é em tempo detida pelo marido que a feriu mortalmente com a mesma faca, que gotejava o sangue de seu infeliz amante.[68]

Francisco Antonio Ferreira foi preso, julgado e, após se justificar perante o conselho de jurados, inocentado de todas as culpas. O juiz de direito da comarca apelou da sentença, mas o resultado não foi conhecido.

Nem todos os homicídios eram narrados detalhadamente pelas autoridades provinciais do Executivo. Em 1872, o chefe de polícia mencionou a prisão de Maria Antonia do Espírito Santo na Vila de Lençóis, termo de Itapeva, situado na Região Sudoeste da província (Comarca identificada com o número XVI no mapa província de São Paulo, Comarcas – Figura 2). A mulher teria se associado ao cativo Vicente, que pertencia ao tenente Domingos Luiz do Santos, para juntos assassinarem seu esposo Theodoro José Rodrigues, que foi encontrado morto. Submetidos ao julgamento, ambos foram absolvidos. Na narrativa desse crime não foram citadas as motivações que levaram a esposa a se unir a um cativo para juntos assassinarem seu marido, porém entre as atribuições de causa da criminalidade individual na província apontadas pelo chefe de polícia em seu relatório estava o adultério.

No relatório de 1885,[69] o presidente José Luiz de Almeida Couto narrou outro crime motivado por intrigas amorosas ocorrido no Termo da Penha do Rio do Peixe, atual município de Itapira (pertencente à Comarca de Mogi-Mirim, identificada com o número X

---

68 Relatório dos Presidentes da Província de São Paulo (presidente Antonio da Costa Pinto) do ano de 1871, disponível na página eletrônica do Projeto de Imagens de Publicações Oficiais Brasileiras do Center for Research Libraries e Latin American Microform Project <http://brazil.crl.edu/bsd/bsd/1012/000120.html> e <http://brazil.crl.edu/bsd/bsd/1012/000121.html>.

69 Relatório dos Presidentes da Província de São Paulo (presidente José Luiz de Almeida Couto) do ano de 1885, disponível na página eletrônica do Projeto de Imagens de Publicações Oficiais Brasileiras do Center for Research Libraries e Latin American Microform Project.

no mapa província de São Paulo, Comarcas – Figura 2) na manhã de 12 de outubro, nas imediações da fazenda de Bento Domingues de Alvarenga. De acordo com o presidente, o escravo Vicente foi morto com uma foiçada na cabeça que lhe dera seu parceiro Francisco Mineiro, por motivos de ciúmes. As intrigas amorosas envolvendo tanto réus cativos quanto réus livres apresentavam características bastante semelhantes no tocante às situações do cotidiano tidas como inaceitáveis, entre as quais o adultério figurava como uma das motivações mais recorrentes para desfechos cruentos.

Somavam-se, ainda, aos motivos alegados pelos presidentes da província de São Paulo, em seus relatórios, para a perpetração de assassinatos e ofensas físicas, os conflitos eleitorais, as disputas por terras e o crescimento da população de trabalhadores flutuantes, especialmente os operários da estrada de ferro. Em especial, entre os homicídios, os presidentes destacavam como as principais causas "o instinto do mal entendido desforço e as rixas de ocasião", a "falta de educação moral e religiosa nas classes menos favorecidas da fortuna",[70] outras vezes referida como as "mais baixas camadas sociais"[71] ou "a classe ínfima da sociedade".[72]

Em geral, com exceção dos homicídios e ferimentos enquadrados na lei de 1835 (dos escravos contra senhores e feitores), não era

---

70 Relatório dos Presidentes da Província de São Paulo (presidente Vicente Pires da Motta) do ano de 1864, disponível na página eletrônica do Projeto de Imagens de Publicações Oficiais Brasileiras do Center for Research Libraries e Latin American Microform Project <http://brazil.crl.edu/bsd/bsd/1003/000002.html>.

71 Relatório dos Presidentes da Província de São Paulo (presidente Antonio Candido da Rocha) do ano de 1870, disponível na página eletrônica do Projeto de Imagens de Publicações Oficiais Brasileiras do Center for Research Libraries e Latin American Microform Project <http://brazil.crl.edu/bsd/bsd/1011/000005.html>.

72 Relatório dos Presidentes da Província de São Paulo (presidente Antonio Roberto D'Almeida) do ano de 1856, disponível na página eletrônica do Projeto de Imagens de Publicações Oficiais Brasileiras do Center for Research Libraries e Latin American Microform Project <http://brazil.crl.edu/bsd/bsd/991/000003.html>.

comum a diferenciação de causas dos crimes cometidos por livres, libertos ou escravos nas sessões reservadas à análise da segurança individual, salvo quando o crime mencionado era narrado entre os "fatos notáveis", como foi o caso que envolveu um cativo e o livre Estevão: no Bairro denominado Ribeirão da Prata, na Freguesia dos Dois Córregos, na Vila de Brotas (região identificada com o número XVII no mapa província de São Paulo, Comarcas Figura 2), um escravo, cujo nome não consta no relatório, teria assassinado Estevão, de vinte anos, tido como rapaz de boa reputação na localidade, com golpes de enxada sobre o rosto e a nuca, que dilaceraram o crânio da vítima. O cativo, após cometer o crime, narrou-o a um morador próximo e fugiu. Preso, o cativo confessou com detalhes o homicídio ao delegado. O escravo teria dito que "não empregou violência para levar a vítima ao lugar do delito, levou-a sob o pretexto de procurar mel. Tinha premeditado o crime, e para não perder a ocasião acompanhou Estevão até a Freguesia e com ele voltava sem outro intuito". Perguntado pelos motivos que o levaram a assassinar sua vítima, o cativo réu disse que em um dia furtara de seu senhor alguns mantimentos para vender. Estevão teria denunciado o escravo a seu proprietário, e por isso morreu.[73]

O século XIX marcou a entrada de São Paulo no cenário exportador do Império. Primeiro, com a produção de cana-de-açúcar, e, depois, com o café. As regiões do Vale do Paraíba e as chamadas novas regiões a oeste foram sofrendo grandes alterações em suas paisagens.[74] Contudo, a infraestrutura de governo disponível às autoridades administrativas e judiciárias parece não ter acompanhado tamanho desenvolvimento. Além das causas da criminalidade atribuída aos costumes da população, outro problema alegado

---

73 Relatório dos Presidentes da Província de São Paulo (presidente Antonio da Costa Pinto) do ano de 1871, disponível na página eletrônica do Projeto de Imagens de Publicações Oficiais Brasileiras do Center for Research Libraries e Latin American Microform Project <http://brazil.crl.edu/bsd/bsd/1012/000120. html> e <http://brazil.crl.edu/bsd/bsd/1012/000121.html>.

74 Para o estudo da economia paulista no século XIX, ver Beiguelman (2005) e Luna & Klein (2005).

pelos presidentes era a deficiência dos recursos materiais e de pessoal disponível.

Nas vilas, os delegados de polícia nem sempre podiam contar com os Soldados Permanentes e Guardas Nacionais para a patrulha e cumprimento de mandados judiciais. Muitas prisões eram feitas por escoltas formadas por soldados e outros indivíduos que, por meios (cavalos e armas) e interesses próprios, se dispunham a colaborar. Quando, enfim, os perturbadores da ordem ou os indiciados em processos criminais eram presos – não havia prisões. Ou melhor, havia, embora não fossem dignas de lisonja.

Embora fosse um tema comum nos relatórios apresentados pelos presidentes nas sessões de abertura das Assembleias Legislativas provinciais, o tema da situação das 36 cadeias e 26 casas de prisão espalhadas por toda a província de São Paulo ocupou um longo e detalhado anexo, de quinze páginas, no texto apresentado em 1865 pelo então presidente Conselheiro João Crispiano Soares.

Ao principiar seu relato pela Cadeia da Capital, o presidente cita o artigo 179 da Constituição do Império – um símbolo de rompimento com as práticas punitivas do Antigo Regime – que deixava claro no item: "21º) As cadeias serão seguras, limpas e bem arejadas, havendo diversas casas para separação dos réus, conforme suas circunstâncias e natureza dos seus crimes".[75] Ainda que fosse a melhor da província, na opinião do presidente, a cadeia da capital não comportava o volume de presos nela encarcerados. Recebendo os condenados à morte e às galés perpétuas que aguardavam o julgamento de seus recursos, oriundos de todas as vilas do interior, era impossível, destacava ele, seguir o preceito de separar os presos segundo suas "circunstâncias e natureza dos seus crimes".[76] Certamente era

---

75 Cf. "Constituição Política do Império" (in São Vicente, 2002, p.598).

76 Relatório dos Presidentes da Província de São Paulo (presidente João Crispiano Soares) do ano de 1865, disponível na página eletrônica do Projeto de Imagens de Publicações Oficiais Brasileiras do Center for Research Libraries e Latin American Microform Project, especialmente o relatório do chefe de polícia a respeito do estado das cadeias da província <http://brazil.crl.edu/bsd/bsd/1005/000068.html>.

na cadeia da capital onde havia a maior convivência entre livres, libertos e escravos. Tamanho era o transtorno que propunha Soares desalojar o júri e a câmara para que fosse possível edificar mais celas.

Havia na capital de São Paulo, assim como na corte do Rio de Janeiro, uma Casa de Correção, desde os anos 1850. Na condição de centro destinado ao cumprimento das penas de prisão simples e prisão com trabalho, ela representava uma tentativa mais concreta de incorporação das concepções modernas de ressocialização do encarcerado. Na casa de correção funcionava o Calabouço, "um conjunto de celas destinadas à prisão correcional dos escravos. Ficavam recolhidos por ordem de seus senhores e às suas custas por prazo certo e eram geralmente açoitados" (Salla, 2006, p.68).[77] Certamente, o maior movimento de escravos prisioneiros da capital se concentrava ali, pois convergiam todos os fugitivos recapturados, os presos pela polícia, além dos que eram conduzidos pelos proprietários. As Casas de Correção, em meados do Oitocentos, eram, entretanto, exceções em relação ao conjunto das cadeias e prisões espalhadas pelo país (ibidem).

Seguindo a sua avaliação das cadeias, o presidente Soares verificou que a cadeia de Santo Amaro não oferecia nenhuma segurança. Ademais, não havia ali uma prisão para mulheres e nem mesmo uma sala para o corpo da guarda. Na Comarca de Bananal, o destaque negativo ficou com a cadeia de Areias, que contava com duas prisões feitas de taipa (barro amassado e aplicado sobre uma armação de varas, paus ou bambus dispostos vertical e horizontalmente) contendo 34 presos sem nenhuma distinção, fosse pelo tipo de crime ou sexo. Em Guaratinguetá, que também era cabeça de comarca, a situação era muito semelhante, até o mesmo material era usado para a construção das paredes. Na mesma comarca, na Vila de Cunha, havia na cadeia, onde também funcionavam o júri e a câmara municipal, duas enxovias destinadas à separação de homens e mulheres e uma prisão especial para "réus de condição qualifi-

---

77 Para uma visão ampla do problema do encarceramento no Brasil, ver Bretas et al. (2009).

CRIMES EM COMUM **95**

cada na sociedade".[78] Na Comarca de Taubaté as condições eram as piores. Na Vila de Pindamonhangaba, como em outras regiões, a cadeia era improvisada em uma casa alugada, cara e exígua. O cenário, com algumas variações positivas, vai se repetindo nas comarcas do Vale do Paraíba paulista, no litoral e no chamado Novo Oeste, rota de expansão dos cafezais. Nenhuma menção a escravos é feita pelo presidente. Dentre todas as mazelas que descreve, interessa apenas que haja um ambiente minimamente arejado e a separação entre os prisioneiros homens e mulheres.

Na última comarca, Franca do Imperador, situada no extremo nordeste da província de São Paulo, o presidente encontra o pior cenário e, curiosamente, o melhor projeto para a construção da nova cadeia. Nas condições existentes, contudo, verifica os dois casos mais extremos. Em Cajurú e em Franca, as condições dos cárceres eram tão precárias que os presos eram mantidos a ferros, fossem eles livres ou escravos. Os ofícios trocados entre as autoridades administrativas de Franca e a presidência da província de São Paulo durante o século XIX permitem uma aproximação mais pormenorizada da trajetória da cadeia local, bem como daqueles que mais nos interessam – homens e mulheres livres, libertos e escravos ali encarcerados e agrilhoados.

A presença mais frequente dos escravos na cadeia local era correcional. Há nos ofícios, enviados à sede da província, inúmeras notas que dão conta da apreensão de escravos por patrulhas, mas que logo eram devolvidos aos seus senhores. Poucos foram os registros de prisão para o cumprimento de castigos a mando dos senhores. Entretanto, era justamente no momento de aplicar mais um castigo rotineiro em um de seus escravos que os senhores, em geral sem necessidade ou condições materiais para contratar feitores,

---

78 Relatório dos Presidentes da Província de São Paulo (presidente João Crispiano Soares) do ano de 1865, disponível na página eletrônica do Projeto de Imagens de Publicações Oficiais Brasileiras do Center for Research Libraries e Latin American Microform Project, especialmente o relatório do chefe de polícia a respeito do estado das cadeias da província <http://brazil.crl.edu/bsd/bsd/1005/000072.html>.

eram traídos pela própria soberba, e acabavam feridos ou mortos ao tentar castigar sozinhos seus próprios escravos durante o trabalho na roça, que sempre demandava do cativo o manejo de ferramentas, tais como: facas, facões e enxadas (Ferreira 2005a). Curiosamente, é dessa maneira que começa a história da precariedade da cadeia local.

> [...] na madrugada do dia 3 de março de 1835 apareceu incendiada a casa da cadeia e Câmara desta Vila, sendo agressor de tal atentado um escravo do falecido Alferes Joaquim José Ferreira, morador na Cana Verde [atual cidade de Batatais], o qual se achava em ferros na enxovia por ter assassinado o dito seu senhor Joaquim José e se evadiu assim [...] e agora porque é requisitada pelos juízes da justiça a dar onde se recolham presos, delibero interinamente alugar alguma casa particular, ou acabar parte de alguma que esteja levantada e coberta se algum proprietário assentir, e segurar do melhor modo possível para conter algum preso de correção *e não haverá remédio para segurar facinoroso se não conservá-lo em ferros até podermos dar princípio a nova cadeia* [...][79]

Junto com a enxovia – talvez até convenientemente para aqueles que libertaram o escravo –, queimaram todos os arquivos, livros, documentos e a mobília da Câmara de Vereadores da Vila Franca. Vinte anos mais tarde, a situação não era nada boa. No contexto das rixas locais entre indivíduos que ostentavam diferentes funções administrativas, oficiou ao presidente da província de São Paulo o delegado de polícia de Franca, José Luiz Cardoso, reclamando que a vila ficava constantemente entregue aos facinorosos, pois o chefe do destacamento de Soldados Municipais Permanentes saía em diligências nas cidades próximas e deixava a cadeia sozinha, sem ninguém para vigiar os encarcerados (Ferreira, 2005a).

---

79 Ofícios Diversos Franca, lata 1018, pasta 2, documento n.35, de 14.4.1835, Departamento de Arquivo do Estado de São Paulo, doravante Daesp (os grifos são nossos).

As cadeias improvisadas, com paredes feitas de taipa de mão ou pau a pique, eram presas fáceis para aqueles que queriam fugir. Alçapões, janelas e até paredes inteiras cediam à capacidade de trabalho conjunto dos encarcerados. Na madrugada de 1º de julho de 1858, os presos João de Mora, conhecido como português, Joaquim Antonio do Espírito Santo, João Lemes, e os escravos Ancelmo e Adão fugiram. Segundo o auto de corpo de delito constante do processo que se instaurou para apurar as responsabilidades pela fuga, os presos passaram dias perfurando a taipa com uma pequena serra, destinada a cortar as tábuas que existiam na parede. Durante o trabalho de perfuração da parede, o buraco era sempre tapado com uma mistura de terra com azeite. Um dos soldados, em seu depoimento, disse ter percebido algumas vezes que os cinco fugitivos sempre estavam separados do restante dos presos, conversando em voz baixa. Ninguém foi responsabilizado, nem os presos capturados.[80]

Em quase toda a primeira metade do século XIX, o problema da criminalidade no Império aos olhos do Executivo tomou a forma dos crimes públicos, especialmente daqueles conceituados no Código Criminal de 1830 como "crimes contra a segurança interna do Império e pública tranqüilidade". Contudo, em meados do Oitocentos, o arrefecimento das revoltas provinciais abriu espaço à preocupação com a segurança individual, mais precisamente com a notícia do aumento do número de homicídios que de todas as províncias eram enviados ao Ministério da Justiça na Corte.

Compreendidos no debate que se estabeleceu a respeito da segurança individual, os crimes cometidos por escravos só ganhavam maior relevo quando se voltavam contra seus senhores e feitores. A regra geral entre os diferentes ministros da Justiça e os presidentes de província de São Paulo foi tratar como criminalidade escrava apenas esses ataques ao poder senhorial e às ações coletivas de cativos qualificadas como crime de insurreição.

---

80 Cartório do 1º Ofício Criminal de Franca, Processos do Juízo de Paz, n.1, cx.27, 1858, Arquivo Histórico Municipal de Franca, doravante AHMUF.

Os demais tipos de crimes praticados por escravos, embora presentes nos levantamentos policiais, judiciários e carcerários, e até em algumas narrativas dos chefes de polícia, como foi possível observar neste capítulo, tendiam a ser reunidos pelas autoridades administrativas como delitos praticados pelas "classes ínfimas da sociedade": cativos, libertos, livres pobres e, na segunda metade do século, até mesmo imigrantes europeus.

Assim, se no plano do Executivo uma parte dos cativos e livres criminosos figura indistintamente, é nos processos-crime de uma das comarcas do Império que se tornará possível compreender mais detidamente o processo de invenção de tal indistinção. Para tanto, no capítulo seguinte, o estudo sai da capital paulista e toma o rumo do extremo nordeste da província. Seu destino é o município de Franca, uma região de fronteira e passagem, marcada na época simultaneamente pela má fama criminosa e pelo estreito contato – em ruas, pastos, estradas, tabernas, vendas e imundas enxovias – entre livres e escravos.

2
COSTUMES E CRIMINALIDADE:
LIVRES E ESCRAVOS NUM MUNDO RURAL

A escravidão típica da média e, especialmente, da grande propriedade rural no Brasil dos períodos colonial e imperial coexistiu com o cativeiro praticado em regiões rurais onde predominavam os senhores de pequenas posses. Viver entre poucos escravos, contudo, não era sinônimo de um cotidiano suavizado. Infere-se, neste capítulo, que ocorria nessas regiões um cativeiro peculiar, o qual, embora fosse fundamentalmente marcado pelo tipo de relação estabelecida entre os senhores e seus cativos, cedia espaço ao contato recorrente dos escravos com a população livre em geral.

Um dos momentos privilegiados para o estudo de algumas facetas dessas relações entre cativos e livres é o conflito. Os processos criminais instaurados pelas autoridades policiais e judiciárias para a apuração de bordoadas, facadas e tiros possibilitam a compreensão de alguns dos limites cotidianos que separavam a escravidão e a liberdade. Esse tipo de estudo se beneficia tanto da análise dos delitos que envolveram cativos, libertos e livres quanto da composição dos padrões que delineiam as similitudes e diferenças da criminalidade praticada por ambos. Ademais, estudando os processos criminais de uma das comarcas do país, é possível lançar alguma luz sobre o mundo nebuloso dos "crimes cometidos pelas classes ínfimas da sociedade", segundo a óptica das autoridades do Executivo imperial.

Para tanto, este capítulo vai ao ponto inicial de onde partiam as informações que, passando pela presidência da província, chegavam ao Ministério da Justiça. O foco central do estudo recai sobre a comarca, e dentro dela o município, sua localização, seu povoamento, suas atividades econômicas, bem como as especificidades e generalidades dos crimes cometidos por seus habitantes. A criminalidade praticada na região em apreço é aqui interpretada a partir dos processos criminais remanescentes do Cartório do 1º Ofício Criminal de Franca, produzidos na vigência do Código Criminal do Império durante o cativeiro (1830-1888).

Facínoras, entrantes e escravos

Repositório de homens perigosos: a construção de uma má fama

Figura 3 – Vista do Largo da Matriz da Vila Franca em 1827. O desenho produzido pelo viajante inglês William John Burchell representa a vista do Largo da Matriz de Franca em setembro de 1827, três anos após a criação da Vila Franca do Imperador. Imagem disponível na página eletrônica do Museu Virtual de Franca: <http://www.francasite.com/museu_virtual>. Acesso em: 16 ago. 2009.

Ao visitar o então incipiente Arraial de Franca, no percurso de sua "viagem do porto de Santos à cidade de Cuiabá", em 1818, o oficial de engenheiros português Luiz D'Alincourt descreveu as principais atividades de que se ocupavam os moradores locais, além de narrar a cena que quase dez anos mais tarde (1827) seria representada no desenho produzido pelo viajante inglês William John Burchell. De posse de informações precedentes, D'Alincourt (1975, p.71) viu, ouviu e escreveu:

> Os habitantes deste lugar são industriosos, e trabalhadores; fazem diversos tecidos de algodão; boas toalhas, colchas e cobertores; fabricam pano azul de lã muito sofrível; chapéus; alguma pólvora; e até já tem feito espingardas: a sua principal exportação consta de gado vacum, porcos e algodão, que levam a Minas: plantam milho, feijão e outros legumes para consumo do país. O Arraial está bem arruado, porém a maior parte das ruas é ainda mui pouco povoada, só o largo da Matriz está mais guarnecido de casas que são construídas de pau a prumo, com travessões e ripas, cheios os vãos de barro, e as partes rebocadas com areia fina, misturada com bosta, geralmente são pequenas, e a maior parte delas cobertas de palha.

Localizada no extremo nordeste de São Paulo, já nos limites territoriais com a província de Minas Gerais, num dos caminhos mais utilizados entre o litoral paulista[1] e as províncias de Goiás e Mato

---

1 A importância da região de Franca na ligação comercial entre o porto de Santos e o interior do país é destacada por autoridades governamentais e viajantes da época. Nesse ofício de 1857, enviado pela Câmara Municipal de Franca ao presidente da Província de São Paulo, a importância da estrada é destacada: "Ilmo. Exmo. Sr. Achando-se este município ameaçado da invasão de bexigas [varíola], que consta já estarem *graçando pelos municípios da cidade de Mogi--Mirim e Distritos de Cajurú, e de Casa Branca, que ficam todos na direção desta cidade pela estrada geral mais freqüentada, que dirige o comércio de Santos, São Paulo e Campinas aos portos da ponte Alta, Rifaina, Santa Bárbara do Rio Grande limítrofe neste município com a província de Minas, sendo todo o*

102 RICARDO ALEXANDRE FERREIRA

Grosso, a "região da sétima comarca"[2] era geralmente lembrada na época como o mais remoto lugar da província (ver Figuras 4 e 5), o distante sertão para onde fugiam os facinorosos. Essa má fama, construída entre fins do século XVIII e início do Oitocentos, com a chegada dos primeiros povoadores à região, chamou bastante a atenção de Luiz D'Alincourt (1975, p.70-1), que em seu texto conferiu ao tema amplo destaque:

> Deu-se a este Arraial o nome de Franca, por virem a ele estabelecer-se toda a qualidade de pessoas de diversos lugares; todavia a maior parte delas veio de Minas Gerais: a fama deste lugar é muito má, por causa dos facinorosos, que em grande número, o habitam; e de certo a conservará enquanto ali se não estabelecerem as Autoridades, que mantenham as Leis do Soberano, e a Justiça. Este

---

transporte daqueles para estes pontos por dentro desta cidade, sendo para tanto de recear que tal contágio se apresente nesse município sem dar tempo às medidas preventivas: resolveu essa Câmara solicitar de V. Excelência a remessa de algumas lâminas de pus vacínico, afim de poder precaver do mal, quando por ventura infelizmente se apresente. Deus guarde a V^a excelência por mais anos. Paço da Câmara Municipal da Cidade da Franca do Imperador em sessão ordinária de 23 de janeiro de 1857". Ofícios Diversos Franca, lata 01021, pasta 2, documento 76D, Departamento de Arquivo do Estado de São Paulo (A partir desta nota identificado como Daesp).

2 "Dos primeiros tempos do povoamento até fins do século XIX a circunscrição judiciária da região desenvolveu-se da seguinte maneira: de 1804 a 1833 pertencia à Comarca de Itu. Entre 1833 e 1839 pertenceu à 3ª Comarca da Província de São Paulo (Campinas). Em 14 de março de 1839 foi sancionado o decreto que criava a 7ª *Comarca da Província de São Paulo* constituída pelo termo da Vila Franca do Imperador, o qual, por sua vez, era composto pela então simultaneamente criada Vila de Batatais que figurava como *cabeça* do termo, e ainda, pelo termo de Mogi-Mirim, além dos distritos pertencentes a cada uma destas localidades. Dois anos mais tarde, no *mapa da organização e divisão criminal da Província de São Paulo, conforme a lei n.261 de 3 de dezembro de 1841, e regulamentos respectivos* constam como componentes da 7ª Comarca os termos de Mogi-Mirim, Casa Branca, Franca do Imperador e Batatais. Apenas em 17 de julho de 1852 foi criada a *Comarca da Franca* (16ª Comarca), a qual tinha a Vila Franca como sede e compreendia os termos de Franca e Batatais" (Ferreira, 2005a, p.23).

povo existe como os da primitiva: o mais astuto, e valente, ou para dizer melhor, o de pior coração dá a lei, os outros tremem, e cegamente obedecem; e, como a Justiça está muito longe, nada receiam. Houve ali um malvado, que fez catorze mortes, e se recreava com a narração delas; porém graças as diligências do Exmº D. Manoel de Portugal e Castro, Capitão General de Minas, que fizeram acabar com tal monstro, que se tinha refugiado neste Arraial, onde ainda existe um delinquente de sete mortes, e vários outros de menor número (confissão dos mesmos povos). Não trato da qualidade de mortes, das traições, e de muitos pais roubados a seus filhos; pois são tão diferentes os casos, que seria necessário descreve-los muito por miúdo; finalmente pela mais leve causa não há escrúpulo em tirar a vida.

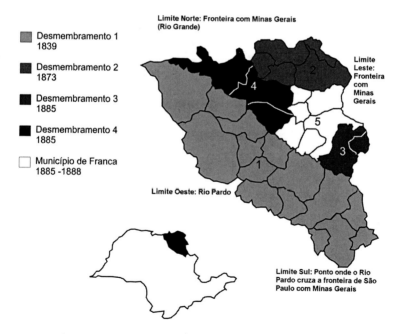

Figura 4 – Áreas desmembradas do município de Franca. Adaptado de Bacelar & Brioschi (1999, p.18).

Figura 5 – Província de Minas Gerais (*Atlas do Império do Brasil – Os mapas de Cândido Mendes (18*

---

3 O nome Franca foi por mim destacado para ressaltar a presença da localidade na divisa d

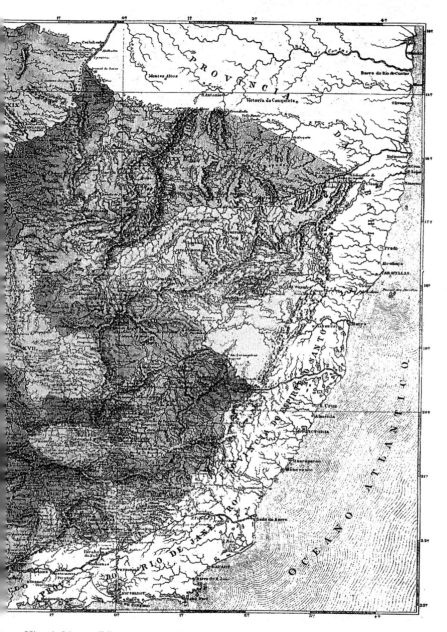

te e História Livros e Edições, 2000, p.XXI).³

lo com a de Minas Gerais.

Principal estudioso do povoamento da Região Nordeste da província de São Paulo, José Chiachiri Filho acredita ter havido um excesso por parte de D'Alincourt ao creditar aos criminosos e fugitivos da Justiça o maior peso na constituição do povoamento local. Em *Do sertão do Rio Pardo à Vila Franca do Imperador*, Chiachiri Filho (1986) procura demonstrar que o povoamento de Franca foi caracterizado pelos hábitos e costumes levados à Região Nordeste de São Paulo pelas famílias de migrantes egressas de Minas Gerais, que se estabeleceram na região do "Sertão do Rio Pardo até o Rio Grande" a partir do primeiro quinquênio do século XIX. O nome Franca, que certamente para D'Alincourt teria relação com o adjetivo franco, ou seja, livre e desimpedido, embora sugestivo para a nomeação de um lugar de passagem, aberto também aos *facinorosos*, teria sido, segundo Chiachiri Filho, escolhido na época em homenagem ao capitão e governador-geral da Capitania de São Paulo Antônio José da Franca e Horta, que apoiou a criação, em 1805, da Freguesia de Nossa Senhora da Conceição da Franca, a qual, mais tarde, em 1824, compôs o núcleo central da Vila Franca do Imperador.

Embora seja possível concordar que D'Alincourt tenha se excedido em seus comentários, após ouvir histórias de crimes comuns a outras regiões de fronteira e passagem no Brasil e em outros países, é preciso considerar que, tanto sob o olhar administrativo do Império quanto nas narrativas de outros visitantes da Região Nordeste de São Paulo, a má fama de Franca teve existência e longevidade. Histórias contadas em "rodas de causos", comunicações oficiais de governo e jornais das capitais a respeito das duas invasões de homens armados à Vila Franca durante o ano de 1838 em nada contribuíram para a mudança dessa opinião.

Na segunda metade dos anos 30 do século XIX, o quadro político local era semelhante àquele que serviu de base às críticas dos conservadores regressistas contra o cargo de juiz de paz e o Conselho de Jurados, mencionados no Capítulo 1. Na Vila Franca do Imperador, de um lado colocaram-se os representantes das mais antigas famílias mineiras que povoaram a região; no polo oposto

CRIMES EM COMUM **107**

situou-se um grupo de negociantes que, embora não fossem tão antigos na localidade, aos poucos se estabeleceram no pequeno núcleo urbano, para onde as famílias afluíam especialmente aos domingos e dias santos, vindas de suas propriedades rurais, como acontecia em tantas outras regiões rurais pelo Brasil.[4]

No município estava em pauta a disputa eleitoral para as cadeiras da Câmara de Vereadores e de juiz de paz, a ser realizada em 7 de setembro de 1836. Uma vez realizadas, as eleições destituíram de seus cargos homens que até então gozavam de expressão política na região como o capitão-mor Francisco Antonio Diniz Junqueira e o capitão Anselmo Ferreira de Barcelos. Ambos perderam os seus postos na Câmara e, com eles, a influência direta sobre o controle fiscal, administrativo e policial do município. À derrota eleitoral sofrida pelos fundadores da Vila seguiram-se outros episódios conflituosos que acirraram as rivalidades entre os dois grupos.

Nomeado pelo governo provincial, o prefeito do município, Joaquim José de Santa Anna, destituiu um juiz de paz, aliado de Anselmo, e colocou em seu lugar Antonio Barbosa Sandoval, membro do grupo opositor. Outro protegido de Anselmo, o crioulo Basílio Magno Rodrigues Alves, rábula oriundo da Vila de Araxá com fama de foragido, também foi perseguido e só não acabou definitivamente preso em virtude da intercessão do capitão Anselmo, que o acolheu em sua fazenda. Em outro episódio, uma das cunhadas de Anselmo, Luciana Angélica do Sacramento, filha do homem que ficou conhecido como o fundador de Franca, Hipólito Antonio Pinheiro, ao chegar à vila, após ter permanecido uma temporada em sua fazenda, viu que as folhas da janela lateral de sua casa haviam

---

4 O principal processo criminal relativo às invasões da Vila Franca lideradas por Anselmo Ferreira de Barcelos, as "anselmadas", desapareceu de uma vitrine onde estava exposto no interior do Fórum de Franca no ano de 1988. Para a composição dessa narrativa, que se restringe apenas aos eventos mais significativos da sedição, foram consultados dois trabalhos que lançaram mão de vasta documentação para interpretar mais detidamente os significados desse episódio local no cenário político do Brasil Imperial. São eles: Antônio (1999) e Bastos de Matos (s.d.).

sido fechadas com pregos por um vizinho. Ao ordenar a abertura da janela, a mulher quase foi baleada e teria sido insultada publicamente por Luiz Gonçalves de Lima (o vizinho) e pelo suplente de juiz de paz Manoel Rodrigues Pombo. Conta-se que a gota d'água dos conflitos entre os dois grupos teria sido a sucessão do cargo de juiz de paz, que por eleição deveria ser ocupado no final do ano de 1837 pelo amigo de Anselmo, José Joaquim do Carmo. Dias antes da posse, foi instaurado um processo por injúrias contra o futuro juiz de paz José Joaquim do Carmo, que, por isso, não pôde assumir sua função, ficando o cargo com Antônio Barbosa Sandoval, desafeto de Anselmo.

Era manhã do primeiro dia de 1838, quando Anselmo Ferreira de Barcelos, à testa de mais de trinta cavaleiros armados com facas, facões, espingardas e bacamartes, invadiu a Vila Franca. Quem pôde fugiu. Os demais moradores se trancaram em suas casas e enterraram seu dinheiro e objetos de valor. Anselmo reuniu seus homens defronte a casa do juiz de paz em exercício, Luiz José Fradique. Depois, separou-se do grupo maior, acompanhado de alguns cavaleiros, e saiu pelas ruas da vila anunciando aos gritos que haveria naquele dia muito sangue. Bradava o capitão que colocaria José Joaquim do Carmo no cargo de juiz de paz. Anselmo também lançava ameaças contra Luiz Gonçalves de Lima – o homem que insultara sua cunhada no episódio da janela –, demoliria sua casa, salgaria o lugar e depois o arrastaria preso a uma corrente "até esbandalhá-lo". Contudo, Felisbino, filho de Luiz Gonçalves, dotado de certa presença de espírito, conseguiu convencer o capitão de que naquele dia estava sendo empreendida a revisão dos jurados do distrito e, em virtude disso, não seria possível realizar a transmissão do cargo de juiz de paz. Felisbino prometeu que no dia 6 de janeiro o amigo de Anselmo seria empossado no cargo para o qual foi eleito – sem oposição alguma. Além de acreditar na promessa, o capitão teria acedido a repetidos pedidos de seu irmão para que se retirassem da vila e o fez às três da tarde daquele mesmo dia.

As autoridades locais, no entanto, mandaram comunicações ao presidente da província de São Paulo, que determinou a abertura

CRIMES EM COMUM **109**

de um processo por crime de sedição contra os invasores da Vila Franca e o indiciamento de Anselmo como cabeça do movimento. Os dias se passaram, o juiz de paz eleito, Antonio Barbosa Sandoval, preferiu assumir o cargo de vereador, deixando o de juiz de paz para Manoel Rodrigues Pombo. Este último, por atribuição de seu novo cargo, passou a conduzir o sumário de culpa contra Anselmo e seus seguidores. José Joaquim do Carmo, que por ordem de Anselmo deveria ter assumido o cargo de juiz de paz, foi submetido ao Júri de Acusação, porém os jurados não encontraram matéria para a pronúncia e ele foi solto. Contudo, empossados na Câmara e em outros cargos públicos do município, os inimigos de Anselmo continuaram a persegui-lo com mandados de prisão. Homem ainda temido e respeitado por muitos moradores da região, Anselmo se encontrava acuado e escondido.

Oito meses se sucederam desde a primeira tomada de Franca pelo capitão. Na manhã de 27 de setembro de 1838, Anselmo voltou a invadir a vila. Dessa vez, à frente de 74 cavaleiros bem armados. O fiscal da Câmara tentou combatê-los, mas foi logo alvejado por um disparo. Anselmo estacionou seus homens na praça central, bem defronte à casa do negociante e juiz de paz Manoel Rodrigues Pombo, que presidiu o inquérito instaurado contra Anselmo pelo crime de sedição. O quintal da casa do juiz Pombo foi invadido, seu cão foi morto, e no interior da residência sua família permaneceu aterrorizada. Sem outro recurso, foi chamado em sua chácara o padre João Teixeira de Oliveira Cardoso, simpático a Anselmo, que mediou a rendição de Pombo e a entrega dos cargos de juiz de paz e juiz de direito a aliados de Anselmo. Antes, porém, Pombo ordenou a soltura de amigos de Anselmo presos na cadeia local e comprometeu-se a não comunicar a nova invasão às autoridades da sede da província. Dois dias depois, em 29 de setembro, às duas da tarde, Anselmo deixou a vila – vitorioso.

Dias depois, entretanto, já no mês de outubro, retornou a Franca, vindo da corte, para onde havia viajado a negócios, o tenente-coronel da Guarda Nacional e presidente da Câmara de Vereadores José Teixeira Álvares. Após repreender os que aceitaram a conciliação com Anselmo e não avisaram prontamente as autoridades provinciais, Teixeira Álvares passou a reunir homens e armas no sobrado de Antonio Barbosa Sandoval, localizado na praça central da vila. A casa transformou-se em uma fortaleza. Para lá, foram levadas provisões, armas e munições do batalhão policial. Furos foram feitos nas paredes para introdução dos canos das armas. Uma vez montada a "casa forte", o presidente da Câmara ali reuniu extraordinariamente os vereadores, que entraram pela noite insultando os sediciosos. A residência foi batizada com o nome de Paço da Legalidade.

Talvez para a decepção de alguns, ao contrário das expectativas dos habitantes do Paço da Legalidade, o enfrentamento com Anselmo não voltou a acontecer. Depois de muitas insistências dos vereadores, o juiz de paz Manoel Pombo e o juiz de direito José Cursino dos Santos reassumiram seus cargos. Com o passar do tempo e a falta de novidades, as primeiras deserções começaram a acontecer na "casa forte". O tenente-coronel Teixeira Álvares resolveu enviar dois emissários para tentarem um acordo com Anselmo, os quais nada conseguiram além de um aviso do capitão – caso o acordo de setembro fosse descumprido, a vila seria invadida pela terceira vez. De volta ao Paço da Legalidade, os emissários narraram o que ouviram de Anselmo e acrescentaram terem visto na fazenda do capitão a chegada de muitas pessoas. Oriundos de diferentes lugares, esses homens reuniam-se na propriedade de Anselmo, de onde partiriam para uma nova invasão à vila.

Enfraquecidos, os inimigos de Anselmo fugiram. Alguns se mantiveram próximos da Vila Franca, procurando abrigo em Batatais e Cajurú. Outros atingiram localidades mais distantes. Conta-se que Luiz Gonçalves de Lima, personagem do episódio da janela, que desde a primeira invasão recebeu a promessa de ser esbandalhado pelo capitão, teria escapado da vila escondido dentro de um grande alambique, na direção dos limites com a província de Minas Gerais. Antonio Barbosa Sandoval só teria parado para tomar fôlego em Sorocaba. Num ato final, após essas cenas e sem a proteção do Paço da Legalidade, o juiz de paz Manoel Rodrigues Pombo acreditou poder ir sozinho até a fazenda de Anselmo nego-

CRIMES EM COMUM **111**

ciar uma trégua. Após sair de Franca, Pombo não foi mais visto. Seu corpo foi encontrado dias depois em um buraco à beira de um caminho, apodrecido e sem as orelhas.

Conforme o prometido, o capitão Anselmo, seguido de uma quantidade ainda maior de homens, adentrou a Vila Franca pela terceira vez. Contudo, o fez por ordem do presidente da província de São Paulo. A autoridade expediu uma portaria solicitando ao capitão que restabelecesse a segurança e o sossego na localidade. Alguns desafetos de Anselmo ainda tentaram resistir, sem sucesso. Suplentes dos vereadores que fugiram de Franca nos dias anteriores, os aliados de Anselmo expediram comunicados à sede da província relatando sua versão de todo o ocorrido. Um destacamento de Guardas Nacionais de Mogi-Mirim foi deslocado para Franca. Porém, os guardas não tinham instruções para combater Anselmo, apenas de manter a ordem.

Treze anos mais tarde, foi publicado em Paris, na França, o relato a respeito da *Viagem à Província de São Paulo* realizada pelo naturalista Augustin (Auguste) François César Prouvençal de Saint-Hilaire. De ampla repercussão, o texto de Saint-Hilaire, talvez mais que a obra de D'Alincourt, inscreveria Franca definitivamente na história das localidades mal-afamadas do interior do país no século XIX. Não fosse a menção pouco lisonjeira à Vila Franca feita pelo naturalista francês na descrição do percurso de sua viagem, o episódio das anselmadas foi escolhido por Saint-Hilaire para ilustrar suas opiniões a respeito das causas da impunidade no Brasil oitocentista. Sob o título "Justiça Criminal" o autor argumenta:

> Em todos os países, sempre que se escoa um espaço de tempo regular entre o crime e o castigo, o horror que o primeiro causou acaba por se diluir, e o público, já não vendo no culpado senão um homem que sofre, termina por se interessar por ele e se apiedar de sua sorte. À época de minha viagem, a compaixão pelos criminosos tinha sido levada ao último grau entre os brasileiros, cujos sentimentos são talvez mais vivos e mais passageiros que os nossos e cujos costumes, pelo menos no estado habitual, são

112 RICARDO ALEXANDRE FERREIRA

geralmente mais relaxados. As execuções, muito raras no Rio de Janeiro, sempre causam ali uma espécie de insurreição. Não há uma única pessoa, nas camadas inferiores da sociedade, que não seja capaz de ajudar de bom grado um criminoso a escapar das mãos da justiça. Percebe-se que, num país onde predominam semelhantes sentimentos, a instituição do júri deve conceder absolvições com muito mais freqüência do que na Europa. *Em 1838 foram cometidas terríveis atrocidades depois de uma revolta no território da Franca, cidade da Província de São Paulo. Os culpados foram levados a júri; havia as mais claras provas de seus crimes, e, no entanto eles foram absolvidos por unanimidade.* Isso levou o presidente da Província, em 1840, a dizer com amargura que as sedições não poderiam deixar de triunfar com tanta facilidade. O temor das vinganças, tão fáceis no interior, onde a polícia não tem poder suficiente, contribui para tornar indulgentes os jurados. São levados a isso pelo hábito, muito antigo, de cederem a todos os empenhos, e, para completar, até 1841 a própria lei brasileira favorecia a excessiva indulgência dos jurados. (Saint-Hilaire, 1976, p.78, grifo nosso)

Em suas apreciações específicas à região de Franca, na mesma obra, o naturalista francês repete afirmações de Luiz D'Alincourt, contudo o faz com um tom fatalista, projetando para o futuro as raízes de uma colonização realizada por criminosos. Saint-Hilaire parece sugerir que não havia nada de novo nas anselmadas. Para ele, as duas invasões à Vila Franca – que causaram tanta comoção no lugar e repercutiram nos debates políticos entre liberais e conservadores na Assembleia Legislativa de São Paulo e em jornais da corte do Rio de Janeiro – figuravam como uma sina plenamente previsível já no início do povoamento da Região Nordeste de São Paulo. Segundo o autor:

No princípio, os assassinatos e um grande número de outros crimes se multiplicaram de maneira assustadora no seio da nova colônia, que abrigava, como já disse, numerosos aventureiros e homens perseguidos pela justiça. À época de minha viagem [1819] as coisas

CRIMES EM COMUM **113**

não tinham mudado muito. Franca ainda era considerada um repositório de homens perigosos e mal afamados, mas o então governador da província, João Carlos Augusto d'Oeynhausen estava tomando severas medidas para impedir novas desordens. Talvez essas medidas tenham tido, momentaneamente, bons resultados. Todavia, se mesmo depois de terem decorrido alguns séculos e uma longa série de revoluções cada povo ainda conserva alguns traços de sua origem, como poderiam deixar de persistir numa segunda e terceira geração os costumes de seus antepassados numa população extremamente escassa, perdida no meio do sertão sem nenhuma possibilidade de recuperação, e sobre a qual as leis e a polícia não poderiam se fazer sentir a não ser muito fracamente? (Saint-Hilaire, 1976, p.88)

Por que tantas referências a uma suposta gênese criminosa de Franca? Talvez um dos caminhos possíveis para a elucidação dessa pergunta possa estar nos textos do mesmo viajante a respeito de localidades próximas a Franca por ele visitadas na província de Minas Gerais.

O naturalista francês permaneceu no Brasil entre os anos de 1816 e 1822, quando voltou para a França. Em suas viagens pelas províncias do Rio de Janeiro, Minas Gerais, Goiás, São Paulo, Rio Grande do Sul e Santa Catarina, Saint-Hilaire colheu amostras da fauna, da flora, observou a geografia, nomeou regiões e produziu análises quase sempre explicitamente comparativas entre os costumes dos "campônios franceses" e os dos moradores dos sertões brasileiros. Quando passou por Franca, em 1818, Saint-Hilaire (1975a e 1975b) voltava de uma longa peregrinação pelos sertões de Minas Gerais e Goiás. Essa viagem havia principiado no Rio de Janeiro, de onde o naturalista partiu com destino às nascentes do Rio São Francisco, na Serra da Canastra, em Minas Gerais.

Após percorrer a fase inicial do trajeto, na altura de São João del-Rei, Saint-Hilaire notou uma mudança na paisagem e nos costumes dos moradores em relação a outras regiões por ele visitadas em Minas Gerais. Ao chegar à propriedade do capitão-mor João Quintino de Oliveira, o viajante observou uma grande quantidade de gado *vacum*, carneiros e porcos. Soube, ainda, que numa negociação de porcos para o Rio de Janeiro no ano anterior o proprietário teria arrecadado uma significativa quantia em dinheiro. Contudo, na fazenda, a casa de residência do capitão-mor parecia incomodar o viajante. Assim a descreveu Saint-Hilaire (1975a, p.75): "Ficava situada, como as senzalas, ao fundo de um vasto terreiro e rodeada por mourões que tinham a grossura de uma coxa e altura de um homem, tipo de cercado muito em uso na região".

Impressão semelhante teve Saint-Hilaire em relação à casa de Dona Tomásia, que se localizava adiante, no caminho entre o povoado de Pium-i e a Serra da Canastra:

> A propriedade era de extensão considerável e vi aí vários escravos, gado *vacum* e numerosos porcos. Entretanto, em meio a várias casinhas que serviam de celeiros e senzalas, a dona da fazenda ocupava uma miserável cabana construída sem os mínimos requisitos de estética e conforto, cujo mobiliário consistia apenas numa mesa e alguns bancos rústicos. (ibidem)

Um pouco adiante, ainda na mesma região, Saint-Hilaire descreveu de forma semelhante a propriedade de João Dias:

> A fazenda tinha um terreiro imenso cercado de paus e vários casebres onde dormiam os escravos e se guardava a colheita, etc., mas procurei em vão pela casa do dono. Ele também morava numa miserável choupana, que em nada diferia das outras. Não fui mal recebido, mas tudo que puderam fazer por mim foi me instalarem numa pequena forja varrida pelos ventos por todos os lados e onde eu e meus acompanhantes mal nos podíamos mexer. (ibidem, p.99)

Saint-Hilaire ficou indignado com as acomodações que lhe ofereciam pelo caminho até a cidade de Paracatu. Seu "passe real", bem como as cartas de recomendação por ele solicitadas a influentes proprietários e autoridades locais de governo nada valeram no percurso que se seguiu à região de São João del-Rei. Após dormir acompanhado por pulgas e porcos e ter sucessivos tratos descumpridos por ajudantes que, depois de serem contratados, simplesmente desapareciam, Saint-Hilaire anotou suas terríveis impressões a respeito das áreas de Minas Gerais por ele percorridas até a chegada aos limites da província de Goiás. "Creio poder afirmar, entretanto, que os habitantes da região que atravessei para chegar a essa cidade [Paracatu] são constituídos pela escória da Província de Minas Gerais" (ibidem, p.118).

Muitas das críticas empreendidas pelo viajante aos costumes dos moradores daquela região de Minas Gerais integraram as concepções que mais tarde informariam os juízos por ele emitidos quando atingiu a província de São Paulo e teceu seus comentários pouco lisonjeiros a respeito de Franca. Especificamente em relação às opiniões do autor a respeito da gênese criminosa de algumas localidades, é relevante destacar as observações por ele produzidas a respeito de duas localidades do trajeto entre São João del-Rei e Paracatu – os arraiais de Formiga e Araxá.

No Arraial de Formiga, Saint-Hilaire observou que as principais atividades eram a criação e o comércio de suínos. Realizava-se também na localidade o intercâmbio de produtos entre diferentes regiões. A localidade, "situada à entrada do sertão" – no sentido de quem ia da corte para o interior –, tinha, segundo o autor, um comércio ativo com o Rio de Janeiro, e constituía-se em uma passagem obrigatória para as caravanas que partiam de Goiás. Encerrando seu relato a respeito da população do lugar, o viajante asseverou:

> Parece também que muitos criminosos, perseguidos pela Justiça, vêm procurar refúgio nesse lugar afastado, contribuindo assim para aumentar a sua população. Seus habitantes não gozam absolutamente de uma boa reputação, e na época em que estive lá houve um assassinato motivado pelo ciúme. O criminoso fugiu com sua amante, que não passava de uma prostituta, e não me consta que tenha sido tomada qualquer providência para prender o culpado. (ibidem, p.91)

116 RICARDO ALEXANDRE FERREIRA

A respeito de Araxá, localidade relativamente próxima de Franca, Saint-Hilaire principia sua narrativa explicando que a região, onde mais tarde seria fundado o Arraial, foi antes um lugar procurado por inúmeros escravos fugitivos de diversas regiões de Minas Gerais. Segundo o viajante, o povoamento da região teria sido fruto da disseminação, pelo restante da província mineira, da notícia de que ali havia terras sem donos e boas pastagens naturais onde era possível criar gado sem despender dinheiro com a compra de sal. Segundo Saint-Hilaire, quando essas notícias se espalharam, a região foi tomada por inúmeros indivíduos fugitivos da Justiça. Criminosos, lavradores de terras exauridas e devedores em geral afluíram para a região.

As famílias se reuniram em grupos para que pudessem atravessar com mais segurança regiões despovoadas até chegarem ali. Entretanto mesmo os homens que tinham a consciência limpa descambaram para o crime tão logo se viram longe de qualquer tipo de vigilância à época em que a nova colônia começou a se formar e os assassinatos se tornaram freqüentes. (ibidem, p.128)

Como é possível observar, uma região de passagem, como do Arraial de Formiga, e uma localidade situada nas proximidades das fronteiras entre Minas Gerais e São Paulo, como Araxá, não escaparam da associação com lugares perigosos e mal-afamados. Franca, como aqui já foi dito, reunia essas duas características. Franca e Araxá aliás partilharam um mesmo movimento migratório mineiro. Mas foi a sedição capitaneada por Anselmo Ferreira de Barcelos que certamente conferiu maior destaque à má fama do nordeste paulista no texto do viajante francês.

Ao voltar para a França, Saint-Hilaire cotejou suas anotações com farta bibliografia, em geral outras crônicas de viagens, dentre as quais figurou a "Memória sobre a viagem do porto de Santos à cidade de Cuiabá", de Luiz D'Alincourt, citada no início deste tópico, e relatórios administrativos. Entre a documentação de governo consultada por Saint-Hilaire a respeito dos "sucessos da

Vila Franca" consta o "Discurso recitado pelo presidente da Província de São Paulo, Manoel Machado Nunes [proferido] no dia 07 de janeiro de 1840".

O presidente abriu o item "tranqüilidade pública" de seu relatório ponderando a respeito da situação da Vila Franca do Imperador desde a última sessão legislativa. Quase dois anos após a sedição, constava que as autoridades do lugar não tinham sido novamente desrespeitadas. Entretanto, afirmou o presidente não ter motivos para acreditar que a tranquilidade pública estava ali restabelecida. Os sediciosos ainda não estavam punidos e os cargos públicos e eletivos ainda não estavam ocupados pelos "homens bons do lugar".

As informações recebidas da única autoridade civil cuja presidência creditava confiança eram insuficientes e, por muitas insistências do governo imperial, foram solicitados relatórios mais detalhados ao juiz de direito da 7ª Comarca, criada em 1839, cuja sede funcionou até o julgamento de Anselmo e seus aliados na Vila de Batatais. No entanto, a autoridade judicial, então recentemente constituída, abandonaria a região dias depois de ter enviado seu relatório ao presidente para ocupar uma cadeira no legislativo provincial. Problema esse que, segundo o presidente da província Machado Nunes, "só redobra a minha ansiedade".

Os acusados pela sedição, julgados na Vila de Batatais, foram todos absolvidos por unanimidade. Os cargos públicos da Vila Franca permaneciam incompletos e desorganizados por não existir, segundo o presidente, uma autoridade provincial que pudesse auxiliá-lo nas escolhas, embora alguns nomes tenham sido remetidos à presidência pela Câmara dos Vereadores. Machado Nunes emitiu seu parecer final, o qual, certamente, muito contribuiu para a formação do juízo do viajante Saint-Hilaire a respeito do evento:

> Receio, Senhores, que os hábitos de revolta se vão ali enraizando, porque a sedição obteve um completo triunfo, e tão completo, que seus autores podem dizer que o Governo lhes mandou daqui força, para dela disporem, como lhes aprouvesse, e vós sabeis

118   RICARDO ALEXANDRE FERREIRA

que eles agradeceram o socorro com o tom da mais íntima convicção de que tinham bem merecido de seu país.[5]

Mesmo com o passar de décadas, a sedição de 1838 ainda compunha, em relação à região de Franca, o universo de referências dos diferentes homens que por ali passaram e deixaram registradas suas impressões. Em geral, as narrativas principiam por simpáticas anotações a respeito da pureza do ar, da amenidade do clima e da beleza das colinas que marcam o relevo. No entanto, os visitantes logo fazem um alerta a respeito da má fama e dos perigos do lugar.

Alfredo de Escragnolle Taunay, futuro Visconde de Taunay, que mais tarde escreveria o conhecido romance *Inocência* (1872) com base em suas observações pelos sertões, partiu da corte em 1865, com um grupamento de militares, encarregado de traçar um mapa detalhado da geografia, da fauna, da flora, bem como da situação das pontes, estradas e povoados de todo o percurso do Rio de Janeiro até o sul da província do Mato Grosso, onde participou do famoso episódio da Guerra do Paraguai, que descreveria em *A retirada da Laguna* (1871). A tropa passou pela região de Franca no dia 9 de julho de 1865, onde pernoitou. Em seu relatório, intitulado *Marcha das forças*, o engenheiro militar reafirmou as opiniões de seus antecessores e deixou registrado: "Cumpre dizer que a Franca foi sempre reputada lugar de grandes distúrbios e assassinatos" (Taunay, 1928).

A pecha de lugar perigoso não deixaria, durante muito tempo, de ser associada àquela "boca de sertão" que teve papel importante no povoamento de outras regiões localizadas no atual oeste de São Paulo, na direção do Mato Grosso do Sul. Contudo, apesar de persistente, a má fama foi apenas um dos elementos constitutivos do município de Franca no Oitocentos. As atividades ali desenvolvi-

---

5 Relatório dos Presidentes da Província de São Paulo (presidente Manoel Machado Nunes) do ano de 1840, disponível na página eletrônica do Projeto de Imagens de Publicações Oficiais Brasileiras do Center for Research Libraries e Latin American Microform Project <http://brazil.crl.edu/bsd/bsd/975/000003.html, http://brazil.crl.edu/bsd/bsd/975/000004.html> e <http://brazil.crl.edu/bsd/bsd/975/000005.html>.

CRIMES EM COMUM **119**

das, os hábitos e costumes levados para a região pelos primeiros povoadores mineiros compuseram fundamentalmente o ambiente que cercava os mundos de livres e escravos na região, e consequentemente a prática de crimes. Portanto, é a respeito deles que falaremos a seguir.

Costumes mineiros em terras paulistas

> *Os carros puxados a boi [...]. São casas ambulantes, que muitas vezes vão transpondo para grandes distâncias famílias emigrantes com todos os seus haveres, seus móveis, animais e aves domésticas. Logo que o sol descamba do meio dia fazem alto à beira de qualquer córrego, onde haja abundante pastagem, desjungem os bois, e aí estabelecem durante a metade do dia e durante a noite uma cômoda e agradável vivenda, qual se continuassem como sempre sua vida simples e uniforme.*
>
> (Bernardo Guimarães, O ermitão de Muquém – escrito em 1858 e publicado em 1869).

Em fins do século XVIII, Minas Gerais assistiu ao desenvolvimento de uma parte de sua economia, baseada na pecuária e na produção de alimentos, que a marcaria, talvez, tanto quanto os tempos da mineração. Essa transformação levou Minas a figurar, já nas primeiras décadas do Oitocentos, como um dos maiores centros abastecedores de alimentos, e como a região detentora da maior população escrava do Brasil.[6]

A criação extensiva de gado, entretanto, demandava vastas áreas. Notícias a respeito de terras férteis e disponíveis nas regiões hoje ocupadas pelo Triângulo Mineiro e pelo nordeste paulista le-

---

6 Para um acompanhamento mais amplo dos desdobramentos da economia de Minas Gerais no século XIX, ver Slenes (1985); Libby (1988); Fragoso (1998).

varam inúmeras famílias interessadas nos "campos de criar" a se mudarem. Certamente, nas viagens empreendidas pelos entrantes presenciou-se um ritual semelhante ao descrito por Bernardo Guimarães no excerto que inicia este tópico. A partir do sul de Minas e da Comarca do Rio das Mortes iniciou-se, nos finais dos anos 1700, um fluxo migratório[7] que delineou fundamentalmente o desenvolvimento de uma vasta região. A área ocupada pelo município de Franca na época de sua fundação, em 1824, deu origem, ao longo dos anos, ao desmembramento e à criação de mais de três dezenas de cidades hoje existentes no Estado de São Paulo.[8]

Os primeiros migrantes mineiros, contudo, não ocuparam uma terra completamente desabitada. A região então conhecida como

---

7 A respeito da migração mineira para o nordeste de São Paulo, ver Chiachiri Filho (1986); Brioschi (1991). Ver ainda: Bacellar & Brioschi (1999).

8 O primeiro desmembramento do município de Franca figura como consequência das duas invasões de homens armados à Vila Franca, chefiadas por Anselmo Ferreira de Barcelos, em 1838. Para que se tornasse a sede da nova comarca onde Anselmo seria julgado, Batatais (então Bom Jesus da Cana Verde) foi elevado à condição de vila (município) em 1839. Administrativamente independente do município de Franca, essa região (indicada no mapa "Áreas desmembradas do município de Franca" localizado no tópico anterior deste capítulo com o número 1 abarcou um território atualmente partilhado por quinze cidades. São elas: *Batatais, Cajuru, Santo Antonio da Alegria, Cássia dos Coqueiros, Santa Cruz da Esperança, Nuporanga, Orlândia, Guaíra, Morro Agudo, São Joaquim da Barra, Ipuã, Jardinópolis, Brodósqui, Altinópolis e Sales Oliveira.* O segundo desdobramento do município de Franca ocorreu três décadas mais tarde, em 1873, quando foi criado o município de Santa Rita do Paraíso, atual *Igarapava*, a partir da qual surgiram posteriormente as cidades de *Rifaina, Pedregulho, Buritizal e Aramina.* O terceiro e o quarto desmembramentos do município de Franca, ocorridos ainda antes da abolição da escravidão (respectivamente representados pelos números 3 e 4 no mapa), ocorreram em 1885, quando foram criadas as atuais cidades de Patrocínio do Sapucaí (hoje *Patrocínio Paulista*), que por sua vez deu origem a *Itirapuã*, e o município do Carmo da Franca, posteriormente denominado *Ituverava*, que deu origem aos municípios de *Miguelópolis e Guará*. O último desmembramento circunscreveu a área do município de Franca à região do mapa identificada com o número 5. Nos dias atuais essa região corresponde ao território dos municípios de *Franca, Restinga, Cristais Paulista, Jeriquara, São José da Bela Vista e Ribeirão Corrente* (Santos, 1991; Bacelar & Brioschi, 1999).

"Belo Sertão de Goiás", situada entre os rios Pardo e Grande, já havia recebido, desde o final do Setecentos, moradores paulistas que desde o século XVIII foram se estabelecendo em pousos às margens da "Estrada dos Goiases" – um caminho aberto por bandeirantes que, como aqui já mencionado, se transformou na principal rota de ligação entre a Região Centro-Oeste do país e o litoral de São Paulo (Chiachiri Filho, 1986).

Predominantes na população local, especialmente a partir da primeira década do Oitocentos, os migrantes mineiros levaram consigo para o nordeste de São Paulo as práticas de sua terra. Por "gosto e hábito" dos moradores, a criação de gado *vacum*, também comum em outras regiões paulistas, perpetuou-se como a principal atividade desenvolvida em Franca durante a maior parte do Oitocentos. O número pequeno de vacas, contudo, mantinha os campos, vastos e de boa qualidade, pouco povoados. Nos anos 50 do Oitocentos, alguns pecuaristas tentaram melhorar as raças e preparar pastagens artificiais para os tempos de seca.[9] Dez anos mais tarde, era possível perceber que esse esforço havia aumentado o número de bois e vacas nas pastagens. No entanto, o aprimoramento da qualidade do gado não surtiu o resultado desejado. No decorrer do século, a população local aumentou e sua preferência de consumo, como sempre ocorreu, recaía exatamente sobre as vacas, as quais permaneceram inferiores ao número de bois. Muitas fêmeas eram ainda misturadas ao restante do gado que, junto com boiadas provenientes de Mato Grosso, Goiás e da parte ocidental de Minas Gerais (região do atual Triângulo Mineiro), era vendido para a comarca do Rio das Mortes – também em Minas Gerais – e para o Rio de Janeiro. Em 1860 foram comercializadas na região cerca de mil cabeças de gado *vacum*, e estimava-se que apenas trezentas ou quatrocentas delas fossem originárias de Franca.[10] Ou seja, na ativi-

---

9 Ofícios Diversos Franca, lata 1021, pasta 2 , documento n.75, de 31.12.1856, Daesp.

10 Ofícios Diversos Franca, lata 1022, pasta 1, documento n.1-C, de 24.1.1861, Daesp.

dade pecuária, a região de Franca figurava tanto como um criatório modesto quanto como um entreposto comercial.

O gado demandava a edificação de instalações apropriadas ao seu manejo. Currais, barracões e porteiras eram construídos por homens livres e escravos que trabalhavam como oficiais de carpinteiros, ferreiros e taipeiros. Nos pastos, era preciso perfurar longos buracos, verdadeiras trincheiras, que cumpriam a função de impedir que bois e vacas passassem de um lugar a outro – os valos. Regulamentados nas posturas municipais, os valos possuíam dois metros e 64 centímetros de diâmetro e outros dois metros de profundidade. Nessa atividade empregava-se muito recorrentemente o trabalho dos escravos, que nas propriedades de seus senhores ou alugados a terceiros se punham a perfurar estes longos fossos (Ferreira, 2005).

Para a criação de gado também era necessário o sal. Comprado em localidades distantes, o comércio de sal compunha o principal fluxo de trocas de mercadorias excedentes produzidas na região. Os poucos artigos produzidos para além do consumo seguiam para Campinas pela Estrada dos Goiases (depois conhecida como "estrada do sal") em carros de boi tocados por carreiros livres (sobretudo libertos) e escravos. Os carros retornavam posteriormente para Franca, carregados de sal a ser usado na região e redistribuído para outras localidades do interior do país (Oliveira, 1997).[11]

Entre os animais criados na região havia ainda alguns cavalos e muares destinados a suprir as necessidades gerais de transportes. Porém, muitos cavalos, mulas e bestas usados na região eram comprados na cidade paulista de Sorocaba.[12] Alguns carneiros também eram criados e sua lã, utilizada na manufatura de tecidos grosseiros destinados ao uso dos moradores.[13]

---

11 Outro estudo que também toca no tema da economia local no Oitocentos é Tosi (1998, sobretudo o capítulo II – "Clube da lavoura e comércio").

12 Ofícios Diversos Franca, lata 1022, pasta 1, documento n.1-B, de 24.1.1861, Daesp.

13 Ofícios Diversos Franca, lata 1021, pasta 2, documento n.75, de 31.12.1856, Daesp.

Em meados do Oitocentos, os principais itens produzidos pela indústria manufatureira local ainda eram semelhantes aos que descreveu Luiz D'Alincourt (1975) em 1818. Os produtos limitavam-se ao artesanato feito com couro, à tecelagem de algodão, ao qual se dava o nome de "da terra", à produção de tecidos chamados "de minas", e de outros artigos fabricados com lã. O trabalho em teares e rodas grosseiras nas casas de famílias era destacado como a atividade da qual, em geral, se ocupavam as escravas no tempo que restava após o cumprimento das atividades domésticas. Especialmente do tecido de algodão chamado "da terra", produzia-se pouca quantidade de excedentes, que eram exportados para Campinas.[14] Os demais tecidos eram destinados à produção de colchas e roupas, as quais não suplantavam as necessidades dos moradores.

Nos anos 1850 foram encontrados alguns diamantes no Ribeirão do Carmo, no Rio Sapucahy-Mirim e no Ribeirão Santa Bárbara, todos nos limites do município.[15] Mas, sob o ponto de vista da administração municipal, o afluxo de muitos desconhecidos para a região, as constantes reclamações a respeito de invasões de terras, animais mortos, roubos, furtos e conflitos que culminavam em ferimentos e assassinatos não chegaram a compensar as pedras garimpadas.[16]

A agricultura contava com um clima apropriado com estio úmido e quente na primavera e um outono seco e temperado. Contudo, em 1871, diziam os vereadores que as técnicas empreendidas eram as mesmas dos primeiros anos do povoamento.[17] As ferramentas eram simples: machados, foices e enxadas, manejadas pelo braço da população em geral (livres e escravos) e auxiliadas exclusi-

---

14 Ofícios Diversos Franca, lata 1021, pasta 2, documento n.75, de 31.12.1856, Daesp.

15 Ofícios Diversos Franca, lata 1021, pasta 2, documento n.75, de 31.12.1856, Daesp.

16 Ofícios Diversos Franca, lata 1022, pasta 1, documento n.1-B, de 24.1.1861, Daesp.

17 Ofícios Diversos Franca, lata 1023, pasta 1, documento n.5, de 14.1.1871, Daesp.

vamente pelo fogo, usado em larga medida no trabalho de limpeza e preparação das terras para o plantio. As lavouras de feijão, arroz e mandioca compunham a paisagem, mas apenas o milho ocupava grande distinção, pois era usado como alimento para um dos produtos cujo comércio era bastante significativo: o suíno. Muitos porcos eram vendidos vivos, especialmente para o Rio de Janeiro. Outros tantos, feitos em toucinho, eram enviados para Campinas e para a sede da província em São Paulo.[18] Nos anos 1870, os vereadores estimavam que quatro quintos das propriedades rurais de Franca se dedicavam à criação de porcos.[19]

Os cultivos de cana, algodão e café concentravam a maior expectativa de melhora dos rendimentos do município. Desde o ano de 1827, as autoridades locais reclamavam da precariedade dos engenhos de cana, os quais, muito antigos, nunca produziram além do necessário para o consumo.[20] Em meados do século XIX, nada parecia muito mudado. Nos únicos três ou quatro engenhos bem montados produzia-se algum açúcar, rapadura e água ardente. Contudo, nessa época, para suprir todo o consumo local de produtos feitos com cana, era necessário comprar também os fabricados no município de Jacuí, na província de Minas Gerais.[21] Uma década mais tarde noticiavam os vereadores alguma melhora no ramo "sacarino", pois já existiam, além dos engenhos antigos (tocados por bois), oito novos equipamentos dotados de cilindros movidos pela força da água, cuja produção gerava um pequeno lucro aos proprietários.[22] O algodão era plantado em boa quantidade, sobretudo nas margens do Rio Grande. Além da produção de tecidos para o

---

18 Ofícios Diversos Franca, lata 1021, pasta 2, documento n.75, de 31.12.1856, Daesp.

19 Ofícios Diversos Franca, lata 1023, pasta 1, documento n.5, de 14.1.1871, Daesp.

20 Ofícios Diversos Franca, lata 1017, pasta 1, documento n.43, anexo 77, de 10.3.1827, Daesp.

21 Ofícios Diversos Franca, lata 1021, pasta 2, documento n.75, de 31.12.1856, Daesp.

22 Ofícios Diversos Franca, lata 1022, pasta 1, documento n.1-B, de 24.1.1861, Daesp.

CRIMES EM COMUM **125**

suprimento local, vendiam-se algumas varas para outras localidades, porém nenhum produtor se destinava com exclusividade a essa produção, de maneira que ela pudesse ser aprimorada.[23] No final dos anos 1850, o café que se produzia na região era tido como prodigioso, mas, segundo os vereadores, a necessidade de muitas roçadas nos primeiros anos para o combate à abundante vegetação que rapidamente crescia em tempos chuvosos, as grandes distâncias entre as propriedades e o número reduzido de trabalhadores disponíveis numa localidade que sempre possuiu poucos escravos faziam que os cafeeiros fossem tidos como acidentais em 1856[24] e presentes, como "promessa de uma grande safra",[25] apenas no alvorecer da década de 80 do século XIX.

Segundo, no entanto, os vereadores de meados do século, um dos problemas mais sérios para o desenvolvimento das plantações na localidade era um costume antigo: a necessidade à qual se impunham todos aqueles que dispunham de condições de produzir tudo o que julgavam necessário para o consumo das famílias no interior de suas propriedades. Cada fazenda cultivava sua cana, seu algodão, seu milho, seu arroz, seu café, seu feijão, criava seus porcos, seus bois, suas vacas e seus carneiros, produzia sua carne, sua lã, seu leite, seus queijos, seus tecidos, suas rapaduras, suas farinhas e seus polvilhos. Tudo "isto em uma grande superfície e com poucos braços".[26]

Essa descrição das principais atividades desenvolvidas na região, composta a partir dos relatos de vereadores – alguns deles filhos dos primeiros entrantes e de outros moradores que afluíram para a região no decorrer do Oitocentos –, sugere certa impaciência com a perpetuação, durante décadas, em todos os ramos (pecuá-

---

23 Ofícios Diversos Franca, lata 1021, pasta 2, documento n.75, de 31.12.1856, Daesp.

24 Ofícios Diversos Franca, lata 1021, pasta 2, documento n.75, de 31.12.1856, Daesp.

25 Ofícios Diversos Franca, lata 1023, pasta 3, documento n.48, de 16.2.1878, Daesp.

26 Ofícios Diversos Franca, lata 1021, pasta 2, documento n.75, de 31.12.1856, Daesp.

126   RICARDO ALEXANDRE FERREIRA

ria, comércio, indústria manufatureira e agricultura), dos mesmos hábitos, das mesmas técnicas e dos mesmos procedimentos dos primeiros povoadores do lugar – homens que realizavam todo o trabalho que consideravam necessário em suas chácaras, sítios e fazendas com poucos escravos.

Possuir poucos escravos:
uma tranquilidade e um problema

> *Tenho a honra de levar ao conhecimento de Vossa Excelência que nesta Comarca a população não se mostra receosa de insurreição de escravos. Segundo informações que tenho dela não há o menor perigo, não só porque o número de escravos não é tão avultado como em outros lugares da Província, e pelo contrário ele é limitado e muito inferior à população livre; como também porque o gênero de trabalho em que são empregados não é tão pesado que os leve a cometer o crime de insurreição. Parece-me, pois que sobre este objeto nenhuma providência é necessária. Deus guarde a Vossa Excelência. Franca do Imperador 12 de outubro de 1854 [Ofício de resposta enviado pelo Promotor Público da Comarca de Franca Evaristo de Araújo Cintra ao Presidente da Província de São Paulo].*[27]

Embora os anos 50 do Oitocentos tenham marcado apenas o início das preocupações do Executivo paulista com possíveis levantes de escravos, em Franca, como sugere a opinião do promotor, as revoltas coletivas de cativos não deixaram registros na documentação do judiciário, salvo uma suspeita. O único inquérito policial para a apuração de um crime de insurreição foi instaurado em 1865.

---

27 Ofícios Diversos Franca, lata 1021, pasta 1, documento n.99, de 12.10.1857, Daesp.

No entanto, após a prisão de vinte escravos – incluindo um que nem mesmo constava no mandado – e um ferreiro livre morador em Minas Gerais, o promotor concluiu que, apesar da existência de indícios, os depoimentos das testemunhas impunham o encerramento do processo (Ferreira, 2005a, p.98-103).

Se, contudo, por um lado, ter poucos escravos na segunda metade do Oitocentos podia ser sinônimo de tranquilidade na província de São Paulo, por outro, era também um empecilho. Nas décadas de 1860 e 1870, quando alguns proprietários locais decidiram incrementar as lavouras de suas fazendas escolhendo um produto para cultivar em maior escala, parecia ser tarde. O país já se encontrava às voltas com os problemas desencadeados pelo fim do tráfico transatlântico de escravos e a elevação do preço da mão de obra em geral inviabilizava quaisquer projetos. Os relatórios dos vereadores são enfáticos quanto a essa questão. Em 1861 dizia a Câmara de Franca à presidência da província de São Paulo:

> A agricultura não tem progredido, existe como estacionária por causa da falta de braços, e de não ter se podido ainda introduzir melhoramentos no sistema agrícola, que é o mesmo que era outrora, quando o braço escravo obtido a preços razoáveis, dispensava o lavrador de estudar o trabalho, os trabalhadores livres, apesar de serem poucos, que às vezes se prestam ao pesado serviço da lavoura, exigem uma diária muito alta em relação ao serviço que prestam e daí vem a elevação dos preços dos gêneros alimentícios [...][28]

Dez anos depois, o texto dos vereadores era quase o mesmo: "A causa da decadência da lavoura provém da falta de braços escravos e da elevação extraordinária do preço dos jornais dos trabalhadores livres, e da dificuldade de se achar esses mesmos trabalhadores".[29]

---

28 Ofícios Diversos Franca, lata 1022, pasta 1, documento n.1-C, de 24.1.1861, Daesp.

29 Ofícios Diversos Franca, lata 1023, pasta 1, documento n.5, de 14.1.1871, Daesp.

128   RICARDO ALEXANDRE FERREIRA

Ainda que insuficientes para a expansão das atividades desenvolvidas, os cativos figuravam entre os bens mais valiosos dos proprietários locais até o fim do Oitocentos. A média de escravos possuídos por senhor na região durante todo o século XIX ficou sempre próxima dos cinco cativos. Entre os inventariados, ela era de 4,8 entre 1822 e 1830, e subiu a 5,3 entre 1875 e 1885, embora, no mesmo período, a proporção de donos de escravos entre os proprietários locais tenha caído pela metade (Oliveira, 1997).

No último ano da década de 50 do Oitocentos, a casa de Francisco Marques dos Reis era o exemplo mais recorrente das propriedades da região que possuíam escravos. A fazenda ficava no Distrito do Chapadão, seu proprietário não era um homem abastado, criava gado e produzia alguns mantimentos. Principal escravo da fazenda, Antonio era filho dos escravos João de Nação e Delfina, que pertenciam a Antonio do Couto Parreira, também morador em Franca. Com apenas dois anos de idade, Antonio foi arrematado por Francisco Marques dos Reis quando se realizou a partilha no inventário do senhor de seus pais (Antonio do Couto Parreira). Após ser vendido, Antonio permaneceu escravo de Francisco Marques dos Reis por mais de 25 anos. Além de Antonio, seu senhor possuía na propriedade uma família de escravos: João Crioulo, de dezesseis anos, Joaquim Crioulo, de quinze anos, José Crioulo, de treze anos, e Manoel Crioulo, de doze anos todos filhos de Antonio de Nação (que era conhecido como Pai Antonio ou Pai Velho) e Maria de Nação. Oficial de carpinteiro, mais velho que os cativos jovens, mais vigoroso e altivo que os cativos de nação, Antonio era muitas vezes considerado pelo senhor como o responsável pelos trabalhos executados pelos outros escravos da propriedade.

Em 1859, Francisco Marques dos Reis determinou a seus cativos que trabalhassem na perfuração de um valo que dividiria os pastos de sua propriedade com os da fazenda vizinha. Contudo, o senhor alertou seus escravos que antes de se dirigirem para o trabalho no pasto deveriam cumprir suas obrigações do terreiro. Para se ter uma ideia do que eram essas obrigações do terreiro, basta lembrar que as propriedades da região produziam o maior número possível de gêneros necessários ao consumo de seus moradores. Os senhores podiam determinar diferentes trabalhos aos escravos, tais como: ordenhar vacas, descascar arroz, moer milho no pilão ou no monjolo, bater feijão, alimentar porcos, patos e galinhas, secar, descascar e torrar algum café, colher algodão para os tecidos, cuidar da horta, matar e limpar animais para o consumo, reparar currais e outras benfeitorias da fazenda.

Na manhã do dia 19 de abril, entretanto, Antonio pegou suas ferramentas e, acompanhado pelos outros escravos homens da propriedade, seguiu bem cedo diretamente para o valo. Furioso, o senhor chegou ao lugar e começou a vociferar e estapear Pai Antonio, o escravo mais velho da casa. Dizia o senhor que os cativos não cumpriam as obrigações do terreiro e iam direto para o valo a fim de acabar a tarefa do dia mais cedo. Castigar com bofetões e pancadas escravos armados com facas e ferramentas, com quem conviveram durante décadas, era uma situação comum entre os senhores da região. Vendo o "pai velho" ser castigado, Antonio disse ao senhor que eles voltariam para fazer o trabalho não realizado. Ouvindo isso, o senhor quis bater em Antonio com uma das enxadas. O cativo levantou sua enxada e empurrou o senhor para o interior do valo. Em seguida, saltou sobre o senhor e cravou-lhe a faca no pescoço quatro vezes.

"Já que a perdição está feita vamos tirá-lo daqui."[30] O pai velho ainda quis repreender Antonio, mas foi por ele ameaçado com a mesma faca. Após planejarem deixar o corpo no valo até a noite e depois colocá-lo junto a seu cavalo na divisa dos pastos, "onde seu senhor sempre brigava com outros por amor do campo",[31] Antonio e João Crioulo (o filho mais velho de Pai Antonio) resolveram logo esconder o corpo no mato antes que alguém os visse. Pegaram um cipó e uma estaca, usados para marcar o valo, e arrastaram o corpo atravessando uma estrada que ficava acima do pasto.

---

30 Cartório do 1º Ofício Criminal de Franca, Processo n.523, cx.17, folha 05, 1859, Arquivo Histórico Municipal de Franca (a partir desta nota identificado como AHMUF).

31 Cartório do 1º Ofício Criminal de Franca, Processo n.523, cx.17, folha 05, 1859, AHMUF.

Nesse momento, passou pelo local um liberto campeando algumas bestas. O homem era Bernardo Crisóstomo de Oliveira, camarada de tropa, empregado do proprietário da fazenda vizinha, que, ao ver a cena, perguntou aos escravos o que era aquilo. Eles responderam que não era nada. Enquanto Bernardo, montado em seu cavalo, contornou o valo para verificar o que estava acontecendo, Antonio e João esconderam o corpo no mato e voltaram para a casa da senhora sem nada lhe contar. O pai velho e os cativos menores continuaram a trabalhar. Embora sem conseguir encontrar o corpo, Bernardo foi à cidade dar parte do que tinha visto.

Descobertos, todos os cativos foram inicialmente presos. Apenas Antonio Crioulo, João Crioulo e Joaquim Crioulo foram levados a julgamento. A estratégia da defesa de fazer recair apenas sobre Antonio a culpa pelo assassinato do senhor surtiu efeito. O cativo mais jovem, Joaquim Crioulo, foi absolvido. Seu irmão, João Crioulo, foi condenado, como cúmplice de Antonio, a receber duzentos açoites e carregar uma pega de ferro no pé por seis meses.

Contra Antonio Crioulo, além do assassinato, pesavam várias acusações de ter anteriormente convidado seus parceiros para matar o senhor. Segundo o primeiro depoimento de Antonio, negado por ocasião do julgamento, os problemas com o seu senhor teriam começado na época da última "planta de milho", quando ele foi acusado pelo roubo de uma moeda de ouro. Mesmo apenado segundo a lei de 1835, que inicialmente não admitia nenhum recurso, Antonio foi beneficiado por uma mudança na legislação realizada em 1854 que permitiu aos cativos o recurso ao Poder Moderador.[32] Entretanto, a Clemência Imperial foi negada. A última execução de escravos em Franca tinha ocorrido 23 anos antes, em 1837, quando os escravos José Crioulo e Antonio Africano foram enforcados pela morte de seu senhor, Caetano Barbosa Sandoval.[33] Certamente acreditou-se

---

32 *Código Criminal do Império do Brasil:* comentado pelo conselheiro Vicente Alves de Paula Pessoa. 2.ed. (aumentada). Rio de Janeiro: Livraria Popular de A. A. Da Cruz Coutinho, 1885, nota 594 (c).

33 Ofícios Diversos Franca, lata 01019, pasta 1, documento 2A, Daesp.

CRIMES EM COMUM **131**

na corte que já era tempo de se consumar, no extremo nordeste da província paulista, outra sentença exemplar. O escravo Antonio Crioulo expirou na forca na noite de 26 de novembro de 1860.

O caso do cativo Antonio tem grande importância para o entendimento da relação dos senhores com seus escravos no município de Franca. O assassinato do proprietário durante o trabalho é representativo do tipo de conflito mais comum entre os cativos e seus proprietários na região. A fazenda onde Antonio e seus companheiros trabalhavam e a origem de cada um deles é também exemplar em relação às propriedades que possuíam escravos no município. A presença do liberto Bernardo, camarada que trabalhava para o dono da fazenda vizinha, completa o cenário, onde muitos escravos também trabalhavam em companhia de libertos e livres.

Se temos, contudo, aqui elementos recorrentes na região, é necessário destacar a existência de propriedades que, apesar de escaparem à regra, também integravam a paisagem local. Uma das exceções entre os proprietários de escravos do município de Franca foi o major Manoel Claudiano Ferreira Martins. Homem abastado para os padrões locais, Claudiano era o maior senhor de escravos da região nos anos 1880. Enquanto a média local era de cinco escravos por senhor, o major possuía quarenta cativos entre homens, mulheres e crianças.[34]

Declarado conservador e defensor do escravismo, Claudiano era um dos principais desafetos dos partidários da abolição na região.[35] Seu nome esteve envolvido em fraudes contra o Fundo de Emancipação[36] e em uma denúncia por maus-tratos que teriam culminado

---

34 *Edital da Coletoria Provincial por ocasião do lançamento da cobrança de tributos sobre cativos*. Publicado no Jornal *O Nono Distrito* entre 15 de novembro e 20 de dezembro de 1884. Hemeroteca do MHMF.

35 A presença de partidários do fim do cativeiro, vinculados ao movimento abolicionista local, foi analisada, por meio de disputas manifestadas em artigos de jornais de Franca, no trabalho de Gomes (2001).

36 Claudiano recebeu duas acusações: primeiro, por arrolar para a indenização alguns de seus ex-escravos; depois por sobrevalorizar o preço de alguns de seus cativos. Ofícios Diversos Franca, lata 1022, pasta 1, documento n.29, de 26.10.1861, Daesp.

com a morte de um escravo. O major era um homem poderoso e, como tal, tinha como prática resolver reservadamente os problemas ocorridos em suas propriedades. O escravo morto, de que fala a denúncia, teria sido enterrado irregularmente na fazenda, sendo necessário exumar o cadáver para a realização do auto de corpo de delito. Consta que, enquanto pôde, Claudiano obstou a realização do inquérito.[37]

O major perdeu um de seus filhos precocemente. Em 23 de novembro de 1885, na casa que abrigava a máquina de beneficiar café da Fazenda Vanglória, João Garcia Ferreira Martins costurava uma correia "sobre a roda da máquina", quando se desequilibrou e caiu no "caixão de separar café". Simultaneamente, em cima do rapaz, despencou uma pesada viga de madeira que se desprendera da "beneficiadora", atingindo-o mortalmente na cabeça. Em seguida, as escravas que trabalhavam no local correram para avisar o senhor, que, no entanto, não teve coragem de ver o filho morto. O rapaz foi sepultado no Cemitério Religioso da Fazenda Jaborandy.

Um mês mais tarde houve um desentendimento entre duas escravas da fazenda, Firmina e Ricarda, situação essa diante da qual a segunda cativa, acreditando resguardar-se debaixo do poder de seu senhor, deu uma nova versão para a morte de João Garcia, que incriminava outra cativa da fazenda, de nome Firmina, como assassina.[38]

Mais uma vez o cemitério particular da fazenda foi visitado pelas autoridades policiais e judiciárias de Franca para a exumação de um cadáver sepultado sem a realização de nenhum exame. Descobriu-se que a vítima havia falecido em razão de pancadas que

---

37 Diversos casos de escravos torturados por seus senhores foram levados ao judiciário em Franca, ver Ferreira (2005a, cap.2). Em especial, essa denúncia contra o major Manoel Claudiano Ferreira Martins, de 1885, foi localizada por Maria Helena Machado (1994, p.74-5) entre a documentação dos ofícios da polícia, lotada no Arquivo do Estado de São Paulo.

38 No município de Franca, durante o século XIX, as rés, tanto livres quanto escravas, representavam uma pequena parcela em relação ao total geral de indiciados nos processos criminais. Estes crimes foram especificamente analisados em Caleiro (2004).

tomou na cabeça. Apurou-se, ainda, que a posição em que o cadáver foi encontrado "no teatro do crime" não justificava a causa dos ferimentos constantes no auto de corpo de delito feito por ocasião da exumação.

Mais de uma vez Firmina foi interrogada e, por sua vez, acabou incriminando a cativa Ricarda como sua cúmplice.

> Perguntada se conheceu um filho de seu senhor de nome João?
> Respondeu que conhecia e que já morreu.
> Perguntada do que morreu esse seu senhor moço?
> Respondeu que ela respondente o assassinara, dando-lhe com uma mão de pilão uma pancada sobre os ouvidos, com a qual caíra o mesmo ofendido, e que ela respondente, depois desta pancada estando o mesmo atirado ao chão já nas agonias da morte, ela respondente chamou sua companheira Ricarda para precipitá-lo no caixão do separador da máquina.[39]

Segundo as demais testemunhas do processo – na maioria informantes por serem também cativas, pois as testemunhas juradas apenas repetiram o que dessas ouviram em razão de não terem presenciado o crime –, o senhor moço, no momento do delito, estava administrando o serviço das escravas na casa da máquina de beneficiar café, sentado em uma mesa de separação, quando Firmina aproximou-se sorrateiramente pelas costas do rapaz, armada com uma mão de pilão, e o matou. Em seguida, Firmina teria obrigado duas escravas menores (Graciana e Roza) a colocar o corpo no caixão separador de café. Aterrorizadas por terem presenciado o crime, as escravas cumpriram o que lhes foi mandado. Em seguida Firmina instruiu todos os atos para que tudo parecesse um acidente, obtendo sucesso, até que a escrava Ricarda resolveu denunciá-la.

As testemunhas cativas ressaltaram insistentemente, em seus depoimentos, que seu senhor não lhes deixava nada faltar e só lhes

---

39 Cartório do 1º Ofício Criminal de Franca, Processo n.1160, cx.54, folha 05, 1885, AHMUF.

134 RICARDO ALEXANDRE FERREIRA

dava bolos e relhadas quando não "trabalhavam direito", e que ele não havia castigado Firmina depois de saber que ela matara seu filho. Disseram, ainda, que a ré era comadre da vítima e que nunca haviam presenciado uma discussão séria entre eles. Alguns dos parceiros de Firmina afirmaram que ela assassinou o senhor moço por maldade e propensão ao crime. Em busca de uma justificativa para o acontecido, o juiz determinou que a escrava ré fosse submetida a um exame com a finalidade de apurar um possível "desarranjo mental", mas nada se verificou de loucura na mulher. Segundo a própria Firmina no final de um dos seus depoimentos: *no dia em que não reza o tinhoso atenta*. No entanto, segundo conta o jornalista do *Diário de Campinas* Alberto Sarmento (1886), em *Os crimes célebres de São Paulo*, de 1886, durante o julgamento, quando foi perguntada pelo motivo do crime, Firmina alegou que, ao se recusar a servir de intermediária das "relações ilícitas" entre seu senhor moço e uma das escravas da fazenda, ele começou a maltratá-la e, por isso, ela resolveu matá-lo. A escrava Firmina foi condenada a pena de morte, comutada em galés perpétuas e, finalmente, em "prisão perpétua com trabalho análogo ao seu sexo".[40]

Como de resto em todo o Brasil, a região de Franca não dispõe de números uniformes para o estudo das variações da população durante a maior parte do século XIX. No entanto, se considerados os dados disponíveis, é possível afirmar que os cativos representaram algo entre 20% e 30% do total da população em geral do município até o fim do cativeiro (Gráfico 2). Vale ressaltar, contudo, que, ao contrário do que se poderia imaginar, essa divisão entre a população livre e escrava não era tão distinta na província de São Paulo como um todo, mesmo considerando-se que desde meados do século havia médias e grandes escravarias trabalhando em propriedades exportadoras.

Peter Eisenberg assevera que durante o século XIX, na maioria das províncias do Império, a população livre, fosse ela composta

---

40 Cartório do 1º Ofício Criminal de Franca, Processo n.1160, cx.54, folha 05, 1885, AHMUF.

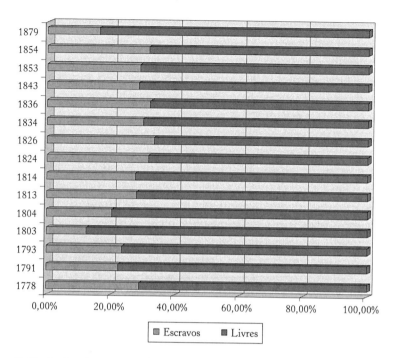

Gráfico 2 – População escrava e livre (Franca 1778-1879).

Fonte: Ferreira (2005a, "Tabela 4 – Variação porcentual da população cativa na região de Franca entre 1778 e 1879", p.45-6).

por libertos ou pessoas nascidas livres, era sempre maior que a população de escravos. De acordo com informações populacionais cotejadas em diferentes estudos, Eisenberg (1989, p.224) afirma ainda, especificamente com relação à província de São Paulo, que:

> a produção de café implicava uma intensificação do uso de escravos até a década de 1880. Essa intensificação reflete-se no crescimento, em termos absolutos, do tamanho da população escrava até 1874. Mas, mesmo em São Paulo, a população escrava não chegava nem à terça parte [pouco mais de 33%] da população global. Até nas zonas mais produtivas do café, antes da abolição, no Vale do Paraíba e no Oeste Velho, a população livre constituía a grande maioria.

Embora diferentes do ponto de vista jurídico, homens e mulheres livres, libertos e escravos mantiveram um conjunto variado de relações no cotidiano desse pedaço de Minas Gerais assentado na região nordeste do território paulista, durante quase todo o século XIX. Desde a chegada dos primeiros entrantes mineiros, a circunscrição administrativa, a economia, os costumes e hábitos dos moradores pouco se alteraram. O primeiro desmembramento do município de Franca foi realizado em 1839, por ocasião do julgamento das "anselmadas". As próximas regiões a tornarem-se administrativamente independentes só o fizeram em 1873 e 1886. Ademais, apenas a plantação, em larga escala, de café, ou melhor, a tríade café, ferrovia e imigração europeia, mudaria a paisagem local. No entanto, a distância entre o extremo nordeste da província de São Paulo e a expansão dos cafezais que principiou em Campinas em meados do século era longa. Portanto, mudanças mais significativas somente foram sentidas na região nas duas últimas décadas do Oitocentos. Enquanto isso não ocorreu, livres, libertos e escravos, moradores na mais distante localidade paulista da Estrada dos Goiases, continuaram a se encontrar recorrentemente em estradas, ruas, tavernas, campos – nas vilas e nos vales, em dias e noites.

Livres, libertos e escravos: crimes e criminalidade

Era madrugada do ano de 1852. Nos subúrbios da Vila Franca, do alto de travessas de madeira sustentadas por grossos esteios de aroeira, três vidas expiraram. Alguns instantes após a queda, pendurados em cordas, os corpos permaneceram imóveis tendo por testemunhas autoridades e moradores da região. Mesmo acompanhando todo o ritual da execução – a partida dos sentenciados do prédio da cadeia pública, o cortejo até o campo da forca, os atos religiosos e a consumação do trabalho do carrasco –, a plateia só se ausentou após ouvir dos peritos a confirmação oficial de que as penas últimas estavam cumpridas.

CRIMES EM COMUM **137**

O boticário e cirurgião Guido Eugênio Nogueira foi um dos peritos que atestaram a morte dos condenados. Quatro anos antes, em 1848, o mesmo boticário Nogueira foi encarregado da execução de um exame de auto de corpo de delito no cadáver de um homem negro, encontrado na Fazenda do Sapê, em um caminho do lugar denominado vendinha, próximo a um capão de mato de onde foi posteriormente conduzido para o adro da Igreja Matriz de Franca. A cena era terrível. No corpo, morto já há algum tempo, faltavam as duas orelhas, os genitais, o lábio superior e a mandíbula inferior, partes das carnes da virilha esquerda, da coxa esquerda e do pescoço. O cadáver apresentava ainda vergões que circulavam os tornozelos, sinais de pancadas em diferentes regiões e ferimentos produzidos por arma de fogo.

Dias antes do encontro do cadáver, em uma sexta-feira, Domingos Pinto da Silva, carpinteiro, natural de Bambuí, na província de Minas Gerais, os irmãos José Ignácio de Oliveira e Mariano Antonio de Oliveira, ambos jornaleiros (alugavam seus serviços por jornadas de trabalho) nascidos em Franca, acompanhados ainda de Floriano Joaquim Cardoso, encontravam-se em uma pequena venda localizada no caminho da Borda da Mata, Distrito do Chapadão, município de Franca, quando ali chegou o liberto Vicente Crioulo.

Ao ver Vicente, Floriano teria pedido que o dono da venda lhe servisse um vintém de cachaça. Vicente não quis a bebida, pediu licença a Floriano, que a concedeu, e jogou a cachaça fora. Por sua vez, Vicente também pediu ao vendeiro um vintém de cachaça oferecendo-a a Floriano, que bebeu. Logo, Domingos e José Ignácio sacaram suas armas. Uma foi apontada para o peito de Vicente, a outra, para suas costas. Rapidamente, as outras pessoas presentes à cena do conflito apaziguaram os ânimos. Tudo parecia não ter passado de um pequeno desentendimento. Os contendores foram vistos saindo juntos da venda. Vicente levava consigo uma faca e quarenta mil réis em dinheiro. Os demais também portavam facas e armas de fogo.

Os cinco homens, um liberto e quatro livres, teriam seguido pela estrada em aparente harmonia até ultrapassarem uma encruzilhada. Nessa altura, Floriano sacou sua espingarda, apontou para Vicente

138 RICARDO ALEXANDRE FERREIRA

e remeteu-se à desfeita da cachaça – "Tu não disseste que não fazia conta de dez caianas"[41] –, e, com a arma, deu uma bordoada no liberto. Ao bater contra a cabeça de Vicente a arma disparou e o tiro ainda lhe feriu a parte esquerda do corpo. Rapidamente, os outros três homens amarraram Vicente e o empurraram até um capão de mato, onde o içaram em uma grossa árvore seca, muito utilizada para a construção de mourões, chamada salta-cavaco. Pendurado de cabeça para baixo, Vicente foi despido e duramente surrado por Floriano, José Ignácio, Domingos e Mariano com grossos cipós cortados na mata. Quase morto, Vicente foi desamarrado da árvore. Não se sabe se nesse momento, ou ainda quando estava pendurado, Floriano cortou-lhe as orelhas e os genitais.

Nos interrogatórios que compõem o processo criminal, foram oferecidas diferentes versões para o episódio ocorrido dentro da vendinha. Ora o desentendimento teria começado por um vintém de cachaça, ora por meia garrafa. Chegou-se a afirmar que o próprio Vicente teria convidado seus algozes para tomar cachaça de melhor qualidade em uma fazenda adiante no caminho por onde seguiram antes do assassinato. O promotor alegou que a cachaça foi apenas um pretexto para a solução de uma rixa antiga. No julgamento, como sempre fizeram os réus livres ou escravos, Mariano, José Ignácio e Domingos tentaram argumentar que não estavam em seu juízo perfeito no primeiro interrogatório prestado ao subdelegado de polícia, quando confessaram o crime. Alguns disseram apenas ter assistido à morte, outros teriam apenas participado dos açoites. Contudo, ainda assim, Mariano, seu irmão José Ignácio e Domingos Carapina foram condenados no grau máximo do artigo 192 do Código Criminal do Império – à morte. Em vão, os réus recorreram da sentença a todas as instâncias. Por fim, esgotou-se o último recurso quando o então ministro da Justiça Eusébio de Queiroz Coutinho Matoso Camara comunicou ao então presidente da província de São Paulo José Thomaz Nabuco de Araujo que os três réus não foram mere-

---

41 Cartório do 1º Ofício Criminal de Franca, Processo n.293, cx.10, 1848, AHMUF, folha 7.

cedores da Clemência do Imperador Pedro II e, portanto, deveriam ser executados conforme a sentença do Tribunal do Júri de Franca. Entre os acusados pela morte de Vicente Crioulo, apenas Floriano conseguiu fugir efetivamente. Dele nunca se teve notícia.

Fosse ou não a cachaça um pretexto, medir forças e trocar desafios com homens livres e armados não foi uma boa ideia. Talvez poucos libertos, como Vicente Crioulo, tenham pagado um preço tão alto por essa imprudência. Mas, se por um lado a história de Vicente é triste, por outro, para o pesquisador, ela se torna um testemunho precioso, pois, se consideradas as quase seis décadas de vigência do Código Criminal do Império durante o cativeiro, chama atenção a reduzida presença de réus e vítimas libertos (Tabela 1). Num primeiro momento, a ausência de réus libertos também pode ser atribuída à distribuição populacional da localidade. Afirmou-se até aqui que o número de escravos na região manteve-se sempre pequeno em relação ao restante da população durante o Oitocentos. Logo, é possível concluir que existia na localidade uma quantidade ainda menor de ex-escravos.[42]

Especificamente em relação à ausência de libertos na documentação analisada é preciso considerar a questão dos nomes. Embora informalmente muitos continuassem a carregar no nome a sua condição de ex-escravos (Maria de Nação, Vicente Crioulo, João Forro, entre outros), alguns aparecem na documentação com o nome que assumiram após a liberdade. Esse é o caso, por exemplo, do liberto Bernardo Crisóstomo de Oliveira, que denunciou o cativo Antonio e seus companheiros pelo assassinato do senhor no valo. Foi também o que aconteceu com outro cativo acusado pela prática de diversos raptos e estupros na região. Conhecido pelas autoridades policiais como o "monstro Joaquim", figurou em três processos como Joaquim escravo de José Pedro Alves Branquinho, e num quarto

---

42 Não é possível realizar um estudo da população de libertos na região em razão da falta de documentos. As listas populacionais que mencionam os ex-escravos são restritas ao período compreendido entre o final do século XVIII e as primeiras décadas do século XIX.

processo, já libertado, como Joaquim Miguel Gonçalves (Ferreira, 2005a, cap.3). Assim, é possível supor que na documentação criminal uma grande parte dos libertos está agregada aos homens livres.

Voltemos ao caso do assassinato do filho do major Claudiano pela escrava Firmina, mencionado no tópico anterior. A sétima testemunha ouvida no inquérito policial foi "Cypriano Paulo Ferreira, com cinqüenta anos mais ou menos, casado, natural de Minas, lavrador. Aos costumes disse nada",[43] ou seja, não possuía nenhum grau de parentesco com os envolvidos. Contudo, a certa altura de seu depoimento, provavelmente instruído a dar mostras de que seu patrão era um homem justo, Cypriano, acompanhando o depoimento dos outros escravos ouvidos como informantes, declarou como testemunha jurada "que o Major trata muito bem os seus escravos, tanto que ele depoente sempre foi cativo do mesmo Major e que hoje se achando forro não sai e nem pretende sair da companhia de seu ex-senhor".[44] Se Cypriano exprimia uma opinião ou apenas cumpria uma ordem, não será possível saber.

Tabela 1 – Participação de réus livres, libertos e escravos no conjunto da criminalidade (município de Franca 1830-1888)

Condição social do réu	Século XIX – Décadas						Total
	30	40	50	60	70	80	
Livre	153	155	214	168	236	154	1.080
	90,5%	92,8%	87,4%	78,5%	87,7%	93,4%	87,9%
Liberto	3	1	4	7	16	4	35
	1,8%	0,6%	1,6%	3,3%	5,9%	2,4%	2,8%
Escravo	13	11	27	39	17	7	114
	7,7%	6,6%	11,0%	18,2%	6,4%	4,2%	9,3%
Total	169	167	245	214	269	165	1.229
	100,0%	100,0%	100,0%	100,0%	100,0%	100,0%	100,0%

Fonte: Cartório do 1º Ofício Criminal de Franca, Processos Criminais 1830-1888, AHMUF.

---

43 Cartório do 1º Ofício Criminal de Franca, Processo n.1160, cx.54, folha 21, 1885, AHMUF.

44 Cartório do 1º Ofício Criminal de Franca, Processo n.1160, cx.54, folha 21 verso, 1885, AHMUF.

Nem todos os libertos, entretanto, tinham a mesma opinião quanto aos seus antigos senhores. Numa "quinta-feira santa" do ano de 1875, Gervásio chegou à fazenda onde havia trabalhado como escravo decidido a receber por alguns pés de café que existiam na propriedade, os quais ele dizia ser dono. Do terreiro, Gervásio bradava: "Hoje já não [é] mais o tempo em que [fui] seu cativo".[45] Com um cacete nas mãos, Gervásio incitava Joaquim Alves Faleiros, o antigo senhor, a descer ao terreiro para que ambos acertassem as contas. Segundo sua versão, Faleiros ficou dentro de casa insistindo para que Gervásio fosse embora. Seis dias depois, Faleiros compareceu à delegacia de Polícia para dar queixa contra o seu ex-escravo pelo crime de ameaças dizendo que, desde a época em que o libertou, Gervásio prometia matá-lo. Ouvido no inquérito como testemunha, Manoel Ferreira de Melo disse que, logo que saiu da casa do ex-senhor, Gervásio passou em sua residência e contou em detalhes o ocorrido, gabando-se de quase ter acabado com o "homem lá da outra banda".[46] Faleiros não mais compareceu em juízo para ratificar sua queixa e o caso foi encerrado.

Uma forma de identificar possíveis libertos na documentação seria por meio da indicação da cor dos réus e vítimas livres. Contudo, como observou Hebe Maria Mattos de Castro, a cor deixou de ser uma característica presente na documentação oficial durante quase todo o século XIX no Brasil.[47] Contudo, ao entrar em conflito, tanto no mundo dos livres quanto dos escravos, os negros e mulatos eram sempre tratados por palavrões que associavam a cor a

---

45 Cartório do 1º Ofício Criminal de Franca, Processo n.811, cx.30, folha 2, 1875, AHMUF.

46 Cartório do 1º Ofício Criminal de Franca, Processo n.811, cx.30, folha 9 verso, 1875, AHMUF.

47 De acordo com Mattos (1998, p.97, 99): "O sumiço do registro da cor consiste num dos processos mais instigantes e irritantes, ocorridos no século XIX, do ponto de vista do pesquisador. [...] O sumiço da cor referencia-se [...] a uma crescente absorção de negros e mestiços no mundo dos livres, que não é mais monopólio dos brancos, mesmo que o qualificativo 'negro' continue sinônimo de escravo, mas também a uma desconstrução social do ideal de liberdade herdado do período colonial, ou seja, a desconstrução social de uma noção de liberdade construída com base na cor branca, associada à potência da propriedade escrava".

um xingamento. O problema se generalizava mesmo entre aqueles que nunca foram cativos.

Em 17 de março de 1862, por volta das quatro horas da tarde, Balduíno Ribeiro da Silva saiu de sua casa, localizada nos subúrbios da Vila Franca, com o fim de comprar remédios para sua esposa, que se encontrava enferma. No meio do caminho, já na entrada da vila, parou na residência de Manoel Damião para levar um recado de sua esposa a Balbina, mulher que ali também residia. Na mesma casa se encontrava Antonio Lourenço Barbosa, homem pardo, alto, cheio de corpo, de pouca barba e bigodes longos, morador em Mogi-Mirim, conversando e tocando uma viola. Ao ver Balduíno, Antonio Lourenço perguntou-lhe: Onde nasceu? Balduíno respondeu que nos subúrbios da Vila Franca, em uma chácara. Ao ouvir a resposta Antonio Lourenço disse: "Subúrbio é a puta que o pariu, tu és meu cativo".[48] Balduíno e o dono da casa contestaram a acusação, mas ninguém demoveu Antonio Lourenço do intento de recuperar o suposto cativo. O homem saiu com Balduíno pelas ruas da vila aos sopapos, empurrões e pontapés, dizendo que o levaria até a delegacia. A cena atraiu a atenção de muitas pessoas que diziam conhecer Balduíno e saber que ele não era escravo. João José Dias de Canoas – que em um outro processo criminal figurou como defensor de uma cativa acusada de homicídio – tentou deter Antonio Lourenço, mas este continuou obstinado. A patrulha e o juiz municipal foram chamados e só com a aglomeração de muitas pessoas Balduíno foi solto e seu agressor, preso. Por queixa de Balduíno, um processo foi instaurado, mas, uma vez solto sob fiança, Antonio Lourenço fugiu e nunca respondeu pelo crime de "reduzir à escravidão a pessoa livre que se achar em posse de sua liberdade".

O estudo da distribuição da população de réus nos processos criminais produzidos em Franca entre 1830 e 1888 (Tabela 1) evidencia ainda um crescimento porcentual geral do número de escravos indiciados até a década de 1860, quando a participação cativa começa a

---

48 Cartório do 1º Ofício Criminal de Franca, Processo n.576, cx.20, folha 2, 1862, AHMUF.

declinar. Essa oscilação do número de réus cativos em Franca não pode ser diretamente relacionada a uma possível entrada da localidade no movimento de venda de cativos para as regiões de lavouras exportadoras após o final do tráfico internacional (1850), pois o estudo dos registros de compra e venda de escravos, para os quais foram criados livros específicos em 1860 (Florentino & Góes, 1997), não apontam nessa direção. Em geral, o comércio de cativos na região, quando ocorria, era realizado entre vizinhos (Batista, 1998).

O cruzamento dos dados gerais da criminalidade com a análise de cada um dos processos criminais é elucidativo. Como referido no tópico anterior, a década de 1860 foi marcada no cenário da escravidão local pela denúncia de um crime diretamente vinculado à noção de criminalidade escrava corrente no período. Em 1865, vinte cativos foram presos como suspeitos do planejamento de uma insurreição. Essa foi uma situação atípica no padrão dos crimes cometidos por escravos em Franca e explicaria o motivo do crescimento dos números em relação às décadas anteriores. Acredito que a queda na participação de réus cativos no final do século esteja vinculada ao desmantelamento do sistema escravista no país. Na década de 1880, o número de cativos alforriados em Franca subiu de cinquenta (registrados na década de 1870) para 311 (ibidem).

Ainda quanto aos réus, salta aos olhos o número significativamente maior de livres do que de escravos. Essa seria uma afirmação redundante, uma vez que a característica da localidade é exatamente o número pequeno de cativos. Entretanto, quando confrontados os percentuais populacionais com os números de réus livres e escravos em cada década, é possível perceber que a participação dos livres no cômputo geral da criminalidade é maior que a sua participação na população (Tabela 2).

Acreditamos ser necessário evitar inferências como a de que os réus livres seriam mais propensos à prática de crimes do que os escravos. Um caminho mais profícuo seria investigar por que os cativos aparecem proporcionalmente menos como réus do que como parte da população. As explicações para esse fenômeno não devem estar nos crimes, mas sim no tipo de registro aqui analisado. O pro-

144   RICARDO ALEXANDRE FERREIRA

cesso criminal era talvez o estágio de ação jurídico-policial mais indesejado pelos senhores. Mesmo considerando que o crime não fosse enquadrado na lei de 1835 – que poderia culminar na perda definitiva do escravo –, uma vez indiciado, o cativo poderia ser preso a qualquer momento e só sairia da cadeia após seu senhor conseguir um *habeas corpus* ou empenhar uma quantia em dinheiro no pagamento da fiança. Até que o escravo fosse finalmente absolvido ou condenado, transcorreriam meses ou até anos de mandados, exames, averiguações, testemunhos, pareceres, custas, depoimentos, julgamentos, apelações e outras rotinas jurídicas. Inferindo que os senhores, mesmo numa localidade onde todos se conheciam, conseguiam omitir da Justiça os crimes tidos na época como de menor importância cometidos por seus escravos, essa ausência refletiria necessariamente nos números de réus escravos presentes na documentação. Sem a mediação dos senhores, a população liberta e livre ficava mais exposta a queixas e denúncias levadas à justiça por outros libertos e livres, logo figura mais frequentemente no cômputo geral dos réus.[49]

Tabela 2 – Distribuição percentual de cativos e livres na população e no conjunto dos réus indiciados em processos criminais no Município de Franca

Décadas	Livres				Escravos	
	% na população	% no número de réus			% na população	% no número de réus
		% livres	% libertos	% total		
1830	69,9	90,5	1,8	92,3	30,1	7,7
1840	71,4	92,8	0,6	93,4	28,6	6,6
1850	71,1	87,4	1,6	89,0	28,9	11,0
1870	83,9	87,7	5,9	93,6	16,1	6,4

Obs.: Os anos considerados para o cálculo da população foram: 1834, 1843, 1854 e 1879. Não foi possível localizar os números da população de libertos. Também não foram localizados dados da população em geral para as décadas de 60 e 80.

Fontes: Ferreira (2005a, "Tabela 4 – Variação percentual da população cativa na região de Franca entre 1778 e 1879", p.45-6) e Cartório do 1º Ofício Criminal de Franca, Processos Criminais 1830-1888, AHMUF.

---

49 Uma análise dos registros da polícia poderia auxiliar na elaboração de hipóteses para o estudo desse aspecto dos crimes cometidos por livres e escravos na região de Franca. No entanto, tais documentos ainda não estão disponíveis à consulta.

CRIMES EM COMUM **145**

Vale ressaltar, contudo, que as características dos crimes praticados por réus livres, em linhas gerais, são semelhantes às dos réus libertos e também às dos réus escravos. Segundo as informações disponíveis para o município de Franca, os três tipos de réus encontram-se especialmente envolvidos em circunstâncias violentas para a solução de questões pessoais, com destaque para os homicídios e ferimentos graves, compreendidos, segundo as definições do Código Criminal do Império do Brasil no item "Crimes Particulares" (Gráfico 3). Esse padrão não só indica a semelhança de práticas entre réus livres, libertos e escravos no município de Franca, como também dos índices dessa região em relação aos números de criminalidade apurados para todo o país no mesmo período, como foi visto no capítulo anterior.

A mesma semelhança pode ser percebida quando analisada a relação entre a condição social dos réus e de suas vítimas, com o predomínio em todos os grupos de réus e vítimas livres (Gráfico 4). Nesse aspecto, como já afirmamos em trabalho anterior, os escravos aparecem mais vezes como vítimas de outros escravos porque a maior parte de suas relações conflituosas se dava no âmbito da família cativa, com destaque para os assassinatos motivados por traições conjugais (Ferreira, 2005a, p.138-51). Merece destaque também a convergência dos principais lugares e horários em que réus livres e escravos cometiam crimes, na zona rural à noite (Gráficos 5 e 6). Muitas dessas convergências estavam ligadas à constância com que os cativos se locomoviam em todo o município, cumprindo tarefas determinadas pelos senhores ou mesmo resolvendo questões particulares.

Compreender, no entanto, os limites do ser escravo e do ser livre na esfera da criminalidade numa região rural implica considerar especialmente os crimes que envolveram a população livre, liberta e escrava em conjunto. No que respeita exclusivamente aos réus escravos é preciso tomar em conta um aspecto diretamente vinculado às características locais de que falamos até aqui no presente capítulo. Em Campinas, por exemplo, uma região que se inseriu na produção de exportação a tempo de presenciar o braço escravo

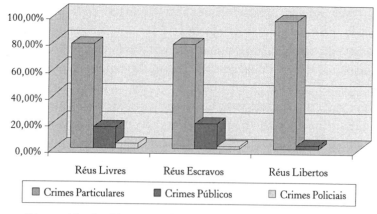

Réus considerados: Livres: 1.080; Escravos: 114; Libertos: 35 = Total: 1.229.

Gráfico 3 – Divisão comparativa dos tipos de crimes cometidos por réus livres, libertos e escravos no Município de Franca entre 1830 e 1888.

Fonte: Cartório do 1º Ofício Criminal de Franca, Processos Criminais 1830-1888, AHMUF.

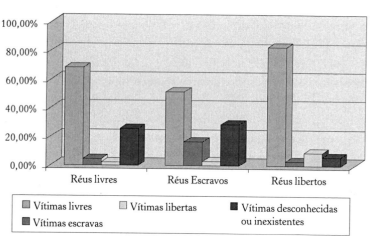

Total de réus considerados: Livres: 1.080; Libertos: 35; Escravos: 114 = Total: 1.229.
Total de vítimas consideradas: Livres: 660; Libertos: 17; Escravos: 59 = Total: 736.

Gráfico 4 – Condição social dos réus e de suas vítimas no Município de Franca entre 1830 e 1888.

Fonte: Cartório do 1º Ofício Criminal de Franca, Processos Criminais 1830-1888, AHMUF.

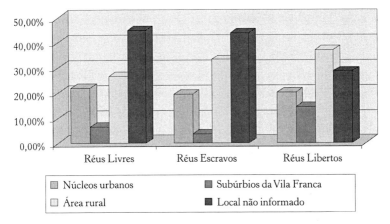

Total de réus considerados: Livres: 1.080; Libertos: 35; Escravos: 114 = Total: 1.229.

Gráfico 5 – Locais da ocorrência dos crimes no Município de Franca entre 1830 e 1888.

Fonte: Cartório do 1º Ofício Criminal de Franca, Processos Criminais 1830-1888, AHMUF.

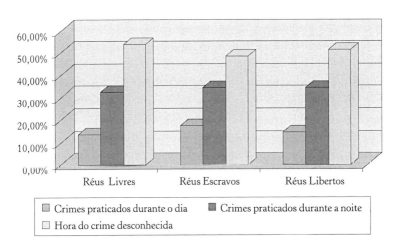

Total de réus considerados: Livres: 1.080; Libertos: 35; Escravos: 114 = Total: 1.229.

Gráfico 6 – Horários em que os crimes foram praticados no Município de Franca entre 1830 e 1888.

Fonte: Cartório do 1º Ofício Criminal de Franca, Processos Criminais 1830-1888, AHMUF.

largamente utilizado em suas lavouras, no período compreendido entre os anos de 1830 e 1888, Maria Helena Machado localizou, num total geral de 1.274 processos criminais 140 que relacionavam escravos como réus; entre eles 98 eram crimes de sangue, dos quais 42% aproximadamente eram compostos por "ataques à autoridade senhorial" (Machado, 1987, p.64). Diferentemente do trabalho de Machado, a questão central deste estudo recai sobre o número de réus, que é maior que o de processos, e ainda assim é possível comparar. Em Franca, considerados todos os autos existentes no Cartório do 1º Ofício Criminal, encontramos 114 escravos arrolados como réus; desses, apenas 17,2% praticaram crimes contra a autoridade senhorial no decorrer das mesmas seis décadas consideradas por Machado para a região de Campinas. Ou seja, em Franca, mais de 80% dos réus escravos se envolveram em crimes contra a população livre desvinculada dos senhores. Vejamos as situações, típicas na região, em que se envolveram os escravos Luiz e Joaquim.

> – Senhora Maria onde está a Delfina?
> – Não sei, acabei de chegar da chácara.
> – Senhora Maria, estou perdido!
> – Pelo que senhor João?
> – Esfaqueei um negro do Neiva.
> – Qual negro?
> – O Luiz.
> – Aonde foi isso?
> – Na rua.
> – Pelo amor do quê?
> – Pelo amor de jogo.[50]

O ano era 1853. No interior da residência de Delfina Maria de Jesus, três homens jogavam cartas. Luiz, que vinha à rua, mandado

---

50 Diálogo produzido com base no depoimento da testemunha Maria Thomásia de São José. Cartório do 1º Ofício Criminal de Franca, Processo n.382, cx.13, 1853, AHMUF, folha 13.

CRIMES EM COMUM   149

por seu senhor, com um objetivo certo, viu a porta da casa aberta e resolveu parar para pedir fogo. Na casa de Delfina, Luiz permaneceu por algum tempo, até que, às oito horas da noite, juntou-se ao carteado o ferreiro João Fernandes de Oliveira e Silva. Estavam ali reunidos os ingredientes do conflito. O ferreiro atingiu a cabeça do cativo com uma bordoada e o fígado, com uma facada.

Logo após a briga, trêmulo e muito aflito, João Fernandes narrou o ocorrido a Maria Thomásia de São José, furtou um cavalo de Miguel Joaquim da Silva que estava em um pasto próximo[51] e fugiu. Indiciado no inquérito policial instaurado para a apuração do conflito, João Fernandes foi mais tarde preso, julgado e condenado culpado pelos ferimentos sofridos por Luiz, escravo do capitão de ordenanças Joaquim da Rocha Neiva.[52]

Cinco anos mais tarde, na mesma pequena vila, passava das oito horas da noite, quando, de dentro de sua morada, Vicente Rodrigues de Oliveira ouviu o som de uma pedrada. Logo percebeu que alguém tentava colocar sua porta abaixo. Ao sair para ver o que ocorria, deparou com Joaquim Crioulo, que aparentava seus trinta anos, morava "na roça" de seu senhor, mas também exercia o ofício de sapateiro. Diante da afronta, os dois começaram a lutar. Vicente pediu à sua esposa que fosse até a casa de um vizinho buscar uma corda, com a qual pretendia conter Joaquim e o levar até o inspetor de quarteirão.

Durante o conflito, ao ser agarrado por Vicente pelo poncho, o cativo Joaquim apanhou uma faca que trazia na cintura e feriu gravemente seu oponente. Após aplicar a facada em Vicente, Joaquim conseguiu desvencilhar-se e fugir, deixando seu desafeto no chão esvaindo-se em sangue. Instaurado o inquérito policial, as testemunhas confirmaram a denúncia feita por Vicente. Um primo de Vicente, em segundo grau, depôs que, dias após o conflito, soube

---

51 Cartório do 1º Ofício Criminal de Franca, Processo n.377, cx.13, 1853, AHMUF.

52 Cartório do 1º Ofício Criminal de Franca, Processo n.382, cx.13, 1853, AHMUF.

ser o motivo das rixas entre os dois as "confianças" que Joaquim tinha com a esposa de Vicente. O inquérito tornou-se um processo criminal, e Joaquim Crioulo, escravo do alferes Miguel Joaquim da Silva, foi preso, julgado e condenado culpado pelos ferimentos sofridos por Vicente Rodrigues de Oliveira.[53]

Numa região onde o número de escravos por proprietário e a rotina de trabalho não demandavam o uso de prepostos da ação senhorial, torna-se importante para a compreensão das relações conflituosas entre livres e escravos analisar um dos poucos casos nos quais houve o envolvimento de um feitor de profissão.

Em 1848, por volta das quatro horas da tarde, Francisco Antonio de Souza, feitor e oficial de pedreiro, seguia montado em uma besta pela estrada das Macaúbas. Quando chegou a uma descida que levava ao Córrego do Anchieta, Francisco foi surpreendido por Manoel Africano, escravo do vigário Joaquim Martins Rodrigues, que, armado com um pedaço de pau, saltou na frente da besta. "Você que está a favor dos escravos do senhor Manoel Ferreira Cândido?", perguntou Manoel Africano. Francisco respondeu "que sim, como feitor dos ditos escravos".[54] Nesse momento, Manoel deu uma bordoada em Francisco, que, ao descer da besta, passou a mão pelos coldres e pegou uma faca com a qual golpeou o cativo.

Um soldado do Corpo de Municipais Permanentes da Vila Franca passava pela mesma estrada na ocasião e, a certa distância, viu Francisco agarrando Manoel pelas costas, segurando em uma das mãos o porrete e na outra, a faca. Vendo Manoel sangrar, o soldado correu em direção ao conflito, prendeu os dois brigões e os levou até o delegado. Como estratégia de defesa, o senhor do cativo logo acusou o feitor Francisco como culpado pelo conflito. No entanto, com o desenrolar do processo, os dois foram considerados réus e vítimas, sendo ambos absolvidos.

---

53 Cartório do 1º Ofício Criminal de Franca, Processo n.497, cx.16, 1858, AHMUF.

54 Cartório do 1º Ofício Criminal de Franca, Processo n.296, cx.10, 1848, AHMUF.

CRIMES EM COMUM **151**

Fica, no entanto, uma dúvida. Por que Manoel Africano atacou o feitor que trabalhava para um senhor que não era o seu? Segundo o depoimento de Francisco, o conflito ocorreu entre Manoel e um dos escravos de seu patrão. Dias antes do crime, Manoel tocava um carro de boi vazio em uma das estradas que dava acesso à Vila Franca. No sentido contrário, também tocando um carro de boi carregado com tábuas, ia um cativo de propriedade do patrão de Francisco. Os dois carros não passariam ao mesmo tempo pela estreita estrada. Deu-se o conflito porque o escravo que tocava o carro carregado exigia que o condutor do carro vazio lhe concedesse a passagem. Francisco entrou na história quando tomou as dores do escravo pertencente a seu patrão.

A ausência de feitores profissionais não só influía na relação direta mantida pelos senhores com seus escravos, mas também nos conflitos estabelecidos entre os cativos e os demais trabalhadores livres das fazendas. Terminou em homicídio um conflito entre o cativo Lázaro e um camarada de sua senhora de nome Venâncio Martins. Em março de 1847, Venâncio teria ido da fazenda de sua patroa, Dona Maria Rosa da Conceição, acompanhado pelo escravo Lázaro até o distrito do Carmo. Na ocasião, Venâncio montava um cavalo e Lázaro tocava um carro de boi. No dia seguinte, Venâncio negou-se a voltar à fazenda de sua patroa para devolver o cavalo. Lázaro saiu à procura do camarada armado com um pedaço de pau. Ao encontrar Venâncio, o cativo deu-lhe tantas pancadas que ele morreu.

Algumas testemunhas relataram no processo que Lázaro teria buscado o cavalo por medo de sua senhora. Outras disseram que o escravo era "bastante desordeiro e atrevido, que até em certo tempo neste Arraial puxara uma faca para um branco"[55] e considerava que o camarada havia roubado um cavalo seu. O juiz corregedor deixou anotado que o processo criminal foi tecnicamente malfeito pelas

---

55 Cartório do 1º Ofício Criminal de Franca, Processo n.287, cx.10, 1847, AHMUF.

autoridades formadoras da culpa. O cativo Lázaro nunca foi capturado e o crime prescreveu.

A Região Nordeste da então província de São Paulo foi um dia associada com um lugar perigoso supostamente povoado por muitos facinorosos. Contudo, o estudo dos processos criminais do município, em desabono da ideia de uma gênese criminosa da região, aponta para o conflito violento como esfera de resolução de questões pessoais, fruto dos desacertos no cotidiano. Raros foram os crimes cometidos por assassinos profissionais ou bandoleiros, como veremos mais detalhadamente no Capítulo 4.

Já se passaram décadas desde que o trabalho pioneiro de Maria Sylvia de Carvalho Franco contribuiu fundamentalmente para o entendimento da existência de um "Código do Sertão" estabelecido informalmente pelos homens livres pobres do Vale do Paraíba. Um código criado por imposição das adversidades da vida com parcos recursos materiais que sancionava o uso da violência sempre que no dia a dia de mutirões e festas, em família ou nas relações de vizinhança, o limite das atitudes toleradas era ultrapassado. Em seu texto, Franco (1997, p.46) reconheceu "que por vezes, e especialmente em pequenas propriedades, o escravo trabalhou ao lado do homem livre, participando então das instituições próprias a este último". No entanto, afirmou que essas não eram situações relevantes para o seu estudo.

Com o passar dos anos, os pesquisadores conferiram uma maior importância às pequenas propriedades no quadro geral da economia do país no século XIX. A análise dos crimes cometidos por escravos em regiões onde predominavam as pequenas posses tem apontado a utilização do código do sertão também pelos cativos, como parte de seus recursos de defesa e sobrevivência.[56]

O estudo da criminalidade no município de Franca demonstra que a prática das soluções violentas para os desacertos do cotidiano era generalizada, tanto nas relações extremas dos cativos com seus senhores, quanto nos conflitos estabelecidos com a população em

---

56 Entre outros, ver Wissenbach (1998).

geral. No pequeno núcleo urbano, nos subúrbios da vila e na zona rural, livres e escravos, em diferentes circunstâncias, lutavam por interesses e espaços comuns.

Afirmar, entretanto, que livres e escravos tenham adotado práticas violentas para a solução de seus conflitos cotidianos não é o mesmo que entender o Judiciário como um mero coadjuvante, ao qual restava a missão de registrar e julgar alguns poucos casos. Como já mencionado na Introdução deste estudo, a historiografia brasileira tem argumentado que queixar-se ao delegado e denunciar ao promotor público foram práticas que aos poucos, e com a afirmação do Estado Imperial, transformaram delegacias e tribunais em locais tão importantes para embates quanto o âmbito das formas privadas de solução de conflitos. É desse emaranhado de discussões jurídicas e conflitos de interesses, que abarcava desde os debates de juristas na Corte do Rio de Janeiro até os veredictos proferidos no tribunal daquela que, do ponto de vista das autoridades que habitavam a capital paulista, era uma das mais longínquas comarcas da província de São Paulo, que tratará o próximo capítulo.

3
UM JULGAMENTO, DUAS PENAS: LIVRES E ESCRAVOS NAS LEIS E NOS TRIBUNAIS

> *Em relação ao processo, devemos observar que não há entre nós autoridades, juízes, ou tribunais especiais, que conheçam delitos cometidos pelos escravos. São processados, pronunciados e julgados, conforme os delitos e lugares, como os outros delinqüentes livres ou libertos [...]. São, portanto, aplicáveis, em regra, aos escravos os princípios gerais do Direito Penal e do Processo Criminal.*
>
> (Malheiro, 1976, v.1, p.45)

Embora ferir e matar fossem, por vezes, desfechos da disputa por interesses e espaços comuns, não residia nesses atos extremos o fim de um problema, mas sim o início de outro – lidar com o aparato jurídico-policial. Infere-se que, mesmo sem um código específico para o julgamento de homens e mulheres cativos, ser livre ou escravo no banco dos réus fazia toda a diferença, pois era uma oportunidade para a exacerbação de conflitos de interesse que não raro transcendiam a transgressão em pauta e o réu em julgamento.

O presente capítulo dá continuidade à compreensão das interpenetrações dos mundos de livres e escravos na esfera da criminalidade, agora sob o ponto de juristas e juízes. A primeira parte se inicia com a abordagem do tema da indistinção de livres, libertos e escravos no âmbito específico do Direito Penal e do Processo Criminal no Império, norteado pela seguinte questão: A passagem de um modelo de justiça fundado nos pressupostos punitivos expressos nas antigas ordenações portuguesas para outro, alicerçado em princípios que visavam à constituição de códigos criminais modernos, representou uma ruptura para o entendimento do cativo em juízo no Brasil?

Na segunda parte, por meio do estudo dos processos criminais produzidos na comarca de Franca na vigência do Código Criminal do Império, pretende-se compreender as peculiaridades da prática jurídica dos tribunais numa localidade onde a maior parte dos crimes que envolveram escravos se referia aos conflitos com a população livre e não dos cativos com seus próprios senhores.

Escravos e livres no mesmo banco dos réus

Não existiu no Brasil, desde o período colonial, um Código Negro. O *Code Noir*, um decreto real baixado em 1685 por Luís XIV, legislava a respeito do regime interno das colônias francesas, conferindo especial atenção à vida dos escravos e suas relações com os senhores. Seus sessenta artigos não abrangiam apenas a escravidão, pois tratavam também da obrigatoriedade da observação da religião católica; contudo, regulamentavam temas como os casamentos de escravos, os direitos dos libertos, as indenizações a senhores e as punições de cativos criminosos (Blackburn, 2003).[1] Havia no Brasil, entretanto, obras que recomendavam aos senhores o tratamento mais cristão em relação aos cativos, como as dos jesuítas Jorge Benci (1977) e André João Antonil (1967), ou a gestão escravista mais efi-

---

1 Para uma análise abrangente e comparativa do *Code Noir*, do Código Negro Carolino – produzido por ordem de Carlos III, no final do século XVIII, nos moldes franceses, para vigorar na parte espanhola da ilha de Hespaniola – e das diferentes teorias de organização e gestão dos escravos nas Américas, ver Marquese (2004).

CRIMES EM COMUM **157**

ciente, como os manuais de agricultores do século XIX.[2] Porém, tanto na colônia portuguesa[3] quanto no Império brasileiro, a legislação a respeito dos escravos e também dos libertos encontrava-se dispersa pelos códigos legais e na forma de cartas de lei, posturas municipais, alvarás, decisões, decretos, avisos, aditamentos, regulamentos e leis excepcionais.[4] Especificamente, a conceituação das ações consideradas criminosas, a definição e o cumprimento das penas a serem aplicadas, bem como as regras de funcionamento dos tribunais não eclesiásticos, eram especialmente regulamentados pelas ordenações portuguesas até 1830 e, posteriormente, pelos códigos criminal e de processo criminal do Império e suas reformas.

Sob o Livro V

Precedidas pelas Ordenações *Afonsinas* (promulgadas em meados do século XV) e *Manuelinas* (1ª edição de 1514 e 2ª edição de 1521), entraram em vigência, a partir de 1603, em todo o território português, as Ordenações Filipinas.[5] Seu Livro V ocupou, no Brasil, até 1830, a função de Código Penal. Nessa obra, que guarda as características mais comuns às legislações penais vigentes em alguns países europeus até o período compreendido entre fins do século XVIII e o início do XIX, os títulos que definem os crimes e suas punições são, em geral, marcados pela distinção, tanto entre

---

2 Para uma abordagem das transformações nas concepções de administração das fazendas escravistas no Brasil, ver Marquese (1999).

3 De acordo com Marquese (2004, p.50): "A tradição legislativa portuguesa sobre a escravidão negra, composta desde o início da expansão ultramarina, não levou a uma codificação tal como a que ocorreu nas Antilhas francesas. As linhas gerais estipuladas pelas Ordenações Manuelinas e Filipinas não regulavam de forma explícita a posse e o domínio senhorial sobre os escravos, indicando apenas os fundamentos que legitimavam o cativeiro negro".

4 Um dos mais completos trabalhos de catalogação dessas leis é o de Fenelon (1975). Para o mesmo tema, ver também Bandecchi (1972 e 1974).

5 Para uma visão ampla da organização do aparato jurídico-administrativo no Brasil colonial, ver Salgado (1985).

criminosos quanto entre vítimas. Distinção essa que ia muito além da diferenciação entre livres e escravos. Os crimes se dirigiam inicialmente contra o poder representado na pessoa do rei (Foucault, 2004)[6] e, posteriormente, eram conceituados de acordo com a "qualidade dos envolvidos" – fidalgos, escudeiros, peões, mulheres, libertos,[7] escravos. Vejamos alguns exemplos:

[Título] 8 Dos que abrem as cartas Del-Rei ou da Rainha, ou de outras pessoas – Qualquer que abrir nossa carta assinada por nós, em que se contenham coisas de segredo [...] e descobrir o segredo dela, do que a nós poderia vir algum prejuízo ou desserviço, mandamos que morra por isso. [...] E se as ditas cartas nos sobreditos casos abrir e não descobrir os segredos delas, *ser for escudeiro ou pessoa de igual ou maior condição, perca os bens que tiver para a Coroa do Reino e seja degredado para a África para sempre; e se tal não for, além do dito degredo, seja publicamente açoitado.* (Ordenações Filipinas, 1999, p.80, grifo nosso)[8]

---

6 Embora seja importante ressaltar que o objetivo de Michel Foucault está centrado na construção de uma história da ruptura na concepção das práticas punitivas, entendida na perspectiva de um processo mais amplo de transformação da própria teoria do conhecimento ocidental na época, "uma história correlativa da alma moderna e de um novo poder de julgar", seu *Vigiar e punir* segue como uma das mais completas e citadas referências a respeito do tema das punições, em especial da abolição dos suplícios nos códigos criminais elaborados a partir de fins do século XVIII em diferentes países europeus. Para um balanço crítico da utilização da obra de Michel Foucault em estudos que abordaram a história do controle social na América Latina, ver Di Liscia & Bohoslavsky (2005, especialmente: *Introducción – Para desatar algunos nudos (y atar otros)*, texto de autoria dos organizadores).

7 De acordo com Russell-Wood (2005), na sociedade do Brasil colonial a integração dos libertos era obstada por um conjunto de leis discriminatórias que os equiparavam aos escravos. Os principais temas diziam respeito à proibição do uso de armas e de tipos específicos de vestimentas. A respeito das proibições de determinadas roupas a negros e mulatos livres, libertos e a escravos no Brasil colonial, ver Lara (2000).

8 Cito aqui a edição do Livro V organizada por Silvia Hunold Lara em virtude de essa edição já contar com a atualização da grafia do texto produzido no período colonial.

[Título] 36 Das penas pecuniárias dos que matam, ferem ou tiram arma na Corte – Todo aquele que matar qualquer pessoa na Corte onde nós estivermos ou no termo do lugar onde nós estivermos, até uma légua, [...] se for em rixa nova pague cinco mil e quatrocentos réis, e se for de propósito pague o dobro. [...] *E estas penas não haverão lugar no que tirar arma ou ferir em defesa de seu corpo e vida, nem nos escravos cativos que com pau ou pedra ferirem, nem na pessoa que for de menos idade de quinze anos que com qualquer arma ferir ou matar, ora seja cativo, ora forro; nem nas mulheres que com pau ou pedra ferirem, nem nas pessoas que tirarem armas para estremar* [apartar brigas ou pessoas que estão brigando] *e não ferirem acintemente, nem em quem castigar criado ou discípulo, ou sua mulher ou seu filho ou seu escravo, nem em mestre ou piloto de navio que castigar marinheiro ou servidor do navio enquanto estiverem sob seu mandado.* (ibidem, p.147-9, grifo nosso)

[Título] 38 Do que matou sua mulher por a achar em adultério – Achando o homem casado sua mulher em adultério, licitamente poderá matar assim a ela como o adúltero, *salvo se o marido for peão e o adúltero fidalgo ou nosso desembargador, ou pessoa de maior qualidade.* (ibidem, p.151, grifo nosso)

Além das variações das demais penas – degredos, espancamentos, marcações com ferro em brasa, utilização de tenazes ardentes e outros espetáculos punitivos executados nos pelourinhos sempre localizados em locais de destaque nas vilas , segundo a maior ou menor qualidade dos criminosos e de suas vítimas, nas execuções das penas de morte, aos "bem-nascidos" era reservado o machado, e aos demais restava a corda, considerada morte desonrosa (Schwartz, 1979).

Faz-se necessário, entretanto, lembrar que a interpretação que ressalta o aspecto de "desigualdade perante a lei" como característica intrínseca e negativa do Estado no Antigo Regime é tributária, em grande medida, da crítica elaborada ainda no século XIX por membros de tendências liberais e socialistas em suas lutas contra os princípios atribuídos à sociedade que precedeu a Revolução Francesa

(Wehling & Wehling, 2004). Em *Direito e Justiça no Brasil Colonial*, Arno Wehling e Maria José Wehling afirmam que, além do legado transmitido pelos críticos oitocentistas, é preciso ainda considerar que a noção de justiça praticada no Antigo Regime se fundamentava numa visão religiosa que comportava "uma concepção integrada do universo, inteiramente antagônica às idéias pós-renascentistas que distinguem diferentes esferas da realidade" (ibidem, p.28).

Na ordem jurídica romano-germânica, como na *common law* inglesa, a integração entre fundamentos teológicos, preceitos morais e normas jurídicas foi intensa no Antigo Regime, o que se reflete no âmbito jurídico – lei, doutrina e jurisprudência – pela grande quantidade de tipos penais que se originam em artigos de fé. A tradição jurídica portuguesa demonstra isso na própria organização do direito penal no Livro V das três Ordenações – Afonsinas, Manuelinas e Filipinas: todos principiam pela tipificação dos crimes de heresia e suas penas. (ibidem)

No caso específico do escravo em juízo nos domínios portugueses predominavam, segundo os Wehling, as ambiguidades. O problema residia no conflito que muitas vezes opunha os fundamentos cristãos da sociedade, de um lado, e os interesses de proprietários rurais e comerciantes de escravos, de outro. Em razão de ser exercido sobre o escravo o direito de propriedade, na área civil, ele figurava como *objeto* da relação jurídica. Contudo, por lhe ser a prática de crimes imputável, o cativo figurava na área penal como *sujeito e objeto* da relação jurídica (ibidem).

Os atos de rebeldia coletiva dos escravos podiam ser considerados, em casos mais graves, até mesmo como crime de Lesa-Majestade (traição). Testemunho disso, como afirmou Silvia Hunold Lara (1988),[9] é o Alvará de 10 de março de 1682:

---

9 A autora analisa amplamente não só as ordenações, mas também os diversos alvarás e decretos que regulamentavam as punições de escravos no Brasil colonial. Para uma visão ampla da documentação colonial a respeito da relação entre a Justiça e a escravidão nos domínios portugueses, ver também Lara (2000).

CRIMES EM COMUM **161**

Eu o Príncipe Regente e Governador dos Reinos de Portugal e Algarves. Faço saber aos que este meu Alvará virem, que pedindo a conveniência pública do sossego e quietação dos meus vassalos do 'Estado do Brasil' pronto remédio sobre os Negros fugidos para o Sertão: Fui servido resolver que com gente armada fossem dominados; e porque sucedendo maior a sua resistência na Capitania de Pernambuco, se travou em demanda deles tão crua peleja que, durando há muitos anos, ainda hoje não estão reduzidos todos [...] encomendo muito ao [...] meu Governador que ponha todo cuidado em que se continue a redução dos ditos Negros fugidos pelo meio de armas [...] enquanto, porém, se não averiguar a inocência ou culpa de todos, que foram presos e cativos, estarão nesta Corte, como em depósito judicial, ganhando de comer para seu sustento no serviço da República; porque deste modo não são castigados antes da prova do crime, se estiverem inocentes, nem de todo livres para se faltar ao castigo, se contra eles se provar que o mereceram. Nomeio para fazer esta averiguação ao Doutor Francisco da Silveira Souto-Maior, Desembargador da Bahia [...]. Tirará o dito Desembargador devassa do crime de traição, que o dito meu Governador avisou intentaram fazer os ditos Negros de Palmares [...] sendo finalmente sentenciados se mandará fazer neles a execução pelas penas declaradas e impostas nas sentenças; e serão levadas as cabeças dos dois principais conspiradores, que forem condenados à morte, ao lugar do delito, onde serão levantadas em postes altos e públicos, que possam ser de todos vistas, e se não poderão tirar até que o tempo as consuma, para que sirva este exemplo, não somente de satisfação à culpa, mais de horror aos mais, que se não atrevam a cometer outros semelhantes.[10]

---

10 Excerto extraído do "Alvará de 10 de março de 1682". In: Código Filipino, ou, Ordenações e Leis do Reino de Portugal: recopiladas por mandado d'el-Rei D. Filipe I. – Ed. fac-similar da 14ª ed. (1870), segundo a primeira, de 1603, e a nona, de Coimbra, de 1821. 4 v. / com introdução e comentários de Cândido Mendes de Almeida. Brasília: Senado Federal, Conselho Editorial, 2004. Livro IV, Aditamentos – Legislação Portuguesa, p.1045-1047.

Em diferentes títulos do Livro V das Ordenações Filipinas há destaques para o caso de escravos, impondo a esses penas diferentes de todos os demais tipos de culpados por um mesmo tipo de crime. O título 86, destinado à punição dos que pusessem fogo e causassem danos, previa penas que variavam da venda de bens para o pagamento dos prejuízos (no caso dos fidalgos) até a prisão, o ressarcimento do dano e o degredo para África (no caso de escudeiros e peões). Mas aos escravos a mesma lei impunha a pena de sofrer açoites públicos, permanecendo o senhor com a obrigação de arcar com o dano causado por seu cativo. Já o título 60 impunha a pena de açoites públicos "a qualquer pessoa" que furtasse "valia de quatrocentos réis e daí para cima", e para os escravos açoites *com baraço* (laço passado em volta do pescoço do condenado) *e pregão* (a proclamação em voz alta pelo carrasco da culpa e da pena) mesmo que furtassem "valia de quatrocentos réis para baixo". No Livro V, havia ainda uma lei específica para a punição exemplar dos escravos que atentassem contra a vida dos seus senhores. O título 41 dispunha que, antes de ser executado "por morte natural na forca para sempre", o escravo que matasse "seu senhor ou o filho de seu senhor" teria suas carnes apertadas por tenazes ardentes e as mãos decepadas. Caso o cativo, mesmo sem ferir o senhor, arrancasse contra ele uma arma, seria açoitado publicamente e teria uma das mãos cortadas.[11]

Não havia, entretanto, sob a vigência das leis portuguesas no Brasil, tribunais específicos para o julgamento dos casos que envolviam escravos. Os "processos corriam regularmente como os dos homens livres, quer com os juízes ordinários, os ouvidores ou na instância do Tribunal da Relação" (Wehling & Wehling, 2004, p.482). Cabia aos senhores a possibilidade de entrar com recursos contra as sentenças impostas aos cativos da mesma maneira que

---

11 Código Filipino, ou, Ordenações e Leis do Reino de Portugal: recopiladas por mandado d'el-Rei D. Filipe I. – Ed. fac-similar da 14ª ed. (1870), segundo a primeira, de 1603, e a nona, de Coimbra, de 1821. 4 volumes / com introdução e comentários de Cândido Mendes de Almeida. Brasília: Senado Federal, Conselho Editorial, 2004, Título 41, p. 1190-1191, título 60, p. 1207-1210 e título 86, p 1233-1235.

CRIMES EM COMUM **163**

ocorria com os homens livres, guardadas as distinções de posição na hierarquia social previstas na legislação da época.

Considerado de ínfima condição e, portanto, digno das mais severas punições previstas no Livro V, o escravo criminoso deixava de ser juridicamente *coisa*. Embora sujeitos a todos os tipos de ações punitivas privadas que lhes fossem impostas pelos senhores, os cativos submetidos a julgamentos no Tribunal da Relação da Bahia, no período colonial, eram, segundo Stuart Schwartz (1979), mais frequentemente soltos, por meio da intercessão de seus proprietários, do que os libertos ou livres sem posses.[12] A situação ambígua dos escravos no direito colonial, de muitas maneiras, acompanhou a perpetuação do escravismo nas leis penais produzidas no Brasil independente.

No período imperial

Durante as primeiras décadas do século XIX, e ainda sob as tensões da Independência, os deputados brasileiros se reuniram em Assembleia Geral Constituinte. Na sessão de 3 de maio de 1823, os Representantes da Nação postaram-se para ouvir Sua Majestade Imperial.

É hoje o dia maior, que o Brasil tem tido; dia em que ele pela primeira vez começa a mostrar ao Mundo, que é Império, e Império livre. Quão grande é Meu prazer Vendo juntos Representantes de quase todas as Províncias fazerem conhecer umas as outras seus interesses, e sobre eles basearem uma justa, e liberal Constituição que os reja![13]

---

12 Para uma análise da relação entre senhores de escravos criminosos e a Justiça em fins do período colonial, na região de Campos dos Goitacases, na capitania do Rio de Janeiro, ver Lara (1988).

13 *Diário da Assembleia Geral Constituinte e Legislativa do Império do Brasil – 1823*. Edição Fac-Similar. Introdução de Pedro Calmon. 3 Tomos. Brasília: Editora do Senado, 2003, Tomo I, p.15.

164 RICARDO ALEXANDRE FERREIRA

Principiaram os debates. Um *Império livre* e uma *liberal Constituição* sugeriam a então moderna noção de cidadania no lugar da distinção entre pessoas de maior ou menor qualidade. No entanto, os problemas eram tão numerosos quanto os conflitos de interesses. Ideias de base iluminista e posse de escravos eram duas características aparentemente divergentes que acabavam por se encaixar de acordo com as mais variadas interpretações em diferentes partes da Europa e das Américas, permeando o aparato institucional das ex-colônias.[14]

Dissolvida a Assembleia, ainda em novembro de 1823, foi outorgada a Constituição Política do Império por Pedro I em 25 de março de 1824. Quanto à cidadania, diz o artigo 6º item 1º que são cidadãos brasileiros todos os nascidos no Brasil, quer sejam ingênuos (os descendentes de africanos nascidos livres, ou seja, que nunca foram escravos), quer libertos. Mas cidadania não era, no texto da lei, sinônimo de plenitude de direitos políticos. Aqueles que um dia foram escravos e tornaram-se libertos, juntamente com todos os livres que não possuíam renda líquida anual de 200$000 (duzentos mil réis) por bens de indústria, raiz, comércio ou empregos e, ainda, os criminosos pronunciados, não poderiam votar nas eleições para deputados, senadores e membros dos conselhos de províncias, conforme o artigo 94 (São Vicente, 2002, p.269, 528, 554, 555).

Em *O fiador dos brasileiros*, Keila Grinberg (2002, p.316), ao reconstruir a trajetória política e jurídica de Antonio Pereira Rebouças, argumenta que não havia teoricamente, na interpretação de Rebouças, uma contradição entre ser liberal e não deixar de ser escravista. No entanto, "enquanto houve escravidão, não houve Código Civil no Brasil".[15] Segundo a autora, um dos maiores empecilhos ao Código era a transitoriedade da condição civil do

---

14 Para uma ampla análise do tema, ver Davis (2001, especialmente o cap.13 – O iluminismo como fonte do pensamento antiescravocrata: a ambivalência do racionalismo, p.433-65).

15 A respeito da situação de exceção da cidadania dos libertos, bem como sobre a tutela estatal e privada sobre eles exercida, ver Mattos (1998, especialmente "Quarta parte – 'Nós tudo hoje é cidadão'").

CRIMES EM COMUM **165**

cativo que se tornava cidadão ao conquistar sua alforria. Sobre os libertos sempre pairava a suspeita de serem cúmplices em levantes de escravos ocorridos nas mais variadas regiões das Américas. A conjugação das ideias de cidadania e segurança pública esteve no centro dos debates. Conceder igualdade de direitos políticos a todos foi um tema de constantes embates entre juristas e políticos, permanecendo sem solução no Império do Brasil.[16]

Se o Código Civil só passou a vigorar na República em 1º de janeiro de 1917,[17] o Código Criminal do Império, após a realização de alguns debates e disputas na comissão mista da Câmara e do Senado que trabalhou no projeto de Bernardo Pereira de Vasconcelos,[18] entrou em vigor logo em dezembro de 1830. O novo código afirmou-se entre muitos juristas do Oitocentos como um corpo de leis moderno, produzido em sintonia com as mudanças de seu tempo. Norteado pelo artigo 179 da Constituição de 1824, o Código Criminal não adotou a punição com a marca de ferro

---

16 Além do estudo de Grinberg, sobre os embates de políticos e juristas em torno do tema do cativeiro no Brasil Imperial, ver Pena (2001).

17 Iniciado formalmente com o trabalho de compilação das leis existentes, pelo jurista Augusto Teixeira de Freitas, que resultou na *Consolidação das Leis Civis* de 1857, o esforço de produção de um Código Civil no Império, nas palavras de Keila Grinberg (2002), "não passou de tentativas individuais". Teixeira de Freitas não chegou a completar seu "*esboço do código*", abandonando a tarefa, sob a justificativa de "incompatibilidades com o governo", em 1867. Outros juristas tomaram para si a empreitada. Em 1872, José Thomaz Nabuco de Araújo iniciou o trabalho que se encerraria com sua morte em 1878, deixando muitas "notas, mas nenhum texto". No início da década de 80, Felício dos Santos também trabalhou na redação de um código civil, mas seus esforços se esgotaram em 1883, quando a comissão que compunha foi dissolvida. Em 1889 uma comissão integrada pelo próprio Pedro II, Afonso Pena e Candido de Oliveira tentou levar avante a produção do código civil no Império, mas o regime ruiu e levou consigo o derradeiro esforço. Finalmente, em 1899, Clóvis Beviláqua assumiu o posto de "redator do código definitivo".

18 Nas palavras de José Murilo de Carvalho, "Concebido sob a inspiração do utilitarismo de Bentham, o novo código representou enorme progresso em relação ao Livro V das Ordenações do Reino, que ainda vigia no país. A qualidade da obra foi reconhecida no exterior, tendo servido de modelo para a legislação de outros países" (Vasconcelos, 1999, p.19 e 20). O Código Criminal de 1830 é mais detidamente analisado em Malerba (1994).

quente. O crime não passava da pessoa do delinquente estendendo-se a seus descendentes. Crime e delito, entendidos como palavras sinônimas, não tinham efeito retroativo, pois nenhum delito poderia existir sem uma lei anterior que o qualificasse. A pena de morte foi sustentada, mas sem a distinção entre a forca e o machado – prevalecendo a primeira.[19]

Apesar, no entanto, de elogiado e tido como inspiração para o Código Penal Espanhol de 1848, bem como para outros códigos de países da América Latina (Pierangelli, 1980), a legislação, que em 1832 foi complementada pelo Código do Processo Penal, guardava, quanto à escravidão, ambiguidades semelhantes às do período colonial. Como apontou Luiz Felipe de Alencastro, para a continuação do sistema escravista no Império foi decisivo "o enquadramento legal". O direito assumiu "um caráter quase constitutivo do escravismo".

> [...] o escravismo não se apresenta como uma herança colonial, como um vínculo com o passado que o presente oitocentista se encarregaria de dissolver. Apresenta-se, isto sim, como um compromisso para o futuro: o Império retoma e reconstrói a escravidão no quadro do direito moderno, dentro de um país independente, projetando-a sobre a contemporaneidade. (Alencastro, 1997, p.17)

A Constituição de 1824, apesar de conter exceções como a que limitava a cidadania dos libertos nas eleições, não continha nenhuma regra para a definição jurídica dos que se encontravam no cativeiro. Por um lado, é possível afirmar que o silêncio do texto constitucional quanto aos cativos era juridicamente sustentável e reafirmava a escravidão não incluindo *coisas* ou *objetos de propriedade* (os escravos) em regras destinadas a cidadãos. Por outro lado, essa falta de princípios constitucionais norteadores gerou uma consequência direta: os escravos continuaram a ocupar até a abolição o mesmo banco dos réus livres.

---

19 A respeito do tema da pena de morte no Império do Brasil, ver Silva (1993).

Jurisconsulto, parlamentar e presidente do Instituto da Ordem dos Advogados Brasileiros[20] entre 1861 e 1866, Agostinho Marques Perdigão Malheiro (1976) foi um dos mais destacados pesquisadores dos fundamentos jurídicos – especialmente alicerçados em argumentos provenientes do direito romano – que sustentaram a legislação a respeito dos escravos no Brasil. Em sua obra mais conhecida, *A escravidão no Brasil*, publicada entre 1867 e 1868, Malheiro (1976, p.49) é enfático:

> Em relação à lei penal, o escravo, *sujeito* do delito ou agente dele, não é *coisa*, é pessoa na acepção lata do termo, é um ente humano, um homem enfim, igual pela natureza aos outros homens livres seus semelhantes. Responde, portanto, pessoal e diretamente pelos delitos que cometa; o que foi sempre sem questão.[21]

---

20 Fundado em 1843, o IAB constituiu-se como um dos principais centros de discussão do direito e da prática jurídica dos tribunais na corte do Rio de Janeiro, bem como em todo o Brasil. Seu primeiro presidente foi o jurisconsulto, e membro da Constituinte dissolvida em 1823, conselheiro Francisco Gê Acaiba de Montezuma. Perdigão Malheiro assumiu a presidência da Ordem entre 1861 e 1866, quando foi eleito para a direção da instituição o conselheiro José Thomaz Nabuco de Araújo. Perdigão Malheiro também atuou na Assembleia Geral, pela província de Minas Gerais, entre 1869 e 1872, como membro do Partido Conservador. Para uma análise ampla desse instituto, de seus membros, bem como dos debates que ali se travaram a respeito da elaboração da Lei do Elemento Servil de 1871, ver Pena (2001).

21 Malheiro salienta que, embora pudesse ser apenado como qualquer pessoa liberta ou livre, o cativo não podia recorrer à justiça ou ser por ela julgado senão sob a mediação de uma pessoa livre capaz, quando o senhor não o fizesse como seu curador natural. Além disso, "o escravo não podia dar denúncia contra o senhor"; não depunha como testemunha jurada, apenas informante, ou seja, a validade ou não das declarações por ele prestadas em juízo era avaliada pela autoridade que presidia a respectiva fase do processo. No final do Oitocentos, com o aumento das pressões, tanto dos escravos quanto de políticos e juristas, a legislação sofreu modificações, tornando possível ao cativo informar como testemunha em processo movido contra o seu senhor, nas ocasiões em que a causa versasse a respeito de fatos da vida doméstica, ou que, por outra maneira, não se pudesse *conhecer a verdade*. Por fatos da vida doméstica, entendia José Maria Vidal (1883, p.50) os casos em que o Juiz de Órfãos da localidade realizasse "averiguações de maus tratos, atos imorais e privação de alimentos".

Na mesma obra, entretanto, Perdigão Malheiro assevera que as penas relativas aos escravos eram entendidas como exceções ou excepcionalidades. O Código Criminal do Império impunha exclusivamente ao condenado escravo, quando sentenciado a outras penas, que não à de morte ou galés perpétuas,[22] a substituição da pena de prisão pela de açoites, que não poderiam ultrapassar a quantidade de cinquenta por dia, complementada pelo uso de ferros nos pés ou pescoço durante o período determinado pelo juiz. Pena exclusiva dos escravos desde as últimas décadas do século XVIII (Malheiro, 1976), os açoites só foram abolidos no Brasil em 1886 (Código Criminal do Império..., 1885, artigo 160, p.137-41).

Diferentemente do Livro V, não havia no Código do Império destaques artigo a artigo que explicavam a maneira de se imputar pena aos escravos. Havia um artigo (o de número 60) que se encarregava de prescrever a exceção para o caso dos condenados escravos, o qual deveria ser considerado pelos juízes na aplicação de todas as leis penais então vigentes. O mesmo código, entretanto, não possuía uma lei específica para a punição do escravo que assassinasse seu senhor ou qualquer outra pessoa, salvo quando se caracterizava o crime de insurreição.

Nas suas *Anotações teóricas e práticas ao Código Criminal do Império*, o jurista oitocentista Thomas Alves Júnior (1864, t.II, p.312) encontrava no crime de insurreição uma das maiores falhas da obra. Segundo ele, a escravidão gerava uma população diversa em direitos e deveres do restante dos membros da sociedade, logo, esses direitos e deveres distintos não podiam "ser classificados e definidos por um código comum". Ele ia mais longe, argumentava que os crimes cometidos por escravos revestiam-se de "caráter e gravidade especiais", e necessitavam de leis, procedimentos processuais e julgamentos especiais.

Mas os partidários do que seria uma espécie de "código negro brasileiro" não foram ouvidos. O crime de insurreição não só defi-

---

22 "Art. 44 – A pena de galés sujeitará os réus a andarem com calceta no pé e corrente de ferro, juntos ou separados, e a empregar-se nos trabalhos públicos da província onde tiver sido cometido o delito à disposição do governo" (Código Criminal do Império..., 1885, p.115).

CRIMES EM COMUM **169**

nia a punição para as reuniões de vinte ou mais escravos "para haverem a liberdade por meio da força", como estendia a mesma punição dos cativos aos livres identificados como cabeças do levante, punindo ainda, na forma do artigo 115, todos aqueles que participassem da insurreição incitando ou ajudando os escravos a se rebelar "fornecendo-lhes armas, munições ou outros meios para o mesmo fim" (Código Criminal do Império... 1885, p.212).[23] Estudioso de uma das insurreições de escravos que mais repercutiram no Império, o levante dos Malês, ocorrido em Salvador, na Bahia, em 1835, João José Reis (2003, p.452) argumenta:

> O artigo 115 tinha como único objetivo atribuir ao homem livre, mas sobretudo ao liberto, uma maior periculosidade para distingui-lo do escravo e justificar sentenças mais duras. E o alvo principal dessa lei eram forros de origem africana, pois eles e seus patrícios escravos eram os que se rebelavam com maior freqüência no Brasil, e na Bahia em particular.

Mesmo julgados culpados pelos crimes punidos com a morte[24] (insurreição, homicídio agravado[25] e roubo com morte), livres e

---

23 Apesar de haver lei específica para os cativos revoltosos no Império, durante a composição do processo criminal que culminou com o julgamento e punição dos membros "da luta armada que se desenrolou na província de Pernambuco, entre novembro de 1848 e abril de 1849" (Praieira), pessoas livres de diferentes estratos sociais e escravos réus foram reunidos no crime de Rebelião (artigo 110 do Código Criminal do Império). Para uma análise específica deste episódio, ver Marson (1989).

24 Para o estudo da pena de morte no Império do Brasil, ver Ribeiro (1974).

25 Agravavam o homicídio as seguintes circunstâncias: matar ascendentes, descendentes, mestres e superiores ou qualquer outra pessoa que ocupasse o lugar de pai do ofensor; ou cometer o homicídio usando venenos, incêndio ou inundação; ou ter ocorrido um acordo prévio entre duas ou mais pessoas para a execução da morte; ou abusando o assassino da confiança nele depositada; ou ter o assassino praticado a morte por pagamento ou expectativa de receber uma recompensa; ou preparando emboscadas; ou, ainda, praticando arrombamento ou invasão na casa da vítima para matá-la (Código Criminal do Império..., 1885. Homicídio, artigo 192, p.335-50). As agravantes previstas no artigo 192 encontram-se no artigo 16, parágrafos 2, 7, 10, 11, 12, 13, 14, 17, p.62 a 77. Para o crime de roubo com morte (latrocínio), ver artigo 271, p.460-1.

escravos condenados em primeira instância só subiriam ao patíbulo após serem negados todos os recursos jurídicos previstos (apelação, protesto por novo julgamento e revista)[26]. Ainda assim, antes da forca era facultado ao condenado o direito de recorrer à Imperial Clemência, que, por meio de uma das atribuições do Poder Moderador, podia perdoá-lo, mudar a pena (comutação) ou mandar executar a sentença.

Menos de cinco anos se passaram desde a promulgação do Código Criminal do Império em 1830, os problemas com notícias de planejamento de insurreições e assassinatos de senhores se impuseram, e a Lei n.4 de 10 de junho de 1835 suspendeu a possibilidade dos recursos aos cativos condenados pelo assassinato ou prática de ferimentos graves contra seus senhores, os familiares dos seus senhores e prepostos (administradores e feitores, bem como as mulheres que com eles vivessem). Estabeleceu a mesma lei que, nesses casos, nos crimes de insurreição e em outros cometidos por cativos para os quais estivesse prevista a pena de morte, o julgamento fosse realizado o mais brevemente possível, reunindo-se extraordinariamente o júri do termo se necessário. As penas variavam dos açoites, caso os ferimentos fossem considerados de menor gravidade, até a morte, que não poderia ser decidida por maioria simples. Ou seja, para que se condenasse o escravo à morte era necessário que dois terços dos jurados votassem pela culpa do réu (Coleção de Leis do Império, 1864).

É significativo observar que, ainda no século XIX, ao comentar o título 41 do Livro V das Ordenações Filipinas – o qual, como foi visto no tópico anterior deste capítulo, punia com a morte precedida de tormentos o escravo que matasse o senhor –, Cândido Mendes de Almeida se veja impelido a colocar uma nota na expressão *matar o senhor*, que diz: "este crime tem lei especial entre nós o Decreto de

---

26 A hierarquia, função e os procedimentos necessários para cada tipo de recurso estavam prescritos no Código do Processo Criminal. Para uma visão ampla desta legislação, bem como da infinidade de interpretações e complementações posteriores, ver *Código do Processo Criminal de Primeira Instancia do Império do Brasil...*, 1899.

CRIMES EM COMUM **171**

1835". Por mais que se possa argumentar que essa nota era um corriqueiro exercício de erudição do jurista, aos olhos do presente, ela sugere uma linha de continuidade entre o título 41 Livro V e a lei de 1835 que integrou a *coleção das leis do Império do Brasil*. Perdigão Malheiro (1976) cerrava fileiras com os críticos da lei de 1835:

> Esta legislação excepcional contra o escravo, sobretudo em relação ao senhor, a aplicação da pena de açoites, o abuso da de morte, a interdição de recursos, carecem de reforma. Nem estão de acordo com os princípios da ciência, nem esse excesso de rigor tem produzido os efeitos que dele se esperavam. A história e a estatística criminal do Império têm continuado a registrar os mesmos delitos. E só melhorará, à proporção que os costumes se forem modificando em bem do mísero escravo, tornando-lhe mais suportável ou menos intolerável o cativeiro, e finalmente abolindo-se a escravidão.

Mesmo sofrendo diversos ataques como esse, a lei de 1835 nunca foi totalmente abolida enquanto vigeu o cativeiro no Brasil. Apenas algumas correções foram feitas. Num primeiro momento a imediata execução da sentença foi suspensa, para que houvesse tempo de se empreender uma revisão dos autos antes da consumação da pena. Posteriormente, em 1837, o recurso à Graça Imperial foi permitido aos cativos condenados à morte por homicídios que não vitimaram seus proprietários. Um aviso de 1849 mandava estender aos cativos condenados na lei de 1835 um dispositivo geral do Código do Processo que proibia a aplicação da pena de morte nos casos em que a única prova contra o réu era a confissão. Mais tarde, em 1854, os escravos que vitimaram seus senhores também puderam fazer suas condenações subirem à apreciação da Clemência Imperial.[27]

Nos tribunais, os interesses em jogo tornavam a situação bem mais complexa. Caso a caso – com atuação dos solicitadores de

---

27 Ver *Código do Processo Criminal de Primeira Instancia*, 1899. Ver também: Goulart (1971); Lima (1981); e Ribeiro (2005).

172 RICARDO ALEXANDRE FERREIRA

causas e advogados contratados pelos senhores ou mesmo daqueles que defenderam os cativos réus por seus próprios ideais[28] –, as instâncias superiores da Justiça foram obrigadas a emitir uma infinidade de interpretações e senões à aplicação da lei de 1835. Em 1868 um acórdão do Tribunal da Relação da Corte dizia que, uma vez negado por empate o quesito sobre a qualidade de feitor da vítima, seria o réu julgado com base no código e não na lei de 1835. Em 1873, outra decisão da Relação da Corte desclassificava da lei de 1835 o escravo menor. A Relação da Bahia afirmou que matar e tentar matar eram crimes distintos, assim entendeu o tribunal que a tentativa de morte não estava contemplada na lei de 1835, devendo o escravo ser julgado com base no código. Outro acórdão da Relação da Corte de 1880 confirmava a interpretação do Tribunal da Bahia quanto à exclusão dos crimes não consumados e entendia que os cativos réus por cumplicidade também estavam fora da lei de 1835. Por fim, um novo acórdão da Relação da Corte, de 1881, dizia que o escravo que matasse o feitor e fosse abandonado pelo senhor no correr do processo não devia ser julgado com base na lei de 1835.[29]

Ser julgado com base no Código Criminal e não na lei de 1835 era sem dúvida uma vitória da defesa ocorrida antes mesmo da decisão dos jurados pela culpa ou inocência do cativo. Significava a possibilidade de o réu escravo recuperar os mesmos direitos e instrumentos de defesa dos réus livres. Era, por exemplo, a possibilidade de os defensores contarem com a argumentação de que para a prática do crime existiu alguma das circunstâncias atenuantes previstas no Código Criminal – estratégia que, uma vez acatada pelo júri, resultava efetivamente na diminuição da pena. Em caso de condenação pelo código e não pela lei de 1835, retornava a possibilidade de o defensor impetrar recursos contra as sentenças condenatórias às instâncias superiores da Justiça.

---

28 A esse respeito, ver Azevedo (2003).

29 Ver *Código do Processo Criminal de Primeira Instancia*, 1899. As decisões citadas constam nas notas do autor ao crime de morte previsto pelo artigo 192, p.341-9.

Vicente Alves de Paula Pessoa – um dos mais citados anotadores e intérpretes do Código Criminal do Império entre seus pares – afirmava não conhecer nenhuma justificativa para não se estenderem aos casos da lei de 1835 todos os recursos jurídicos previstos para os outros tipos de crime.

> Não vemos nisto o menor perigo e nem o admitimos quando a reflexão, a calma, a verdade e a justiça não podem ser excluídas das ações humanas, *maxime* tratando-se de um julgamento em que muitas vezes entra a paixão e tanto mais se considerar que o escravo não é tido por muitos como um ser racional. Haja a máxima severidade quando o crime é o da lei de 1835, mas admitam-se todos os recursos e todos os meios de defesa, tanto mais necessários por isto que o escravo é de uma triste e infeliz condição. A sociedade não tem o direito de tais meios para se manter e nem o rigor demasiado moralizou nunca. (Código Criminal do Império, 1885, nota 594 (oo), p.349)

É preciso asseverar, contudo, que a lei teve longevidade. Os escravos assassinos de seus senhores, feitores e administradores continuaram a subir ao patíbulo até a segunda metade do Oitocentos, quando a prática da substituição da pena de morte pela de galés perpétuas ou prisão perpétua com trabalhos, para condenados escravos ou livres, tornou-se uma recorrência imposta pela intervenção do Poder Moderador, obrigatoriamente ouvido antes das execuções.

No fim dos anos 1860, quando era ainda um jovem estudante de direito no Recife, Joaquim Nabuco (2004) atuou em três julgamentos de escravos. Em suas palavras, "eram todos crimes de escravos, ou antes atribuídos a escravos [...] alcancei três galés perpétuas" (ibidem, p.47). Nesse período de fim da vida acadêmica, Nabuco preparava um estudo que classificou como "uma espécie de Perdigão Malheiro inédito sobre a escravidão entre nós" (ibidem). o qual ficou incompleto. Era *A escravidão*, escrito em 1870, mas publicado pela primeira vez apenas em meados do século XX, pelo

Instituto Histórico e Geográfico Brasileiro. Nesse texto, Nabuco (1999, p.40) expressa sua inconformidade com as leis de exceção contra os escravos e defende a ideia de que, apesar de "não ter o escravo o direito de matar o seu senhor, assim como não é atenuante a condição servil", maior que o crime de um escravo é o crime de escravidão. O autor cita a Virgínia, então um "dos estados escravagistas da União americana" (ibidem, p.35), que possuía em sua legislação 71 casos de pena de morte exclusivamente para os negros, mas não deixa de qualificar a lei brasileira de 1835 como o nosso código negro.

Comparados alguns aspectos da punição de cativos criminosos pela Justiça nos períodos anterior e posterior à Independência, é possível concluir que não havia um descompasso ou um atraso nas leis penais brasileiras do período imperial em relação a outros países que também abandonaram legislações baseadas nos fundamentos do Antigo Regime para reger-se por leis de base iluminista. O que existia era a manutenção do cativeiro e, com ele, a perpetuação de uma situação de exceção que se acomodou à sociedade, até que a própria sociedade, incluindo os escravos, movida por interesses, pressões, ideais e aspirações, derrubou o escravismo.

Até aqui foi possível observar que os crimes cometidos por escravos se vinculavam tanto às questões de segurança pública (insurreição) quanto às de segurança individual (a lei de 1835). Ambas as situações, tanto no período imperial quanto entre historiadores da atualidade, são mais diretamente associadas à noção de criminalidade escrava. Viu-se, ainda, que os principais debates a respeito da legislação penal contra os cativos também se focavam mais recorrentemente nesses dois tipos de crime. No entanto, é preciso lembrar que, embora de grande repercussão e importância, em diferentes localidades do país, esses dois tipos de crimes constituíam a minoria dentre os processos criminais que envolveram cativos como réus. Aspecto que torna relevante analisar os conflitos de interesse e a prática jurídica dos tribunais em casos de crimes que envolviam, em condições semelhantes, livres, libertos e escravos. Para tanto, voltemos uma vez mais ao nordeste paulista.

Livres e escravos na sala das sessões do júri

A partir da década de 30 do século XIX, havia em cada comarca do Brasil três tipos diferentes de juiz diretamente envolvidos nas questões criminais: o juiz de paz, o juiz municipal e o juiz de direito. Até 1841, o cargo de juiz de paz reunia poderes administrativos e policiais e, portanto, era disputadíssimo pelas facções políticas locais, que, em geral, digladiavam-se nos períodos de eleição. Em Franca, como pudemos ver no capítulo anterior, o final da década de 1830 era de grande desassossego. Os ânimos estavam exaltados, Anselmo Ferreira de Barcelos havia promovido suas três incursões na vila – só a última pacificamente.

Escolhido pela presidência da província, dentre os três nomes indicados pela Câmara Municipal para ocupar o cargo de juiz municipal, Antonio Francisco Junqueira declinou. Junqueira remeteu um ofício à Câmara, no qual alegava que, apesar de ser fazendeiro, sua fortuna ainda estava no início e a aceitação do cargo seria o mesmo que a "sua redução à mendicidade". A Câmara retransmitiu o pedido de dispensa à presidência da província, explicando as razões alegadas por Junqueira: "Sua família consta de sua mulher, filhos menores e escravos e, por isso, não lhe será pouco difícil deixar sua casa muitas repetidas vezes". Junqueira insistia que não lhe agradava a ideia "de deixar sua mulher e filhos pequenos unicamente acompanhados por escravos, num lugar distante da povoação e com vizinhos não muito bem morigerados".[30] Nessa época, foi criada a 7ª Comarca da província de São Paulo, que abarcou Mogi Mirim e Franca como termos. No entanto, o termo de Franca era composto pelas vilas Franca do Imperador e Batatais, a última ereta vila e escolhida como cabeça do termo para que pudesse sediar o julgamento de Anselmo (Constantino, 1931). Uma vasta e conturbada área que Junqueira não quis assumir.

---

30 Ofícios Diversos Franca, lata 01019, pasta 2, documentos 35 e 35B, 1839, Daesp.

Dois anos mais tarde, a lei de 3 de dezembro de 1841 reformou o Código do Processo Criminal e definiu uma nova hierarquia para o aparato policial e judiciário, centralizada diretamente no ministro da Justiça. O juiz de paz foi destituído da maioria de suas funções policiais, sendo substituído pelos delegados e subdelegados de polícia. Na prática, em muitos casos, os mesmos homens que assumiram o cargo de juiz de paz acabaram ocupando também a função de delegado de polícia, não mais eleitos, e sim indicados pelo chefe de polícia, outro novo posto criado pela reforma.

O cargo de juiz municipal sofreu uma alteração significativa. Conforme prescrevia a lei de 1832, na ausência de um bacharel em direito ou alguém versado em leis, a função poderia ser ocupada por uma pessoa de bom conceito na localidade. Após 1841, com a supressão dessa possibilidade, o cargo se tornou uma espécie de campo de provas para o jovem bacharel em direito (Flory, 1981) com pelo menos um ano de prática forense após a formatura, que desejava ascender na carreira. Após servirem durante quatro anos como juízes municipais, responsáveis pela Justiça nas subdivisões das comarcas (os termos), os bacharéis subiriam ao cargo de juiz de direito, de acordo com a necessidade e disponibilidade de vagas (Código do Processo Criminal..., 1899). A transferência para uma comarca remota, contudo, nem sempre era entendida como uma promoção. Muitas vezes, e Franca podia ser incluída nesses casos, a transferência tornava-se um castigo ou, no mínimo, uma moeda de troca negociada em razão dos posicionamentos políticos dos candidatos em relação ao governo central (Flory, 1981).

Em 14 de setembro de 1840, o juiz de direito da 7ª Comarca,[31] Joaquim Firmino Pereira Jorge, enviou de Franca uma correspondência reservada ao então presidente da província de São Paulo, Rafael Tobias de Aguiar, ressaltando que seu trabalho havia rendido pelo menos um fruto:

---

31 Como já mencionado no capítulo anterior, o nome *Comarca de Franca* só passou a existir oficialmente com a criação da 16ª Comarca da província de São Paulo em 1852.

[...] tenho feito todos os esforços para acabar o bárbaro e inveterado costume que achei nesta Comarca especialmente neste termo de andarem todos ou quase todos carregados de armas proibidas mesmo no centro das povoações; e apesar das absolvições que conseguem no júri os que são processados por um tal crime – o que não está ao alcance de um Juiz de Direito evitar – lisonjeio-me de que hoje é esta Vila, entre todos os lugares por onde passo na estrada que sai a essa Capital aonde é raro aparecer um indivíduo com armas.[32]

Embora não seja possível afirmar se o trabalho desse juiz em particular surtiu ou não o efeito alegado, nota-se, ao compulsar a documentação do cartório criminal de Franca, que, entre as décadas de 1840 e 1850, o número de processos criminais instaurados para a apuração do crime de "uso de armas defesas",[33] bem como de todos os outros tipos de crimes na região, elevou-se significativamente (Gráfico 7).

É curioso observar que nas décadas 1860, 1870 e 1880, quando as hostilidades entre grupos políticos locais[34] – então especialmente divididos entre liberais e conservadores – voltaram a se acirrar no município, o número de processos motivados por crimes como ameaças, calúnias, injúrias, roubos, furtos e danos voltaram a decrescer. Esse movimento dos números da criminalidade sugere que a justiça acabou por se tornar menos eficiente em sua função de mediar os conflitos locais. Ademais, a leitura dos processos criminais de Franca indica que no mesmo período (1860, 1870 e 1880) os crimes contra "a boa ordem e administração pública" – que apuravam especialmente o envolvimento de escrivães, delegados e juízes e em causas que envolviam abusos de autoridade, descumprimento de leis e até desaparecimento de processos – tornaram-se bem mais frequentes.

---

32 Ofícios dos Juízes de Direito – Franca, ordem 4773, 1836, Daesp.

33 No Gráfico 5, o crime de "uso de armas defesas" está compreendido no item "Outros tipos de Crimes". Particularmente, os processos por esse crime subiram de sete na década de 1840-1849 para vinte na década de 1850-1859.

34 A conformação dos principais grupos políticos de Franca até meados do século XIX foi estudada em Martins (2001) O mesmo tema, no período posterior do século, foi analisado em Naldi (1992).

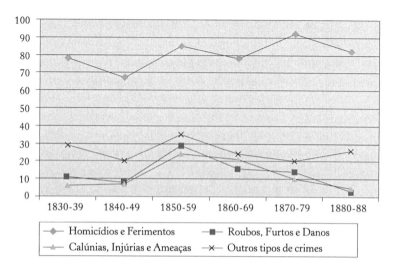

Gráfico 7 – Progressão dos crimes (município de Franca 1830-1888).
Fonte: Cartório do 1º Ofício Criminal de Franca, Processos Criminais 1830-1888, AHMUF.

Poderíamos supor que a queda dos números estivesse ligada ao movimento populacional da região. Mas, em desabono dessa hipótese, figura a progressão dos números de crimes contra a pessoa. Com exceção do período compreendido entre meados dos anos 1840 e 1850, o número de processos desse tipo não chegou a sofrer grandes alterações, mantendo-se uma variação de dez crimes a cada década (Gráfico 7). Em Franca, como de resto em todo o país, quando estudados a partir da documentação remanescente da Justiça, os chamados crimes violentos figuraram sempre como a grande maioria, tanto em relação aos réus livres quanto em relação aos libertos e também aos escravos.

Analisados a partir dos números do Judiciário, os crimes contra a propriedade sempre se apresentaram pouco expressivos na região. É possível inferir que, nesses casos, com exceção da década de 1850, prevaleceram os acertos pessoais resolvidos longe da pena dos escrivães. No entanto, da mesma maneira que encontramos crimes de libertos entre os de homens livres, também é possível localizar crimes de sangue que tinham como motivação acertos de dívidas e disputas por bens.

Quem passou pelas imediações das ruas do Ouvidor e da Outra Banda por volta das cinco horas da tarde de 7 de junho de 1854 presenciou um tumulto envolvendo cinco escravos de José Francisco da Costa e o liberto Matias de Nação Benguela. Dias antes do conflito, Matias procurou o escravo Olímpio para cobrar-lhe uma dívida. O cativo não pagou e ainda prometeu ao liberto que na próxima vez em que se encontrassem o acerto seria com pancadas. Dito e feito. Olímpio e seus parceiros de cativeiro João, Malaquias, Manoel e Adão cercaram o liberto Matias e deram nele muitas pancadas. Todos foram presos, menos Olímpio.

Começaram os conflitos entre o senhor dos escravos e as autoridades policiais. Quase toda a fortuna de José Francisco da Costa fora colocada na cadeia para responder por um crime de ferimentos. Imediatamente, o senhor mandou redigir um pedido de *habeas corpus* para a soltura dos cativos. O delegado acatou o pedido, mas o subdelegado conseguiu, por meio de uma manobra, revogá-lo. Apesar de ser subordinado ao delegado, seu auxiliar remeteu uma petição diretamente ao juiz, que mandou prender os cativos novamente. O senhor impetrou um pedido de soltura dos escravos por meio do pagamento de fiança. José Francisco da Costa ofereceu como garantia sua própria fazenda, denominada Pouso Alto, avaliada em 1.000$000 (um conto de réis). O valor deveria ser pago caso os cativos fugissem ou fossem considerados culpados pelo júri.

Restava ainda ao solicitador de causas contratado pelo senhor preparar a defesa dos quatro cativos julgados pelos ferimentos causados no liberto Matias de Nação. A estratégia foi relativamente simples. O defensor argumentou que Olímpio, o escravo que tinha logrado sucesso na fuga, foi o único a espancar Matias, já os demais escravos apenas passavam coincidentemente pelo local na hora do crime e foram presos pelos soldados por pertencerem ao mesmo senhor. Todos os cativos julgados foram inocentados.[35]

---

35 Cartório do 1º Ofício Criminal de Franca, Processo n.798, cx.29, 1867, AHMUF.

180 RICARDO ALEXANDRE FERREIRA

Motivados por questões financeiras, os crimes cometidos por cativos contra libertos em Franca acabavam por chegar à Justiça na forma de crimes de sangue. Alguns crimes praticados exclusivamente entre livres, como veremos adiante, também tinham essa motivação. No entanto, as intervenções senhoriais para proteger o patrimônio contido em cada escravo faziam grande diferença quando livres e cativos sentavam-se no banco dos réus. Além das leis mencionadas no início deste capítulo, havia outro dispositivo do Código Criminal do Império sempre acionado em casos de crimes cometidos por livres contra outros livres e destes contra escravos.

A composição dos relatórios provinciais e ministeriais, analisados no Capítulo 1 deste estudo, começava nas cabeças dos termos de cada comarca. As autoridades locais eram encarregadas de preparar mapas detalhados que relacionavam os crimes cometidos em cada distrito, as características dos criminosos, bem como o resultado dos processos. Em casos de crimes considerados mais graves, os juízes pessoalmente redigiam comentários mais longos e pormenorizados. Em 1868, o juiz de direito da comarca de Franca, Francisco Lourenço de Freitas, assim definiu um criminoso de morte: "O réu de costumes muito rústicos e de caráter selvagem, morador em lugar agreste distante desta cidade tem por costume castigar seus filhos e escravos barbaramente".[36] O juiz falava de José Magdaleno da Silva.

Em dezembro de 1867, na fazenda do Chapadão, José Magdaleno da Silva trabalhava cavando covas para o plantio de milho com seus dois filhos menores: Joaquim, de oito anos, e Pedro, de dez anos. A certa altura do trabalho, José Magdaleno repreendeu seu filho mais velho por estragar duas covas. O filho teria "respondido desabridamente" ao pai, que por isso resolveu castigá-lo. Outros homens trabalhavam próximos e podiam interferir na aplicação do castigo imaginado pelo pai. José Magdaleno apanhou um laço de couro trançado, amarrou os braços da criança à cauda de um cavalo e mandou que seu outro filho, Joaquim, conduzisse o irmão

---

36 Ofícios Diversos Franca, lata 01022, pasta 3, documento 116 A, 1868, Daesp.

até a sua casa. O pai seguiu atrás de seus dois filhos. A certa altura do caminho, José Magdaleno percebeu que Pedro conseguiria se desvencilhar do cavalo e ordenou a Joaquim que lhe entregasse o cabresto. Joaquim, percebendo que o pai castigaria Pedro longe de casa para que sua mãe não o impedisse, soltou o cavalo e correu para avisar a mãe. Assustado, o cavalo disparou arrastando o menino Pedro pelo chão por cerca de cem braças[37] até que o laço se arrebentou. Seriamente ferido, Pedro foi levado para casa, onde morreu uma hora mais tarde.

Durante o julgamento, José Magdaleno foi perguntado pelo juiz de direito pelo motivo que o levara a não refletir sobre as consequências de seu ato antes de fazê-lo. O pai réu respondeu que seu único objetivo era evitar que seu filho escapasse da "merecida correção". Apesar da comoção gerada pela morte do menino Pedro, José Magdaleno foi absolvido por unanimidade de votos. Sua defesa foi baseada em duas circunstâncias atenuantes: "não ter havido no delinqüente pleno conhecimento do mal e direta intenção de o praticar" e "ter o delinqüente cometido o crime em desafronta de alguma injúria ou desonra que lhe fosse feita, ou a seus ascendentes, descendentes cônjuge e irmãos" (Código Criminal do Império..., 1885, p.82). O defensor arrematou a sua argumentação dizendo: "É lícito a todo pai castigar o filho culpado, podendo para isso amarrá-lo e até prendê-lo, contanto que seja moderado o castigo".[38]

Ao retomarmos a crítica do juiz de direito, no comentário dirigido ao presidente da província de São Paulo a respeito de José Magdaleno, vemos que o magistrado descrevia um homem rude, cujo costume era castigar barbaramente seus filhos e escravos. Parece claro que o objetivo do juiz era relacionar a ideia do castigo bárbaro com um comportamento inaceitável, próprio de homens rústicos que habitavam lugares agrestes. No entanto, sob o ponto de vista criminal, o castigo era uma prática sancionada, como afir-

---

37 Aproximadamente 220 metros.
38 Cartório do 1º Ofício Criminal de Franca, Processo n.674, cx.25, 1867, folha 45 verso, AHMUF.

mou o advogado de José Magdaleno. Ao compor sua argumentação, o defensor se referiu a um artigo do próprio Código Criminal do Império (1885, p.52 e 59) que, pelo menos em tese, expunha livres e escravos ao mesmo tipo de tratamento.

> Capítulo 2 – Dos Crimes Justificáveis: Art. 14. Será o crime justificável, e não terá lugar a punição dele [...] § 6º. Quando o mal consistir no castigo moderado que os pais derem a seus filhos, os senhores a seus escravos e os mestres a seus discípulos, ou desse castigo resultar, uma vez que a qualidade dele não seja contrária à lei em vigor.

Uma das brechas encontradas pelos defensores que lançavam mão do artigo 14 residia exatamente na carga excessivamente subjetiva da expressão "castigar moderadamente", especialmente numa sociedade onde a punição física estava incorporada ao universo das práticas toleradas. Ademais, diferentemente do que aconteceu em outros crimes que também envolveram homens livres como réus, no caso de José Magdaleno não houve nenhum interesse por parte do juiz de direito ou do promotor público em recorrer da sentença de absolvição, o que demonstra certa conformidade dessas autoridades com o desfecho do caso.

É possível concordar que nem todas as pessoas compreendidas nos casos mencionados pela lei chegassem a extremos como os de José Magdaleno; entretanto, o direito de castigar fisicamente era reivindicado por todos – pais, senhores e mestres. Em 1833, a Câmara Municipal de Franca levou ao conhecimento do presidente da Província a decisão de autorizar o professor de primeiras letras da vila a utilizar a palmatória. Segundo o requerimento, o professor e os vereadores se preocupavam com a proibição dos castigos "moderados, decentes e prudentes", pois, escreveram eles, "quase ordinariamente os meninos todos, por falta de madureza só a esses são sensíveis".[39]

---

39 Ofícios Diversos Franca, lata 01018, pasta 1, documento 100, 1833, Daesp.

CRIMES EM COMUM **183**

A mesma estratégia usada para absolver José Magdaleno foi largamente empregada pelos advogados dos senhores levados à Justiça, em geral pela ação da "voz pública", por motivos de sevícias e até do assassinato de seus escravos. Mas, na década de 70 do Oitocentos, mesmo numa localidade sem grandes escravarias, juízes e promotores tinham especial atenção quando o assunto era um cativo morto em circunstâncias mal explicadas.

O corpo do escravo Tibúrcio, outra criança de dez anos, foi colocado no Adro da Igreja Matriz de Franca para aguardar a chegada do promotor público e dos peritos que realizariam o Auto de Corpo de Delito. Antonio Bernardes Pinto, senhor do cativo, limitou-se a informar na ocasião que Tibúrcio havia morrido repentinamente. Ao examinarem o corpo, entretanto, os peritos encontraram marcas de castigos nas pernas e nas costas, além de dois ferimentos na cabeça de Tibúrcio, que teriam sido os causadores de sua morte.

Interrogado, Antonio Bernardes disse que seu cativo apresentava um comportamento incomum na roça. A tarefa do sábado era plantar sementes de café. Juntos trabalhavam: o senhor, um cativo mais velho, um outro escravo de quinze anos, chamado Luiz, e Tibúrcio. Ao longe, o senhor observou que, de tempos em tempos, o cativo parava de plantar, fixava os olhos em diferentes lugares, ria e cantarolava. Pensando que Tibúrcio estava brincando, o senhor resolveu puxar-lhe a orelha. O escravo esquivou-se, jogou sobre o senhor a bacia com as sementes de café e começou a correr pela roça. Antonio Bernardes e um dos escravos puseram-se a persegui-lo até que, ao tentar saltar um galho, Tibúrcio levou um tombo, levantou-se, mas caiu novamente e foi agarrado pelo pescoço por Antonio Bernardes. O senhor deu-lhe várias pancadas com um cipó, entregou-lhe uma enxada e mandou que ele o acompanhasse na perfuração das covas, onde o café seria plantado. Recomeçado o serviço, após perfurar duas covas, a criança voltou a cantarolar e, novamente "com os olhos perdidos", largou a enxada e foi sentar-se em um tronco.

No dia anterior, Tibúrcio havia passado muito tempo trabalhando sob o sol forte em uma horta, motivo que levou o seu senhor a supor que o cativo estava doente. O senhor mandou que um dos escravos levasse Tibúrcio para tomar água, mas, como era preciso saltar uma cerca, o cativo recusou-se. Vendo que a cabeça do escravo sangrava, Antonio Bernardes resolveu mandar o escravo mais velho levar Tibúrcio para casa. Após o trabalho, o senhor deu água ardente ao menino, passou remédio no ferimento da cabeça e o mandou dormir. No outro dia, Tibúrcio não acordou, estava morto.

Ninguém presenciou a cena a não ser o senhor e seus escravos. Contudo, um homem livre, conhecido por José Floriano, disse ter ouvido do cativo Luiz que os ferimentos na cabeça de Tibúrcio não foram provocados pelos tombos. Luiz teria afirmado que o senhor espancou Tibúrcio com uma estaca – usada para marcar os locais onde seriam perfuradas as covas do café – até o menino ficar desacordado. Vendo os ferimentos de Tibúrcio, José Floriano disse ter se convencido de não se tratar de uma morte repentina.

Ouvido como informante, o escravo Luiz inicialmente nada acrescentou à versão dada em juízo pelo senhor. No entanto, ao ser perguntado pelo promotor público a respeito do teor de sua conversa com José Floriano, Luiz disse que incriminou o senhor para que todos na casa ficassem livres. O cativo disse, ainda, que a ordem para assim proceder partiu do marido de sua irmã Cristina, todos escravos de Antonio Bernardes. O cunhado, que também se chamava Luiz,[40] em seu depoimento, confirmou a história, pois tinha ouvido dizer "de muitas pessoas brancas e pretas", das quais não conseguia lembrar os nomes, que quando um senhor "fica criminoso por espancar ou matar um escravo que os mais ficam forros".[41]

---

40 Um ano mais tarde, em 1875, ao ser castigado por Antonio Bernardes Pinto por não ter cumprido a sua tarefa do dia na roça, o escravo Luiz esfaqueou o senhor. Apesar de seriamente ferido, Antonio Bernardes não morreu. O cativo fugiu, quis matar sua esposa, a escrava Cristina, e depois suicidar-se, mas foi preso, processado e condenado à morte. Sua pena foi comutada em galés perpétuas pela Princesa Imperial Regente (Cartório do 1º Ofício Criminal de Franca, Processo n.821, cx.31, folha 04, 1875, AHMUF).

41 Cartório do 1º Ofício Criminal de Franca, Processo n.799, cx.30, 1874, folha 24, AHMUF.

CRIMES EM COMUM **185**

Após encontrar dificuldades por não conseguir nenhuma pessoa livre que pudesse testemunhar o ocorrido "de vista" – todas diziam "saber por ouvir dizer" –, o promotor público compôs sua denúncia afirmando que o senhor havia assassinado seu escravo ao lhe infligir um "castigo imoderado". Antonio Bernardes foi levado a julgamento e absolvido.

O juiz de direito Joaquim Augusto Ferreira redigiu um parecer de dezessete páginas, desarticulando toda a narrativa preparada pela defesa, que sustentava a versão de que o escravo Tibúrcio morrera em consequência das quedas na roça. No entanto, o juiz alegou que havia flagrantes discordâncias entre os ferimentos relatados no Auto de Corpo de Delito e a versão dos tombos. O magistrado acrescentou, ainda, que o senhor tentou esconder o cadáver antes de comunicar a morte à polícia. Tão consistentes foram os argumentos que o Tribunal da Relação de São Paulo acatou a apelação e Antonio Bernardes foi levado a um novo julgamento, do qual saiu mais uma vez absolvido.

É inegável que nos fins do século XIX muitos advogados, juízes e promotores tenham conseguido questionar o direito de vida e morte sobre os escravos que muitos senhores acreditavam possuir – mas a lei não lhes facultava. Contudo, tanto nesses tipos de crimes como nos poucos casos que chegaram formalmente ao conhecimento da Justiça em Franca a respeito de crianças livres espancadas, nenhuma condenação foi levada a termo.

Além dos interesses em jogo, dos valores pessoais de advogados, promotores, juízes e, especialmente, dos jurados – lavradores e pequenos comerciantes que precisavam responder sim ou não a quesitos sobre circunstâncias agravantes e atenuantes que, em geral, escapavam ao seu conhecimento –, é preciso considerar que uma condenação judicial não era muito simples. Cada fase do processo podia ser questionada por ambas as partes (defesa e acusação), o que resultava em nova inquirição de testemunhas, novos exames e novos argumentos. Em alguns casos, especialmente na segunda metade do Oitocentos, defesa e acusação montavam versões absolutamente opostas e convincentes baseadas nas mesmas evidências e nos depoimentos das mesmas testemunhas. Isso tudo sem mencionar as possibilidades de adulterações, do constrangimento de testemunhas e da intimidação de jurados. Em conjunto, todos esses elementos culminavam num dos temas mais mencionados pelas autoridades do Executivo Imperial a respeito do problema da criminalidade no Brasil do Oitocentos – a impunidade.

Nesse aspecto, Franca não foi uma exceção. Embora não seja possível associar de maneira linear as absolvições com a impunidade, vale ressaltar que 88,9% dos réus indiciados em todos os tipos de crimes, durante seis décadas, não foram condenados. Desse total, cerca de um terço (32,6% – impronunciados) nem mesmo teve as denúncias ou queixas consideradas procedentes após o encerramento do inquérito policial. Outros, apesar de indiciados como culpados, ou conseguiram provar sua inocência entre o fim do inquérito e a realização do júri (12,1% – despronunciados), ou simplesmente, desapareceram (16,3% – pronunciados) antes da realização do julgamento. Finalmente, menos de um terço dos réus (27,9%) foi efetivamente absolvido nos tribunais, em primeira instância ou recorrendo das sentenças (Tabela 3).

De modo geral, no que respeita à condição social dos réus, é possível afirmar que livres, libertos e escravos mantiveram um mesmo padrão, com um número muito superior de não condenações. Contudo, se compararmos a proporção de réus efetivamente condenados, é possível constatar que, proporcionalmente, os livres foram considerados menos frequentemente culpados na sala das sessões do júri que os escravos (Tabela 3).

Os réus livres tinham uma possibilidade maior que os cativos de escapar à ação da Justiça. Os libertos e, especialmente, os livres sem posses podiam simplesmente colocar os seus pertences em uma trouxa e mudar-se de um lugar para outro. Loriano, escravo do tenente-coronel José Justino Faleiros, foi esfaqueado pelo soldado municipal permanente José de Santa Anna. No domingo após a missa, quatro escravos de senhores diferentes se juntaram na casa de Francisca Crioula, irmã de Loriano também cativa, mas que residia fora da casa de seu senhor. Na mesma residência morava

CRIMES EM COMUM 187

Tabela 3 – Situação final de réus livres, libertos e escravos nos processos criminais do Município de Franca entre 1830 e 1888

Sentença sumária	Condição social do réu			Total
	Livre	Liberto	Escravo	
Absolvido	319	8	16	343
	29,5%	22,9%	14,0%	27,9%
Pronunciado	185	4	11	200
	17,1%	11,4%	9,6%	16,3%
Despronunciado	135	6	8	149
	12,5%	17,1%	7,0%	12,1%
Impronunciado	331	12	58	401
	30,6%	34,3%	50,9%	32,6%
Subtotal de réus não condenados	970	30	93	1093
	89,8%	85,8%	81,6%	88,9%
Condenado	110	5	21	136
	10,2%	14,2%	18,4%	11,1%
Total	1080	35	114	1229
	100%	100%	100%	100%

Fonte: Cartório do 1º Ofício Criminal de Franca, Processos Criminais 1830-1888, AHMUF.

Iria Felisbina em companhia do soldado Santa Anna. A certa altura da noite, Santa Anna chegou à casa e viu os cativos que ali estavam. Logo se desentendeu com Loriano, os dois brigaram e o cativo foi esfaqueado duas vezes.

As testemunhas ouvidas no processo foram unânimes em afirmar que a origem do conflito residiu nas disputas entre o escravo Loriano e o soldado Santa Anna por ciúmes de Iria. Os ferimentos foram graves, mas o cativo não morreu. Santa Anna obrigou Iria a acompanhá-lo rumo a um garimpo. No caminho, foram parados por uma escolta. Santa Anna fugiu, deixando para trás a sua trouxa de roupas e Iria. Embora tenha ficado pronunciado no inquérito policial, Santa Anna nunca foi preso para responder pelo crime.[42]

---

42 Cartório do 1º Ofício Criminal de Franca, Processo n.502, cx.17, 1858, AHMUF.

Em 1856, no distrito do Carmo da Franca, por volta das cinco da tarde, Francisco Pereira encontrou-se com Joaquim Antonio e Antonio José. Ao cobrar uma dívida, foi brutalmente espancado pelos dois homens. A gravidade das pancadas foi tamanha que Francisco Pereira morreu após a realização do Auto de Corpo de Delito. Os dois acusados foram indiciados, mas nunca foram presos para serem julgados.[43]

Os réus livres com maiores posses podiam mobilizar seus recursos na contratação de advogados capazes de realizar as mais inacreditáveis defesas, muito recorrentes nos crimes que envolviam capangas, assunto do próximo capítulo. Outros réus livres envolvidos em crimes graves usavam um expediente inusitado, mas previsto em lei. Após serem acusados por crimes de morte, por exemplo, mudavam-se com toda a família da localidade por um período de dez anos. Depois, retornavam e enviavam ao juiz um pedido de reconhecimento da prescrição do crime, alegando que, embora sempre tenham residido no mesmo lugar, nunca foram intimados ou citados para comparecerem em juízo. Tudo comprovado com documentos e testemunhos. Nos casos em que essa estratégia foi utilizada, os pedidos foram todos deferidos.

Em geral, como venho argumentando durante todo o trabalho, a motivação dos crimes cometidos por escravos, libertos e livres em Franca é semelhante. Na maioria dos casos, eram conflitos pela posse de objetos ou animais, pelo direito de permanecer em determinados lugares e, às vezes, até pelos mesmos amores. Contudo, uma vez indiciados por um crime, os escravos tinham uma chance maior de efetivamente ir a julgamento e ser condenados (18,4%) do que os membros da população livre (10,2%) (Tabela 3).

Na região, a pena mais recorrentemente aplicada contra os cativos condenados foi a combinação de açoites com ferros nos pés ou pescoço, definida pelo artigo 60 do Código Criminal do Império. Dos 21 escravos condenados em seis décadas (Tabela 3), quinze

---

43 Cartório do 1º Ofício Criminal de Franca, Processo n.457, cx.15, 1856, AHMUF.

receberam a pena de açoites. Nesses casos, a maior parte das penas impostas oscilou entre cinquenta e duzentos açoites e o uso de ferros por períodos que variaram entre seis meses e um ano e meio. Os práticos e facultativos recomendavam que a quantidade de açoites infligidos considerasse a idade e as condições físicas do cativo apenado, pois previam as "funestas conseqüências" que mais de duzentos acarretariam, ainda que divididos em cinquenta por dia (Código Criminal do Império..., 1885, notas 236 e 267). Em 1865, o próprio ministro da Justiça criticou a pena de açoites e citou um dos médicos da Casa de Correção da Corte, que alertava: "A pena de açoites, assim aplicada equivale à de morte com martírio".[44] No entanto, em Franca, houve dois casos de condenação a quatrocentos açoites e um a oitocentos açoites e seis anos de ferro no pescoço, imposta ao escravo Matheus, acusado pelo rapto de uma menina livre de doze anos.[45] Sempre que os cativos réus eram condenados à pena de açoites, havia, por parte dos proprietários, insistentes envios de petições aos juízes solicitando que os prazos regulamentares para apresentação de apelações fossem dispensados. Assim, os escravos cumpririam logo suas penas e retornariam ao trabalho.

Em alguns casos, quando não se tratava de crimes de morte, os escravos criminosos nem chegavam a ser julgados, prevalecendo os acordos entre os senhores e as vítimas. Em suas andanças pelos mais diferentes lugares da Vila Franca, o cativo Valentim, escravo de Luiz Gomes Gaia, por mais de uma vez se envolveu em conflitos com homens livres na Vila Franca. Em um dia trocou pancadas com um carpinteiro durante um carteado numa casa que, provavelmente, era um prostíbulo.[46] Mais tarde, o cativo reaparece entre

---

44 Relatório do Ministério da Justiça (ministro Francisco José Furtado) do ano de 1864, disponível na página eletrônica do Projeto de Imagens de Publicações Oficiais Brasileiras do Center for Research Libraries e Latin American Microform Project <http://brazil.crl.edu/bsd/bsd/u1857/000008.html>.

45 Cartório do 1º Ofício Criminal de Franca, Processo n.183, cx.06, folhas 02 e 03, 1877.

46 Cartório do 1º Ofício Criminal de Franca, Processo n.307, cx.11, 1848, AHMUF.

os processos criminais. No entanto, a possível casa de prostituição deu lugar a um presumível lar, onde a fidelidade marital foi questionada.

Joaquim Martins de Siqueira, tropeiro, casado, ofereceu uma queixa contra Valentim, alegando que este o teria injuriado, furtado alguns pertences de sua casa, e só não atacou sua esposa por ter chegado uma vizinha. Após ser preso e inquirido, Valentim disse que realmente foi até a casa do queixoso, com um saco cheio de espigas de milho que estaria vendendo, e lá – por ser perguntado pela mulher daquele se o tinha visto –, disse que o havia visto conversando com Ritinha, mas negou as acusações de agressão contra a mulher e furto de pertences da casa. Apesar de envidar todos os esforços para convencer o delegado dos fatos que relatava, no dia seguinte à queixa Joaquim Martins de Siqueira, o marido injuriado, retirou-se formalmente do processo, alegando que Luiz Gomes Gaia, senhor de Valentim, prometeu-lhe castigar publicamente o escravo. O acordo foi aceito pelo delegado, que ordenou a aplicação de cinquenta açoites no cativo.[47]

É preciso, entretanto, considerar ainda, no caso de escravos envolvidos em brigas e assassinatos, que as artimanhas senhoriais começavam antes que o crime fosse informado à Justiça. O ano era 1861. Em uma "casinha de capim" morava Maria, uma ex-escrava que lavava roupas para diferentes pessoas, até mesmo para alguns cativos. Manoel, um escravo de nação africana, solteiro, com 35 anos de idade, foi até a casa da liberta para apanhar algumas roupas deixadas com ela para serem lavadas, pois no dia seguinte faria uma viagem com seu senhor moço. O cativo chegou à porta da casa, viu algumas pessoas, pediu licença, entrou e foi ao encontro de Maria, que, ao vê-lo, se retirou sem nada dizer. Subitamente, apagou--se uma candeia que existia em um dos cômodos da casa. Manoel recebeu um golpe que lhe feriu a cabeça e um dos braços. Vendo-se todo ensanguentado, o cativo pediu socorro, mas ninguém o aten-

---

47 Cartório do 1º Ofício Criminal de Franca, Processo n.375, cx.13, 1853, AHMUF.

CRIMES EM COMUM **191**

deu, então fugiu primeiro para o mato e depois, sob a noite, para a chácara de onde havia saído.

Uma vez instaurado o inquérito policial para a apuração do ocorrido, Manoel acusou como seu agressor outro escravo de nome Geraldo, dez anos mais novo, pertencente ao dono da fazenda onde se situava a casa da liberta Maria. Ao juiz, o escravo Geraldo, já na condição de réu, disse que quando chegou à *casinha de capim* o cativo Manoel estava espancando Maria, e que por isso, com a intenção de defendê-la, lançou mão de um pedaço de pau sem se dar conta de que era na verdade o cabo de uma pequena foice. Como resultado do julgamento, a versão da vítima foi mais convincente aos ouvidos dos jurados. Geraldo foi condenado, recebeu cem açoites e carregou um ferro no pescoço durante um mês.

A disputa jurídica não foi a primeira solução tentada pelos proprietários dos escravos. Durante os interrogatórios de testemunhas, José Ferreira Lopes, vizinho dos envolvidos, disse que, após saber do conflito entre os escravos, fez uma visita à casa do senhor do cativo Geraldo. Lá chegando, presenciou a preparação de um acordo lavrado em duas vias e assinado pelos proprietários de Geraldo e Manoel. Caso Manoel morresse, seu senhor seria indenizado em um conto e oitocentos mil réis, se perdesse um braço receberia um conto e quatrocentos mil réis e se perdesse apenas um dedo receberia setecentos mil réis. Ficaria assim resolvido o conflito não fosse o caso delatado ao judiciário e transformado em um crime.

No caso que envolveu os escravos Geraldo e Manoel, fica evidenciada outra prática que sempre cercava os crimes cometidos por escravos em Franca. Algumas pessoas enxergavam, nessas situações, uma excelente oportunidade para vinganças e desforras que, muitas vezes, nem se relacionavam aos cativos criminosos. Os depoimentos de José Ferreira Lopes e de outras testemunhas apenas confirmaram a existência do acordo, mas a denúncia ao delegado de polícia foi atribuída à ação informativa da voz pública.

Escravos e livres de uma região rural onde predominavam as pequenas posses cometiam muitos crimes semelhantes ao disputar objetivos comuns. No entanto, quando submetidos ao mesmo julgamento, com o mesmo código e o mesmo juiz, afloravam as diferenças. Não cabia aos escravos definir seus destinos nesses casos. A opção pela fuga não era uma boa ideia, pois teriam que escapar da polícia e dos senhores. O direito aos recursos jurídicos, amplamente disponíveis para os casos não enquadrados na lei de 1835, também eram condicionados à vontade dos proprietários.

Assim, conclui-se, neste capítulo, que se as diferenças regionais e os distintos padrões de posse de escravos podiam interferir na maior ou menor intensidade das relações estabelecidas entre os cativos e a população livre, contribuindo fundamentalmente para que no cotidiano fossem testados os limites do ser escravo e do ser livre, no banco dos réus, contudo, cativos permaneciam cativos e livres permaneciam livres mesmo quando eram julgados com base nas mesmas leis.

Um último tipo de crime em comum atribuído pelas autoridades estatais a livres e escravos ocorria em matas e caminhos. É sobre as emboscadas preparadas, em geral a mando, mas também por coação ou desforra, que o próximo e último capítulo deste livro tratará.

4
DOS CRIMES QUE SÃO MANDADOS: LIVRES E ESCRAVOS EM EMBOSCADAS, CONFRONTOS E PARCERIAS

Nas páginas da documentação do Executivo e do Judiciário Criminal foram registradas muitas ações que colocavam livres e escravos frente a frente, em conflitos por interesses comuns. Contudo, nem sempre cativos e livres se opunham. Por vezes, os crimes cometidos por eles provinham do mando[1] de patrões e senhores ou de associações para a resolução de problemas comuns.

O cumprimento de ações criminosas praticadas por homens livres sem posses – tanto por profissão quanto por atribuições advindas de relações de dependência – é mais frequentemente abordado pela historiografia brasileira relativa ao Oitocentos. Ao estudar a documentação criminal da comarca de Guaratinguetá na então província de São Paulo, Maria Sylvia de Carvalho Franco (1997, p.153) afirma que os agregados:

---

1 O conceito de "mando", e sobretudo sua utilização para o estudo da história política do Brasil Imperial, foi objeto de intensos debates na historiografia brasileira. Não se pretende aqui retomar tal discussão, pois ela escaparia ao objetivo deste capítulo, que aborda o mando como uma das esferas de ocorrência das práticas tidas como delituosas protagonizadas por livres e escravos. Para o debate a respeito do conceito de "mandonismo", ver Carvalho (1997).

Destituídos de meios próprios de subsistência e com uma vida despojada de significado para aqueles de quem dependiam, tudo deviam e nada de essencial podiam oferecer aos senhores das fazendas onde se fixavam. Por isso mesmo, transformavam-se em seus instrumentos para todo e qualquer fim, inclusive os de ofensa e da morte. Por vezes, essas missões emprestaram às suas existências avulsas o sentido de que careciam, ligando-os por um nexo firme e importante àqueles que lhes davam a casa de morada mais o espaço para plantar e criar, junto com o encargo de defenderem o chão à volta.

Em relação à Bahia, Kátia de Queirós Mattoso (1982, p.124) assevera que ao ter que se submeter às regras de pertencimento condicionadas pela família de tipo patriarcal os *agregados* – no campo – eram "como uma força policial a serviço do senhor naqueles lugares em que a administração pública [esteve] ausente; [eram] os jagunços do chefe da casa".

Nos autos-crime aqui considerados, produzidos no extremo nordeste da província paulista, não há registro da expressão jagunço. Esse era um termo mais recorrentemente empregado na Bahia – região privilegiada no estudo de Mattoso –, em Goiás e Minas Gerais, segundo a definição do mesmo verbete na obra *Dicionário da terra*.[2] Em seu lugar, a palavra mais cotidianamente utilizada para nomear os que partiam em missões que visavam a execução de atentados e emboscadas era capanga. Termo até hoje difundido para nomear vigilantes, guarda-costas, seguranças e outras pessoas que vendem seus serviços de proteção física e patrimonial àqueles que por eles podem pagar. Especificamente a respeito do uso do termo no Brasil do Oitocentos, embora preocupado preponderantemente com o mundo dos conflitos políticos do período imperial, Richard Graham (1997, p.185) afirma que:

---

2 "**JAGUNÇO**. Em Goiás, na Bahia e em Minas Gerais, jagunço era um homem valente, que alugava sua coragem a um grande chefe, na defesa de suas propriedades e nas lutas pelo poder entre membros da classe dominante [...]" (ver Motta, 2005, p.267-9).

Um dicionário do século XIX define capanga como um "valentão que é pago para guarda-costas de alguém ou para serviços eleitorais; mas neste caso é mais que um galopim eleitoral, é um caceteiro, às vezes um assassino". Uma opinião mais branda, embora irônica, descreve o capanga como um indivíduo que se lança nas lutas eleitorais em busca de um salário e muito mais ainda por gosto. A definição de capanga dependia de quem assinava o documento. Do ponto de vista de alguns, os capangas podiam ser chefiados até por autoridades governamentais [...].

No que respeita aos estudos que se dedicaram à análise de crimes cometidos por escravos, poucos foram os pesquisadores que mencionaram essa prática. Admitir que cativos de vultoso custo tomassem parte em empreitadas criminosas com certa recorrência, à primeira vista, pode parecer um contrassenso. Do ponto de vista jurídico da época, Perdigão Malheiros (1976, v.1) deixa claro que o senhor tinha o direito de auferir do escravo todo o proveito possível, isto é, exigir seus serviços gratuitamente pelo modo e maneira que mais lhe conviesse. Não podia, contudo, exigir dos cativos atos criminosos, ilícitos e imorais. Ademais, é preciso considerar que armar um escravo de confiança para "correr a roça" ou para praticar um atentado era uma atitude que, potencialmente, poderia voltar-se contra o próprio senhor.

Ainda assim, dois estudos foram pioneiros. Ao analisar a história da escravidão, por meio das devassas da região de Campos dos Goitacases, Silvia Hunold Lara (1988, p.200) constatou que, na medida das necessidades senhoriais, os cativos utilizados habitualmente nos serviços domésticos ou agropastoris transformavam-se "numa espécie de milícia particular que executava atentados, castigava invasores de terras, galanteadores, pretendentes desqualificados, entre outros". Aspecto semelhante foi evidenciado por Márcia Elisa de Campos Graf (1979, p.142), com relação aos crimes cometidos por escravos no Paraná. A autora destacou "que a criminalidade escrava nem sempre foi autônoma, isto é, por vezes o escravo atuava como capanga de seu senhor".

Esse cenário de poucas menções ao fenômeno dos "cativos capangas" tem, no entanto, sofrido modificações significativas nos últimos anos. Além de referências esparsas em textos que abordam a história do Brasil nos períodos colonial e imperial, mais recentemente o tema dos escravos armados pelos proprietários e também pelo Estado na constituição de milícias particulares e na participação em guerras tem chamado a atenção de especialistas no Brasil e no exterior.

Embora um aprofundado estudo historiográfico sobre a questão transcenda os limites deste capítulo, é possível citar como exemplos: o artigo de Carlos Lima, intitulado "Escravos da peleja: a instrumentalização da violência escrava na América Portuguesa (1580-1950)", e a coletânea, ainda sem tradução para o português, *Arming Slaves:* from classical times to the modern age, que conta com introdução de David Brion Davis. Em conjunto, esses trabalhos lançaram importantes questões na tentativa de interpretar essa faceta recorrente da instituição escravista ao longo da história. Particularmente, tal questão tem nos intrigado nos últimos dez anos. Assim, ao longo deste último capítulo do livro, pretendemos retomar o tema com o objetivo de contribuir com novas proposições ao debate. Ademais, o crime cometido a mando era outro espaço de intersecção dos mundos de livres e escravos, questão central que tem norteado o texto até aqui.

É útil propor algumas questões que nos servirão de ponto de partida. A partir da interpretação dos registros produzidos pelo Executivo e pelo Judiciário imperiais é possível compreender as razões que levavam livres, libertos e escravos a tomar parte em tais ações? Basta em si mesmo o argumento do mando? Existiam profissionais especializados, como sugerem as traduções para a palavra capanga, ou era essa uma possibilidade imposta e aceita por trabalhadores livres e escravos que, dependendo das circunstâncias, compunham milícias privadas a mando de senhores e patrões? Lançar familiares, dependentes e outros trabalhadores livres e escravos em missões violentas era uma especificidade dos senhores e proprietários mais abastados ou uma prática disseminada nas relações sociais estabelecidas como válidas por indivíduos de diferentes condições? Havia regiões do Império onde tal prática era mais comum ou tratava-se de um costume generalizado?

Na Assembleia Geral: exíguos informes

Contemplados pela lógica dos crimes cometidos por escravos que escapavam à lei excepcional de 1835 e aos planos de insurreição, os delitos praticados por cativos a mando de seus senhores, de terceiros ou em associações com livres e libertos dificilmente eram destacados nas análises ministeriais a respeito do tema da segurança pública e particular no Império. Depois do arrefecimento das revoltas provinciais, já no Segundo Reinado, não convinha sublinhar a ocorrência de distúrbios locais, os quais eram integrados, estatística e genericamente, ao crescimento geral do número de delitos violentos praticados nas diferentes regiões do Império.

Ainda assim, esses crimes – na forma de exíguos informes – começaram a figurar com maior recorrência, nos discursos proferidos pelos agentes do Executivo na Assembleia Geral, a partir da segunda metade do século XIX, sobretudo, quando as estatísticas criminais e judiciárias foram praticamente abandonadas e, em seu lugar, passaram a ser relacionados comentários curtos, em geral transcrições dos relatórios dos chefes de polícia a respeito dos crimes cometidos em cada província do Império, organizados sob o título de "fatos diversos" ou "fatos notáveis".

Em 1850, o ministro da Justiça Eusebio de Queiroz ressaltou na Assembleia Geral um conflito que tomou grandes proporções na localidade de Minas Novas, província de Minas Gerais, por ocasião da troca dos suplentes de juízes municipais na localidade, no ano anterior. Conta Eusébio que a "voz pública" do lugar incriminava o juiz preterido no cargo como o autor de um atentado sofrido pelo filho de seu sucessor. O acusado, de nome Silvério José da Costa, sob a alegação de se proteger, reuniu-se com homens armados em sua residência, constituindo-a em "casa forte", e proibiu a passagem de quaisquer soldados pela rua. Segundo o ministro, um dos graves eventos ocorridos durante os conflitos que se sucederam foi a perseguição de um soldado por dois filhos e um cativo de Silvério. Depois de diversas e malsucedidas tentativas de resolução dos conflitos as "agitações cessaram".[3]

Mais tarde, já nos anos 1870, as notícias de assassinatos cometidos por mando, bem como da deflagração de confrontos armados chegavam à corte, enviadas pelos presidentes das Províncias de Alagoas, do Maranhão, do Piauí, de São Paulo, de Minas Gerais, do Rio de Janeiro e do Rio Grande do Sul. Conflitos por terras, lutas eleitorais, conflitos por heranças, desentendimentos matrimoniais, dentre outros temas, eram motivos para que livres e escravos fossem enviados em missões criminosas.

No distrito do Carangola, na província do Rio de Janeiro, no ano de 1877, uma escolta foi enviada à Fazenda Santa Fé, pertencente a Antonio Barbosa Duarte, com o fim de apreender dois escravos que integravam o inventário de Reginaldo Werneck, e ali estariam escondidos. Barbosa armou os seus escravos e deu ordem para que atirassem em qualquer pessoa que se aproximasse das senzalas. "Um dos homens da escolta, desprezando a ameaça, aproximou-se e levou um tiro".[4] A escolta resolveu arrombar a casa. No entanto, protegidos pela escuridão da noite, os cativos e seu senhor começaram a disparar suas armas e com isso travou-se um intenso confronto. Um cativo morreu, dois foram presos e os demais conseguiram fugir. A porta da casa foi finalmente arrombada. Os dois escravos procurados foram encontrados. Barbosa ainda resistiu à prisão, mas foi ferido e, finalmente, preso.

Principalmente após a reforma do Código do Processo Criminal de 1871 – que separou as competências entre as autoridades poli-

---

3 Relatório do Ministério da Justiça (ministro Eusébio de Queiroz Coutinho Mattoso Camara) do ano de 1849, disponível na página eletrônica do Projeto de Imagens de Publicações Oficiais Brasileiras do Center for Research Libraries e Latin American Microform Project <http://brazil.crl.edu/bsd/bsd/u1840/000013.html>.

4 Relatório do Ministério da Justiça (ministro Lafayett Rodrigues Pereira) do ano de 1878, disponível na página eletrônica do Projeto de Imagens de Publicações Oficiais Brasileiras do Center for Research Libraries e Latin American Microform Project <http://brazil.crl.edu/bsd/bsd/u1871/000033.html>.

CRIMES EM COMUM **199**

ciais e judiciárias até então unidas pela reforma de 1841[5] –, alguns conflitos passaram a envolver, de um lado, delegados de polícia e, de outro lado, juízes municipais, de direito e seus aliados. Ambos contavam com seus filhos, escravos, camaradas e agregados durante os confrontos.

Na madrugada de 28 de março de 1879, o delegado de polícia João Tibúrcio da Silva, acompanhado por Pedro do Couto e seus escravos – armados com garruchas e cacetes –, tomou de assalto a casa do juiz municipal do Termo de Santo Antonio do Monte, na província de Minas Gerais. O juiz escapou da morte com a ajuda de moradores, que, ao ouvirem os tiros, correram até a casa, dispersando os assassinos.[6]

Na província de São Paulo, também no ano de 1879, deu-se um conflito no termo de Jaú, quando o então ex-delegado de polícia Antonio Benedito de Campos Arruda, acompanhado de seus camaradas e escravos, travou um confronto com o vereador Manoel José Pereira de Campos, este, por sua vez, acompanhado de seus filhos, genros e um escravo. O conflito resultou na morte de Antonio Benedito, em ferimentos sofridos pelo camarada Antonio Ephigenio, pelo escravo Maximiano, e, em menor gravidade, pelo escravo Antonio. Entre os partidários do vereador Manoel, foi ferido levemente um escravo, e gravemente um de seus filhos, de nome João, que morreu dias depois do conflito.[7]

---

5 Abordada no Capítulo 1 deste estudo, no subitem: "É preciso reformar".

6 Relatório do Ministério da Justiça (ministro Manoel Pinto de Souza Dantas) do ano de 1879, disponível na página eletrônica do Projeto de Imagens de Publicações Oficiais Brasileiras do Center for Research Libraries e Latin American Microform Project <http://brazil.crl.edu/bsd/bsd/u1873/000047.html>.

7 Relatório do Ministério da Justiça (ministro Manoel Pinto de Souza Dantas) do ano de 1879, disponível na página eletrônica do Projeto de Imagens de Publicações Oficiais Brasileiras do Center for Research Libraries e Latin American Microform Project <http://brazil.crl.edu/bsd/bsd/u1873/000032. html> e Relatório dos Presidentes da Província de São Paulo (presidente Laurindo Abelardo de Brito) do ano de 1880, disponível na página eletrônica do Projeto de Imagens de Publicações Oficiais Brasileiras do Center for Research Libraries e Latin American Microform Project <http://brazil.crl.edu/bsd/bsd/1024/000323.html>.

Com o passar dos anos, os conflitos locais que envolveram cativos e livres passaram a se concentrar em questões pessoais tanto de seus senhores e patrões quanto de outros mandantes dos crimes. Em 1880, em Alagoas, no distrito do Taboleiro da Mata do Rolo, "Belmiro José de Amorim, residente no sítio do Messias, dirigiu-se armado com seus escravos à propriedade de Ventura Antonio Ribeiro",[8] seu vizinho. Ambos já se batiam nos tribunais por um conflito de divisas de terras. Lá chegando, Belmiro e seus cativos demoliram uma casa de Ventura e se retiraram. Ventura ordenou que seus filhos e agregados reparassem os danos. Enquanto trabalhavam, os familiares de Ventura e os outros homens foram novamente surpreendidos por Belmiro e sua pequena milícia, travando-se o confronto. No mesmo ano, no Termo de Dom Pedrito, na província do Rio Grande do Sul, Aurélia Ramires dos Santos mandou dois escravos assassinarem o português Joaquim Pinto da Silva.[9]

Na província do Maranhão, em 5 de julho de 1883, no Termo de Monção, foi assassinado Wencesláo Vianna Herinques. Quando principiou a tomada de depoimentos de testemunhas para a produção do inquérito policial que deveria terminar com a descoberta dos acusados, apurou-se que o principal suspeito, Joaquim José, já havia sido morto pelos escravos de Wenceslão, de nomes Mariano e Porfírio. Esse segundo crime teria sido executado a mando da esposa de Wenceslão, senhora dos cativos.[10] Em novembro do

---

8 Relatório do Ministério da Justiça (ministro Manoel Pinto de Souza Dantas) dos anos de 1880 e 1881, disponíveis na página eletrônica do Projeto de Imagens de Publicações Oficiais Brasileiras do Center for Research Libraries e Latin American Microform Project <http://brazil.crl.edu/bsd/bsd/u1874/000029.html>.

9 Relatório do Ministério da Justiça (ministro Manoel Pinto de Souza Dantas) dos anos de 1880 e 1881, disponíveis na página eletrônica do Projeto de Imagens de Publicações Oficiais Brasileiras do Center for Research Libraries e Latin American Microform Project <http://brazil.crl.edu/bsd/bsd/u1874/000056.html>.

10 Relatório do Ministério da Justiça (ministro Francisco Prisco de Souza Paraizo) do ano de 1883, disponível na página eletrônica do Projeto de Imagens de Publicações Oficiais Brasileiras do Center for Research Libraries e Latin American Microform Project <http://brazil.crl.edu/bsd/bsd/u1877/000021.html>.

CRIMES EM COMUM **201**

mesmo ano, foi assassinado, no Termo de Cachoeira, na província do Rio Grande do Sul, o colono Jorge Becker. Aberto o inquérito para a apuração do crime, descobriu-se que a morte foi executada pelo cativo Paulino, a mando de Mathias A. de Paiva.[11]

Em 1885, o então ministro da Justiça Afonso Pena – que mais tarde (1906-1909) se tornaria presidente da República – relatou um crime ocorrido na Bahia, no Termo de Santanna do Catú, onde dezesseis escravos do barão de Camaçari foram indiciados por serem os mandatários da morte de Francisco Maria de Carvalho. Autoridades da sede da província foram enviadas para apurar o crime, o juiz de direito e o promotor público locais foram demitidos. Contudo, tanto o barão quanto seus cativos foram absolvidos em julgamento.[12]

Dois anos mais tarde, um último caso mereceu maior destaque na Assembleia Geral. Em Alagoas, no Termo de Porto Calvo, foi assassinado Jacintho Paes de Mendonça Sobrinho, apunhalado no caminho para o seu engenho. As suspeitas recaíram sobre o genro do morto, também proprietário de um engenho, que teria mandado dois de seus cativos, Candido e Joaquim, executarem Jacintho. Não se soube do resultado do processo ao qual deveriam ser submetidos o mandante e seus mandatários.[13]

Evidentemente, esses informes representavam uma pequena amostra de muitos outros crimes semelhantes praticados em todo o Império. O que fica sugerido pela análise dos relatórios ministeriais

---

11 Relatório do Ministério da Justiça (ministro Francisco Prisco de Souza Paraizo) do ano de 1883, disponível na página eletrônica do Projeto de Imagens de Publicações Oficiais Brasileiras do Center for Research Libraries e Latin American Microform Project <http://brazil.crl.edu/bsd/bsd/u1877/000069.html> e <http://brazil.crl.edu/bsd/bsd/u1877/000070.html>.

12 Relatório do Ministério da Justiça (ministro Affonso Augusto Moreira Penna) do ano de 1884, disponível na página eletrônica do Projeto de Imagens de Publicações Oficiais Brasileiras do Center for Research Libraries e Latin American Microform Project <http://brazil.crl.edu/bsd/bsd/u1878/000040.html> e <http://brazil.crl.edu/bsd/bsd/u1878/000041.html>.

13 Relatório do Ministério da Justiça (ministro Antonio Ferreira Vianna) do ano de 1887, disponível na página eletrônica do Projeto de Imagens de Publicações Oficiais Brasileiras do Center for Research Libraries e Latin American Microform Project <http://brazil.crl.edu/bsd/bsd/u1881/000030.html>.

é que não havia uma peculiaridade regional no uso de escravos em conjunto com agregados, camaradas e familiares em missões criminosas. Se, por um lado, é possível argumentar que a prática era mais difundida entre proprietários mais abastados, por outro, ela foi registrada nas mais diversas regiões do Império.

O que esses informes não permitem, contudo, é avançar na compreensão de como e por que, em diferentes circunstâncias, cativos e livres se envolviam em tais conflitos. O texto dos ministros limita-se a registrar a existência dos crimes, seguida sempre de comentários a respeito da competência dos representantes do poder central (delegados, juízes, chefes de polícia e presidentes de província) na resolução das questões locais.

Integrantes de um mesmo circuito de informações oficiais, os relatórios dos presidentes de província seguiram uma lógica semelhante à de seus superiores na cadeia hierárquica do Executivo, no que concernia à divulgação de crimes por mando. No entanto, nos relatórios de São Paulo, figura a narrativa de um assassinato, cometido em uma emboscada, que pode auxiliar no entendimento de questões que os informes ministeriais não ajudam a compreender.

Na Assembleia Provincial: um assassinato em destaque

Até meados do século, os presidentes de São Paulo denunciavam que as "paixões odientas" e o "espírito de partido", que dominavam diferentes regiões da província, eram algumas das principais causas que levavam à perpetuação dos crimes violentos e à impunidade dos agressores. Em 1852, contudo, o então presidente José Thomas Nabuco de Araújo considerou relevante argumentar na Assembleia Legislativa Provincial que os números da estatística judiciária evidenciavam a ausência de crimes cometidos por mando:

dos 59 homicídios julgados no ano de 1851, quase todos foram cometidos pelos réus por sua própria conta, e não como mandatários e por esperança de recompensa: esta observação vale muito em favor da moralidade dos paulistas.[14]

No entanto, na década seguinte, as emboscadas começaram a figurar nos textos dos presidentes da província paulista com maior frequência. No relatório do chefe da polícia de 1864, consta que em 21 de julho, nos arrabaldes da cidade de Jacareí, "foi acometido o Tenente-coronel Cláudio José Machado Júnior, por indivíduos que se achavam emboscados". O primeiro tiro acertou o cavalo que Cláudio montava e o segundo feriu-o gravemente. Alguns escravos do tenente-coronel logo tentaram socorrê-lo, mas "dois foram mortos e três feridos gravemente".[15]

Em 1869, outra emboscada que resultou em um assassinato exaltou os ânimos da população de Lorena. O chefe de polícia José Ignácio Gomes Guimarães foi enviado pelo presidente da província à cidade onde ocorreu a morte, acompanhado das guardas policiais de Jacareí e Taubaté, para conduzir pessoalmente todo o processo de formação da culpa contra os acusados. Em seu retorno à capital da província, o chefe produziu um relato completo a respeito do crime.

Após ignorar diversas cartas anônimas que o ameaçavam de morte caso não abandonasse a vida política, o coronel José Vicente de Azevedo foi mortalmente ferido por dois tiros disparados do interior de uma pequena moita, que ficava no alto de um barranco, em uma curva do caminho que seguia da cidade de Lorena para a sua fazenda. Cravado de chumbos da barriga até o peito, o coronel

---

14 Relatório dos Presidentes da Província de São Paulo (presidente José Thomas Nabuco de Araújo) do ano de 1852, disponível na página eletrônica do Projeto de Imagens de Publicações Oficiais Brasileiras do Center for Research Libraries e Latin American Microform Project <http://brazil.crl.edu/bsd/bsd/986/000006.html>.

15 Relatório dos Presidentes da Província de São Paulo (presidente Vicente Pires da Motta) do ano de 1864, disponível na página eletrônica do Projeto de Imagens de Publicações Oficiais Brasileiras do Center for Research Libraries e Latin American Microform Project <http://brazil.crl.edu/bsd/bsd/1003/000006.html>.

foi derrubado pela besta que cavalgava, mas conseguiu montar em um cavalo que vinha logo atrás na estrada, conduzido por um rapaz que o acompanhava. José Vicente buscou refúgio na casa de um parente, localizada próxima ao local da emboscada. Os ferimentos, no entanto, eram graves e o coronel morreu dois dias depois do atentado.

O assassinato teria sido tramado por um padre, dois doutores e dois comendadores. Todos membros do Partido Liberal na localidade e adversários políticos do morto. Esses homens teriam mobilizado outras três pessoas para a preparação da emboscada e escolha dos assassinos. Assim descreveu o chefe de polícia o lugar onde se instalaram os executores da morte:

> Na moita, de onde havia partido o tiro, viam-se dois lugares distintos, separados apenas um do outro [por] três braças mais ou menos,[16] que indicavam terem sido ocupados por dois indivíduos, visto como em cada um deles existia um pequeno tronco de árvore que servia de assento, restos de farinha, pontas de cigarro, e uma forquilha que servia de descanso à arma. Esses dois lugares pareciam ter sido ocupados por alguns dias; porque em torno dos troncos, que serviam de assento, estava perfeitamente amassado o capim. Efetivamente foram ocupados pelo escravo Vicente e por João Barbosa, desde o dia 16 à noite até as 11 horas mais ou menos do dia 19 de Fevereiro.[17]

Já em fuga, conforme o planejamento dos homens que o contrataram, o escravo Vicente parou em uma casa para tomar café e percebeu que alguém o seguia. O cativo trocou tiros e travou "renhida luta" com seus perseguidores, mas foi finalmente preso. Na cadeia,

---

16 Aproximadamente seis metros e meio.

17 Relatório dos Presidentes da Província de São Paulo (presidente senador barão de Itaúna) do ano de 1869, disponível na página eletrônica do Projeto de Imagens de Publicações Oficiais Brasileiras do Center for Research Libraries e Latin American Microform Project <http://brazil.crl.edu/bsd/bsd/1009/000080.html>.

CRIMES EM COMUM **205**

quando o chefe de polícia tentou ouvir Vicente pela primeira vez não foi possível, o cativo não conseguia falar. O escravo teria sido vítima de uma xícara de café envenenado. Após receber cuidados médicos, ficou assentado que o cativo havia sofrido uma congestão cerebral. Logo depois, Vicente se restabeleceu e contou sua versão do crime.

Vicente fugira de seu senhor havia mais de uma década e passou a residir em Entrecosto, um bairro rural distante sete ou oito léguas[18] de Lorena. Em seu depoimento, o cativo disse que foi procurado diversas vezes por homens que desejavam contratá-lo para assassinar o coronel José Vicente de Azevedo, dizendo, ainda, que ele não devia ter nenhum receio, pois existiam diversas pessoas importantes na cidade interessadas na morte do coronel. Nas primeiras tentativas o cativo negou-se, sob a alegação de que não conhecia o homem e por isso não tinha motivos para matá-lo. As ofertas foram aumentando. Primeiro lhe ofereceram a liberdade, depois, além desta, outros duzentos mil réis, e por fim as duas propostas e mais um emprego na lavoura. Vicente concordou.

O cativo foi levado à fazenda de um dos homens que encomendaram o crime. Inicialmente, Vicente foi trabalhar na lavoura com os filhos do proprietário. No entanto, ao vê-lo na roça, o homem fez questão de recordar que aquele não era o motivo pelo qual ele ali estava. Munido com armas, provisões e acompanhado por João José da Silva Moreira (conhecido no lugar como João Barbosa), o cativo dirigiu-se ao lugar da emboscada. Vicente disse ainda ao chefe de polícia ter desistido da morte pouco antes da passagem do coronel pelo caminho, atribuindo o assassinato a João Barbosa. Este, por sua vez, fez o mesmo, e incriminou apenas o escravo pela morte. Todos os denunciados, incluindo coronéis, doutores e comendadores, foram presos e pronunciados ao final do inquérito, mas recorreram da pronúncia ao Tribunal da Relação.

A leitura do relatório do chefe de polícia indica que Vicente foi contratado para praticar a morte e fugir. No entanto, uma vez

---

18 Aproximadamente cinquenta quilômetros.

preso, interessava aos idealizadores do crime a sua própria morte – o que não ocorreu. Não consta no documento qual foi o destino do escravo Vicente. Pode ser que ele tenha sido assassinado, que tinha conseguido fugir, ou que foi julgado e condenado à morte, nos anos que se seguiram.

A história do escravo Vicente é mais detalhada do que a dos cativos que constaram nos relatórios dos ministros da Justiça, como criminosos por mando e cumplicidade com seus senhores. Entretanto, sua condição era especial. Fica apontado no texto do chefe de polícia que o cativo era um assassino profissional, cuja sabida condição de escravo fugitivo foi acobertada por homens influentes na localidade. Seu parceiro na execução do crime, o livre João Barbosa, era sobrinho de um dos homens que o contrataram. Barbosa foi designado para acompanhar Vicente durante o crime, estaria ali para ajudá-lo caso fosse necessário, mas sua função era, sobretudo, certificar aos interessados que a missão seria levada a termo.

Outros livres e escravos também se envolveram em crimes como esse. Para tentar compreender um pouco melhor suas histórias, voltemos uma última vez para o extremo nordeste da província de São Paulo. Lá, livres e escravos também tomaram parte em emboscadas e confrontos.

Na comarca: confrontos, emboscadas e parcerias

Camaradas, filhos e escravos em intimidações, surras e mortes

Quase três décadas após a sedição que marcaria sua história no século XIX, a Vila Franca se ressentia mais uma vez da cisão política de suas autoridades. Sistematicamente, eram enviados ofícios ao presidente da província com reclamações de liberais contra conservadores e vice-versa. Num desses ofícios, datado de 1867, em que reclamavam de distúrbios ocorridos por ocasião do recrutamento de guardas nacionais para a guerra contra o Paraguai, os vereadores disseram que o juiz de direito, partidário dos conservadores, tinha proibido quaisquer autoridades policiais de auxiliarem no recrutamento. Segundo os vereadores, o juiz e seus aliados prometiam uma revolução caso o chefe do Estado-Maior da Guarda Nacional levasse avante o seu intento de recrutar homens na localidade. Ao final de seu ofício, os vereadores acrescentavam:

> Faz-nos crer mais, que pode haver a dita revolução visto que além do Juiz de Direito e do Vigário apresentam-se alguns fazendeiros que conservam grande número de capangas sob o título de camaradas e são alguns destes mesmos fazendeiros daqueles que no ano de 1838 junto com Anselmo Ferreira de Barcelos fizeram uma revolução nesta cidade que resultou imensos assassinatos nas pessoas das autoridades e mais cidadãos.[19]

A associação não era fortuita. A figura dos camaradas, por vezes, foi vinculada, na documentação da região, bem como em outras áreas do país, com a de capangas. Em 10 de março de 1862, Antonio Soares Guimarães apresentou uma queixa pelo crime de ameaças, na subdelegacia de polícia do Distrito do Carmo, contra "Antonio Andrade Guimarães e seus capangas".[20]

Antonio Soares relatou ao subdelegado que Antonio Andrade esteve um dia em sua casa e lhe comprou toda a fazenda. No entanto, o contrato foi celebrado sob uma condição: Antonio Soares permaneceria na casa durante dois anos após a venda. Passado algum tempo da concretização do negócio, o comprador resolveu se mudar para a casa. Mais tarde, Antonio Andrade levou para a residência uma mulher. Antonio Soares logo passou a imputar à mulher a condição de meretriz, dizendo que ela estava ali apenas para manter "relações ilícitas" com Antonio Andrade. Antonio Soares disse

---

19 Ofícios Diversos Franca, lata 1022, pasta 3, documento n.64, de 11.3.1867, Daesp.

20 Cartório do 1º Ofício Criminal de Franca, Processo n.575, cx.20, 1862, AHMUF.

ao comprador da fazenda que não seria possível suportar aquela situação, uma vez que na mesma casa moravam suas filhas moças e sua esposa. A discordância em relação à permanência da mulher na casa foi o suficiente para que ocorresse o conflito. Ultrajado, Antonio Andrade pegou uma tesoura, cortou a barba – dizendo que ela não havia sido respeitada – e prometeu vingar-se.

Após o conflito, Antonio Soares antecipou a saída da casa, levando consigo a esposa e suas filhas para uma chácara. Soube, posteriormente, que seu inimigo havia viajado para São Paulo, de onde voltou com armas e um novo camarada, que lhe serviria de capanga. Na região de Franca, Antonio Andrade Guimarães contratou mais homens. Antonio Soares descreveu-os como quatro indivíduos sem residência certa e com ocupações desconhecidas, todos contratados como camaradas.

Por meio dos vizinhos, chegou aos ouvidos de Antonio Soares a notícia de que seu desafeto havia decidido mandar matá-lo. Declarando-se sem forças nem armas para resistir, trancou-se com sua família em um dos quartos da casa e não mais saiu. Noite após noite, durante três dias, eles ouviram os passos dos cavalos que rodeavam a residência. No quarto dia, às oito horas da manhã, Antonio Soares foi visitado por Cândido da Barra, um vizinho que se prestou a ouvir a longa história de perseguições. Nesse momento, entrou pelo terreiro da chácara um dos camaradas-capangas, de nome Silvério Garcia Leal, que dizia estar ali para intermediar as pazes entre seu patrão e Antonio Soares. Cândido e Silvério se puseram a discutir. Ambos estavam armados e não tardou a ocorrer um tiroteio. Ferido, Silvério gritou por seus companheiros, mas não foi atendido, motivo pelo qual fugiu. Ao final do processo, apenas Cândido da Barra foi pronunciado por tentativa de morte, mas nunca chegou a ser preso. Apesar de alguns vizinhos terem confirmado a história contada por Antonio Soares, sua queixa foi julgada improcedente.

Nos casos em que as vítimas procuravam a polícia para apresentar queixas pelo crime de ameaças, é possível observar uma outra face das ações violentas cometidas a mando de terceiros. Em muitas situações, a simples presença de camaradas armados, associada a algumas promessas de morte e intimidações, era suficiente para que desafetos fossem contidos sem a necessidade do disparo de um só tiro.

Oito anos depois de ter cortado a barba para assinalar o desrespeito sofrido, Antonio Andrade Guimarães foi novamente processado por ameaças.[21] Dessa vez, o problema teve início no não pagamento de uma dívida de novecentos mil réis. Manoel Lucas Ribeiro, credor de Guimarães, moveu contra ele uma ação civil para tentar receber o dinheiro. No desenrolar do processo, o oficial de Justiça Gabriel Romão foi até a fazenda levar uma intimação a Guimarães. Gabriel mal havia chegado à porta da casa de Guimarães e foi impedido de prosseguir pelos camaradas Anastácio e Geremias, ex-escravos da mesma propriedade. O oficial foi expulso e ameaçado de morte. Guimarães e um de seus filhos mandaram avisar a Manoel Lucas que não aparecesse na fazenda, pois ele seria morto. Disseram ainda ao oficial Gabriel Romão – um homem negro – que, caso ele ali retornasse com uma nova intimação, seria chicoteado com um bacalhau.

Dias depois, Manoel Lucas mandou que um de seus filhos, acompanhado por um camarada, fosse campear algumas cabeças de gado num pasto próximo das divisas da fazenda de Antonio Guimarães. Assim que o rapaz tomou o caminho que levava à fazenda do devedor de seu pai, foi cercado por um filho de Guimarães, um camarada livre e dois libertos, todos armados, que o obrigaram a recuar. No entanto, no Código Criminal do Império, o crime de ameaças era de natureza particular. Mesmo com as intimidações sofridas pelo oficial de Justiça e pelo seu próprio filho, após terminar a inquirição das testemunhas o queixoso desistiu formalmente da causa e o processo foi encerrado.

Como foi possível observar nos capítulos anteriores deste estudo, muitos camaradas trabalhavam ao lado dos cativos nas propriedades um pouco mais abastadas da região. Daí para a prática

---

21 Cartório do 1º Ofício Criminal de Franca, Processo n.733, cx.26, 1870, AHMUF.

conjunta de crimes havia apenas uma pequena distância. Contudo, é importante não vincular tão imediatamente a figura de qualquer camarada à de um guarda-costas pronto a praticar violências a mando de seu patrão.

Em suas funções originais, os camaradas eram trabalhadores livres ou libertos contratados por tempo determinado. Podiam ser tropeiros, lavradores ou prestar outros serviços estipulados por seus contratantes. Em 1849, José Pedro Teixeira, um taberneiro de Santa Rita do Paraíso, localidade pertencente ao Termo de Franca, enviou um ofício ao delegado de polícia, solicitando a libertação de seu camarada, João Francisco de Morais, que então estava preso para ser recruta no Corpo de Guardas Municipais Permanentes.

A justificativa se apoiava em três argumentos: o primeiro era legal, dizia o patrão que seu camarada estava contratado "com papel passado de trato de engajamento" celebrado com base na Lei de Locação de Serviços de 1830,[22] e por isso o recrutamento era uma medida ilegal; o segundo argumento era que o rapaz, então com dezesseis anos mais ou menos, era o filho mais velho de uma "mísera mãe", que por falta de seus socorros andava mendigando; por fim, argumentou o patrão que o camarada "acudia a sua obrigação, vivendo livre de súcias e desordens".[23] Junto ao seu pedido, o taberneiro enviou uma declaração do próprio camarada em que ele confirmava a existência do contrato e expunha as condições de trabalho e remuneração acordadas:

> Digo eu João Ferreira de Morais abaixo assinado que é verdade tenho contrato com o Sr. José Pedro Teixeira para a prestação de meus serviços pelo preço de vinte mil réis por ano [e] por haver recebido do mesmo Sr. adiantado a quantia de dois mil réis, cujos serviços lhe ficam engajados da data deste a um ano sem interrup-

---

22 Para o estudo das leis de locação de serviços no Brasil do século XIX, ver Lamounier (1988).

23 Ofícios Diversos Franca, lata 1020, pasta 3, documento n.27-B, de 1849, Daesp.

CRIMES EM COMUM   **211**

ção alguma com a condição do dito Sr. me prestar a roupa necessária ao serviço e por este me obrigo a cumprir o referido contrato de engajamento debaixo das penas estabelecidas na lei de 13 de setembro de 1830, e para todo o tempo constar lhe fiz passar este assinado a meu rogo por Ignácio José de Miranda por eu não saber ler nem escrever [...]. Santa Rita, 17 de abril de 1849.[24]

Diferentemente dos agregados, que podiam ser "tanto filhos, filhas solteiras, viúvas, genros, mães, tias, irmãos, irmãs", entre outros, quanto "amigos e estranhos" que se congregavam "ao grupo familiar" (Samara, 2005, p.94), os camaradas, mesmo que não fossem formalmente contratados, tinham uma relação transitória com seus patrões.[25] Contudo, nem sempre era preciso ser um camarada com contrato, ou mesmo um agregado, para que ao trabalhador livre que prestava serviços nas fazendas fosse imposta a missão de combater e matar em nome de seu patrão.

O ano era 1847, no distrito do Carmo da Franca, dona Ana Rosa de Jesus foi avisada por Antonio Marques da Silva que muitos bois do capitão Jacob Ferreira de Menezes – lembrado por moradores da região até meados do século XX como Jacó Bravo[26] – haviam invadido a propriedade e estavam destruindo toda a plantação de feijão. A primeira atitude de dona Ana Rosa, que era vizinha e aparentada de Jacob, foi mandar redigir uma carta endereçada ao capitão, pedindo que ele evitasse que os animais invadissem sua fazenda pelo menos até a colheita dos mantimentos. Jacob disse que o gado ficaria onde estava, comprou dois novos bacamartes e determinou que um de seus filhos vigiasse os animais.

Dias depois, a cena se repetiu. Ao ver os bois e vacas de Jacob comendo todo o seu feijão, dona Ana Rosa mandou que três dos seus camaradas, Manoel Veríssimo da Silva, Joaquim Antonio da

---

24 Ofícios Diversos Franca, lata 1020, pasta 3, documento n.27-C, de 17.3.1849, Daesp.

25 A questão é detidamente abordada em Franco (1997).

26 Recebi esta informação do professor José Chiachiri Filho, a quem agradeço.

Silva e Manoel José Pinto, retirassem o gado da lavoura. De sua casa Jacob viu a cena. Logo, chegou seu filho e o avisou que os camaradas tocavam o gado da roça para os currais de dona Ana Rosa. O capitão chamou seu sobrinho, José Ferreira Telles Júnior, um de seus camaradas de nome Prudêncio e entregou a eles os dois novos bacamartes. Para seu filho Francisco Ferreira de Aguiar, que ainda era menor de quatorze anos, e para os escravos Jacinto e Francisco o capitão entregou "espingardas finas", dizendo que eram suficientes. Enquanto armava seus homens, Jacob mandou buscar dois carapinas que trabalhavam em um dos barracões da fazenda e ordenou que ambos também acompanhassem os demais. Os dois homens recusaram-se, dizendo que estavam ali para trabalhar e não para brigar. O filho, o sobrinho, o camarada e os dois escravos de Jacob montaram seus cavalos e partiram rumo aos três camaradas de dona Ana Rosa que tocavam o gado.

Presente à cena, o lavrador Joaquim José Soares disse que os homens de Jacob "meteram os cavalos no meio do gado e o espalharam". Ele e o camarada de dona Ana Rosa, Manoel José Pinto, foram reagrupar os animais quando ouviram quatro tiros e viram seus companheiros Manoel Veríssimo e Joaquim Antonio tombarem. Manoel Pinto correu em socorro dos camaradas de sua patroa, mas foi perseguido pelo escravo Jacinto, que disparou contra ele "um tiro pelas costas".[27] Manoel Veríssimo morreu imediatamente. Joaquim Antonio, apesar de ter tomado um tiro de chumbo disparado pelo camarada Prudêncio e outro de pistola, no rosto, disparado pelo filho de Jacob, sobreviveu e conseguiu fugir, sendo encontrado mais tarde, em um caminho abandonado, sentado e sem sentidos. Todos os demais, também feridos, voltaram para as fazendas de onde haviam partido.

Indevidamente informado de que dois camaradas de dona Ana Rosa haviam morrido, o capitão Jacob foi novamente ao encontro dos "carapinas e, ralhando com eles, disse que não queria camara-

---

27 Cartório do 1º Ofício Criminal de Franca, Processo n.284, cx.10, 1847, folha 22, AHMUF.

das só para trabalhar, que os queria também para matar gente".[28]
Os carapinas eram José Ribeiro do Espírito Santo e seu compa-
nheiro Floriano de tal. Após ouvirem a bronca do capitão, reuniram
suas ferramentas e retiraram-se imediatamente da fazenda. A caminho de casa, os dois oficiais de carpinteiro passaram na residência
de Manoel de Godoy Moreira e contaram o que ouviram na casa
de Jacob antes e durante o crime. Manoel figurou como uma das
principais testemunhas do processo criminal que dona Ana Rosa
de Jesus, com grande dificuldade, moveu contra o capitão Jacob
Ferreira de Menezes e seus mandatários.

Logo após ser participada do conflito, dona Ana Rosa apresentou ao subdelegado do distrito do Carmo, contra o capitão Jacob e
seus mandatários, a sua petição de queixa. Esforço vão. As negativas do subdelegado em dar continuidade ao processo levaram o juiz
municipal e delegado de polícia suplente da Vila Franca, Joaquim
da Rocha Neiva, a remeter um comunicado ao presidente da província narrando todo o acontecido:

> O delito foi cometido na Freguesia do Carmo, distante desta
> Vila mais de nove léguas[29] onde é costume haver reproduções,
> várias vezes, de iguais delitos, não sei se por medo ou frouxidão das
> autoridades subalternas ali residentes, ou por apoio de sua parte, o
> que sei é que se o referido processo levou tanto tempo a formar-se,
> foi mesmo por culpa do subdelegado, Juiz do Processo, a quem a
> parte requereu contra os delinqüentes para serem punidos porque
> em lugar de pronto despacha los e dar o devido andamento, procu-
> rava sempre delongar e desculpar afim de dar tempo aos agressores
> de evadirem-se, dizendo às partes que era melhor acomodarem-se.
> Logo que soube disso dirigi-me ao lugar e imediatamente dei anda-
> mento ao processo e as mais diligências necessárias.[30]

---

28 Cartório do 1º Ofício Criminal de Franca, Processo n.284, cx.10, 1847, folhas
23 e 24, AHMUF.

29 Um pouco mais de sessenta quilômetros.

30 Ofícios Diversos Franca, lata 1020, pasta 2, documento n.34, de 14.12.1847,
Daesp.

O esforço do juiz municipal, entretanto, não evitou que uma coação maior ocorresse, ou mesmo que um possível acordo extrajudicial entre dona Ana Rosa de Jesus e o capitão Jacob Ferreira de Menezes fosse celebrado. Assim que foi encerrado o inquérito policial, quando o delegado e o juiz municipal decidiriam se Jacob e seus mandatários seriam levados a julgamento, a mulher e seus camaradas desistiram formalmente de ser parte na causa. O processo prosseguiu, pois o homicídio era um crime da alçada do promotor público. Com dinheiro e bons conhecedores de leis, Jacob teria menos dificuldades em se livrar da possibilidade de ser julgado.

Nessa fase do processo, despontou a habilidade de seus advogados, que descobrindo as mais insignificantes falhas técnicas na confecção dos autos, bem como dispondo da conveniente reorganização e justificação dos indícios até então investigados em cada peça do processo, conseguiram a despronúncia de Jacob no ano de 1848 e a retirada da acusação contra seus mandatários no ano de 1849. É relevante destacar um dos argumentos usados em uma das petições enviadas ao juiz de direito "a bem de seu recurso", elaborada pelos advogados Manoel José Pereira e Silvério Claudino da Silva:

> Como é possível que tão torpe crime envolvesse seus próprios filhos[31] e escravos de tanto valor? Se fosse verdade que o recorrente quisesse praticar semelhante desacato não é certo que ele poupasse aos filhos, que estima, e aos escravos de tanto preço um encontro de armas em capo raso, do qual lhes poderia resultar a morte, ou outra ofensa, como é certo que resultou, ficando eles feridos de balas e chumbo, bem que isto não conte do processo? Se tão danado projeto tivesse o recorrente faltariam braços mercenários, que ele empregasse às ocultas sem riscos de haverem vestígios de provas; e mesmo às claras, quando quisesse afrontar as leis e seus próprios costumes pacíficos? Sem dúvida não faltariam. Daí, pois se segue

---

31 Os advogados optaram por chamar de filho o sobrinho de Jacob que também foi acusado de participar do conflito.

CRIMES EM COMUM **215**

que imputação é tão grave, que só pode ser crida com provas fora de toda execução, que não existem e jamais existirão.[32]

O absurdo da situação de usar filhos estimados e escravos de vultoso valor em uma empreitada perigosa, apontado pelos advogados, foi fundamental para a vitória conseguida pelos acusados no processo, mas pareceu não convencer o próprio capitão Jacob. Cinco anos mais tarde, foram novamente indiciados seu filho Francisco Ferreira de Aguiar, um de seus escravos chamado Vicente Cabra e dois de seus camaradas, de nomes Manoel Lopes e Jesuíno de tal, os quais teriam assassinado o arrieiro Joaquim Leandro a mando do capitão – pai, senhor e patrão dos acusados.

Joaquim Leandro era, ao mesmo tempo, agregado e camarada. Ele era tratado como agregado por dona Maria Venância de Carvalho em razão de morar em sua fazenda, numa casa que se localizava a um quarto de légua[33] da residência da proprietária, em companhia de sua esposa, sogro, sogra e dois cunhados também casados. Por exercer a profissão de arrieiro, era camarada de Antonio Pacheco de Macedo, cuja tropa fazia viagens entre a região de Franca e a cidade de Campinas. O corpo de Joaquim Leandro foi encontrado com um tiro no braço esquerdo e uma facada no lado direito do pescoço. O arrieiro teria sido vítima de uma emboscada no caminho entre a casa de seu patrão e a fazenda de dona Maria Venância, onde morava.

O arrieiro trabalhou durante algum tempo com a tropa do capitão Jacob. Posteriormente, abandonou o capitão e foi se juntar à tropa de Antonio Pacheco. A rixa com Jacob teria começado quando Joaquim lhe enviou um bilhete cobrando por alguns dias de serviço não pagos e por algumas cangalhas não devolvidas pelo capitão. Contaram os moradores do local que o arrieiro Joaquim foi visto em diferentes lugares chamando o capitão de ladrão. Quando um dos arrieiros que ainda trabalhavam com Jacob resolveu deixar

---

32 Cartório do 1º Ofício Criminal de Franca, Processo n.284, cx.10, 1847, AHMUF, petição integrante do recurso.
33 Aproximadamente um quilômetro e meio.

o patrão, o capitão logo imputou a culpa a uma má influência de Joaquim Leandro sobre o rapaz. Esses motivos foram suficientes para Jacob procurar Antonio Pacheco, patrão de Joaquim, e avisar que iria mandar aplicar um corretivo em Leandro na próxima viagem, antes que ele cruzasse o Rio Pardo.

Joaquim Leandro não tinha, no entanto, atritos apenas com o capitão. A dona da fazenda onde ele morava com a família de sua esposa disse que o arrieiro e o sogro estavam sempre em conflito. Ouvido pelo delegado, o sogro declarou que as suas divergências com o genro começaram quando o rapaz quis se mudar com sua filha para a casa do patrão. Maria Cândida teria dito ao marido que só sairia da casa de seu pai quando Joaquim "comprasse terras para que eles se arranchassem no que era seu".[34]

Joaquim Leandro também tinha inimizades com seus cunhados. Gabriel, que era afilhado de Francisco Ferreira de Aguiar, filho de Jacob, foi até a fazenda do capitão pedir permissão para lá esconder sua irmã, Maria Cândida, pois no dia da última partida da tropa ela e o marido tiveram uma séria briga. Joaquim desejava levar a esposa consigo na viagem, ela não quis acompanhá-lo e ele prometeu matá-la quando voltasse. Joaquim suspeitava que sua mulher mantivesse "relações ilícitas" com Manoel Lopes, o camarada de Jacob que figurava como um dos principais suspeitos pela morte. Jacob não consentiu na permanência da moça em sua casa.

A sogra de Joaquim Leandro disse em seu depoimento que o camarada Manoel Lopes, na madrugada em que ocorreu a morte, foi até a sua casa pedir perdão à sua filha por ter matado o marido. Na casa de Joaquim Leandro, Manoel Lopes permaneceu toda a noite e partiu antes do amanhecer. Nessa oportunidade, Manoel disse a, já viúva, Maria Cândida que o camarada Jesuíno, o escravo Vicente e o filho de Jacob também haviam participado da morte.

Os camaradas Manoel e Jesuíno nunca foram presos. O filho de Jacob, Francisco Ferreira, apresentou cinco testemunhas para

---

34 Cartório do 1º Ofício Criminal de Franca, Processo n.355, cx.13, 1851, folha 13, AHMUF.

CRIMES EM COMUM **217**

comprovar que no dia do crime ele estava feitorizando os escravos de seu pai, incluindo o cativo Vicente, em um roçado, distante três quartos de légua[35] do ribeirão onde o corpo foi jogado pelos assassinos. O cativo Vicente ordenhava uma vaca quando a escolta chegou à fazenda de seu senhor para prendê-lo. Ao ver os homens, o escravo fugiu. Quinze meses após o encerramento do inquérito, que apontava como culpados apenas os dois camaradas fugitivos e o escravo Vicente, Jacob levou seu cativo ao delegado de polícia. No dia seguinte, acompanhado do advogado Bernardino José de Campos, apresentou um "termo de recurso" ao juiz municipal, alegando não haver no depoimento das testemunhas provas contra o cativo. Vicente Cabra foi despronunciado e solto.[36]

É oportuno observar que, cinco anos após ser imputado a Jacob Ferreira de Menezes o mando deste último crime, o capitão teve sérios problemas no lugar onde sempre foi temido. Na noite de 27 para 28 de setembro de 1856, sua casa foi cercada por um grupo de vinte ou trinta homens armados que dispararam diversos tiros contra as portas e janelas, exigindo que o capitão e seus familiares abandonassem a Freguesia do Carmo da Franca.

Um dos genros de Jacob havia produzido uma denúncia contra o pároco do Carmo, José da Silva Camargo. No entanto, a população do lugar tomou o partido do pároco e se insurgiu contra o capitão. Não houve outra opção a Jacob e a seu genro senão mudarem-se para a Vila Franca. No ofício reservado em que relatou a ocorrência ao presidente da província de São Paulo, o juiz de direito Manoel Bento Guedes de Carvalho considerou:

Parece-me que Jacob oprimia o povo e que seu genro, ainda moço e fogoso, prevalecendo-se da influência de intimidação que ele exercia, se ostentava exigente e caprichoso: o que é certo é que a vontade que eles se mudassem [era] geral e prevaleceu-se das cir-

---

35 Aproximadamente cinco quilômetros.
36 Cartório do 1º Ofício Criminal de Franca, Processo n.284, cx.10, 1847, AHMUF, petição integrante do recurso.

218 RICARDO ALEXANDRE FERREIRA

cunstâncias com o padre para se manifestar ameaçadora e impôs a mudança. O próprio subdelegado [do lugar], irmão dele [Jacob] reconhece isto e não viviam em harmonia.[37]

Ser camarada não era o único motivo que levava à prática de surras e assassinatos. Livres e escravos tinham motivos variados e, em alguns casos, comuns para cometerem um crime determinado por outra pessoa. O mando, por vezes, podia ser também o momento ideal para que os próprios executores pudessem resolver suas questões pessoais. Joaquim Leandro morreu por uma confluência de fatores que reuniam o interesse de um homem que, durante muito tempo, foi poderoso na região, mas também o interesse do camarada Manoel Lopes, suposto amante da esposa do arrieiro.

Não fica claro, por meio do estudo da documentação do Cartório Criminal de Franca, se os cativos envolvidos em crimes por mando recebiam de seus senhores compensações adicionais para o cumprimento de ações criminosas. Parece mais plausível inferir que, da mesma maneira que ocorria no caso dos camaradas e dos agregados, essa tenha sido uma possibilidade do seu cotidiano, a qual, uma vez atendida, podia representar um reforço positivo na manutenção da relação com os senhores. Um cativo que arriscava a própria vida podia se tornar um dos escravos de confiança da casa e até mesmo um liberto que continuaria a morar na propriedade, como camarada ou agregado. No entanto, assim como no mundo dos homens livres, entre os cativos a valentia também era uma qualidade prezada e podia ser reivindicada até mesmo em público, atraindo para o próprio escravo a fama de capanga.

Ao chegar em sua casa, na Rua do Comércio, uma das principais da pequena Vila Franca do ano de 1846, o médico Antonio José Ruddok foi vítima de um tiro que acertou a porta da residência. O crime teria ocorrido no mês de maio de 1846; no entanto, o processo só foi instaurado em setembro do mesmo ano. Nessa ocasião, Ruddok já havia sido assassinado em outro atentado.

---

37 Ofícios dos Juízes de Direito, Franca, ordem 4773, maço 1851, Daesp.

Em relação ao crime da Rua do Comércio, Ruddok contou a algumas pessoas que ao chegar à sua casa, já tarde da noite, carregando um cigarro aceso, viu dois cavaleiros. Um deles se aproximou e lhe pediu fogo. O médico atendeu ao pedido, o cavaleiro acendeu seu cigarro, afastou-se, sacou a arma e disparou contra ele. O tiro não acertou Ruddok, mas sim a porta de sua residência.

O capitão Simão Ferreira de Menezes, coletor de rendas da vila, ouvido como testemunha no processo que apurou o primeiro atentado sofrido por Ruddok, disse ter ouvido na Festa do Carmo que o escravo Joaquim Crioulo fora visto muito embriagado, gabando-se de que havia sido ele o autor do tiro na porta. O coletor acrescentou ainda que, certa vez, ouviu dizer "não se lembra onde, nem a quem", que o vigário Joaquim Soares Ferreira resolveu vender o seu cativo Joaquim Crioulo, por um conto de réis. O próprio cativo dizia que seu senhor pedia tanto dinheiro "só para não o vender", pois ele "servia para capanga".[38] A história do "sei por ouvir dizer" foi repetida pelas demais testemunhas, e o cativo Joaquim se tornou o principal suspeito da tentativa de morte praticada contra o médico Ruddok, a mando do vigário. No entanto, a frágil consistência dos depoimentos não culminou com a pronúncia do escravo, nem de seu senhor, e o processo acabou encerrado.

Não somente a utilização de escravos era comum em atentados ou espancamentos, como também o envio conjunto desses com os parentes de primeiro grau dos senhores, especialmente quando os crimes envolviam as pessoas mais ricas da região. Uma festa religiosa serviu de cenário para uma contenda entre o Guarda Nacional Diogo José Lopes Pontes e o alferes Antonio Barbosa Sandoval.[39] No dia 6 de abril de 1834, estavam os moradores da Vila Franca na porta da Igreja Matriz, por ocasião dos eventos da Semana Santa. Ali, em forma, encontravam-se os guardas nacionais quando se

---

38 Cartório do 1º Ofício Criminal de Franca, Processo n.273, cx.10, 1846, AHMUF.

39 Sandoval foi um dos membros do grupo que se opôs tempos depois, em 1848, ao capitão Anselmo Ferreira de Barcelos, por ocasião das invasões da Vila Franca.

aproximou o alferes Antonio Barbosa Sandoval e, observando a tropa, inquiriu os soldados a respeito de suas armas, afirmando que algumas estavam limpas e outras sujas. Segundo o alferes, os guardas cujas armas estavam sujas deveriam ser punidos. Ouvindo a repreensão e desconsiderando a autoridade de seu emissor, um dos guardas nacionais de nome Diogo José Lopes Pontes teria respondido que "o que areava era cobre de dinheiro e se ele [...] Alferes Barbosa queria elas areadas, que lhe desse dinheiro para ele arear e, portanto que ele não era seu oficial para querer tomar conta das armas".[40]

Considerando-se ofendido, o alferes Barbosa mandou o cabo José Vicente dar queixa ao capitão da Guarda Nacional. A partir da denúncia, dirigiu-se até eles o capitão, que, todavia, não considerou o ocorrido. Ouviu-se, então, o alferes Barbosa prometer que, caso o capitão não repreendesse o guarda Diogo, ele mesmo cobraria por seus modos, porque "os paus do mato ainda não tinham acabado".[41]

E, como foi prometido, por volta de meia-noite do dia 6 de abril, dirigia-se o guarda Diogo para sua residência quando, em uma das escuras esquinas da vila, foi abordado por dois homens. Ambos, trajando calças brancas, chapéu, poncho e munidos de porretes, aplicaram o corretivo no guarda nacional. Eram eles Antonio Barbosa Lima e Ignácio Pardo, o primeiro, sobrinho e genro do alferes Antonio Barbosa Sandoval, e o segundo, oficial de ferreiro e escravo do mesmo alferes.

O guarda nacional sobreviveu para denunciar seus algozes, estes foram presos e, posteriormente, soltos sob fiança, porém, misteriosamente, quando das sessões do Conselho de Jurados, o guarda Diogo não mais compareceu para ratificar a sua denúncia. Diante disso, por petição apresentada pelo alferes Barbosa, alegando a prescrição do prazo legal para ser julgado, foi declarada

---

40 Cartório do 1º Ofício Criminal de Franca, Processo n.149, cx.05, 1834, AHMUF.

41 Cartório do 1º Ofício Criminal de Franca, Processo n.149, cx.05, 1834, AHMUF.

pelo juiz perempta, isto é, finda a acusação mandando dar baixa na culpa dos réus.

É preciso asseverar que nem todos os patrões e senhores eram assassinos. Entretanto, quando essa era uma prática da casa ou uma necessidade do momento, não havia dúvidas quanto à possibilidade da realização de missões criminosas por camaradas, filhos ou escravos. Hoje lavrando a terra e tocando bois, amanhã atirando, espancando e esfaqueando. Isso não significa que todas as imposições eram cumpridas incondicionalmente. Os dois carpinteiros de Jacob, que se recusaram a participar do confronto nas terras de dona Ana Rosa de Jesus, apontam uma possibilidade de negativa ao mando. O camarada Manoel, acusado pela morte do arrieiro Joaquim Leandro, resolveu um problema pessoal ao eliminar o concorrente de uma relação amorosa e, ao mesmo tempo, um desafeto do patrão.

Desordeiros e assassinos

Argumentar que o recurso às intimidações, aos espancamentos e até à morte era um componente potencial da vida de alguns livres e escravos não é o mesmo que afirmar que todos eram de antemão criminosos. Aqueles que efetivamente lançavam mão da violência tornavam-se temidos e, por isso, eram vinculados aos crimes que lhes foram imputados. Era a chamada "gente desalmada". No entanto, havia momentos do cotidiano capazes de reunir os moradores de um vilarejo contra um inimigo comum – grupos de homens armados e turbulentos que chegavam ao local, oriundos de outros lugares, e eram logo identificados como criminosos. Em um dos poucos casos desse tipo, ocorridos na região do município de Franca, havia também livres e escravos.

Já tivemos a oportunidade de acompanhar alguns crimes cometidos por mando na região da Freguesia do Carmo da Franca, atual cidade de Ituverava. Entretanto, foi durante a semana de 2 a 8 de agosto de 1854 que a localidade vivenciou um de seus mais marcantes conflitos. Tudo começou cerca de um mês antes, quando Felício José Borges mudou-se para o pequeno arraial e ali se estabeleceu como negociante. Felício passou a contratar outros forasteiros para com ele trabalhar, dentre eles João Marcelino da Silva e Vicente Gonçalves Pereira, ambos caixeiros viajantes do ramo de fazendas secas. O negociante também levou para o Carmo um de seus escravos, Paulo "de nação Cabinda", e como camaradas os irmãos órfãos Ignocêncio Lourenço Gonçalves e José Lourenço Gonçalves, ambos menores de 21 anos; José Soares Ferreira, acompanhado do escravo de sua esposa, de nome Rafael; João Bernardo e Leonardo, cujo sobrenome nunca se soube, apenas a alcunha – "o Onça".[42]

Os habitantes do arraial se inquietaram com a simples presença de tantos homens desconhecidos. Aos poucos, os camaradas começaram a imiscuir-se nos ambientes frequentados pela população e aí principiaram os conflitos. Certa noite, em um de seus passeios pelas ruas do arraial, Leonardo interessou-se pela esposa de José Marques, que caminhava com o marido. Com faca e garrucha em punho, o Onça tomou a esposa do marido, levou-a para a casa que seu patrão havia destinado aos camaradas e lá permaneceu com ela toda a noite. No outro dia, levou a mulher de volta para a sua casa.

Dois dias depois, Felício Borges, acompanhado do caixeiro Vicente e dos camaradas José Soares e Leonardo, foram jogar cartas na casa de Felício José da Silveira. No entanto, o negociante e seus camaradas perderam mais de 7 mil réis em apostas. Aos gritos, Leonardo e José Soares puxaram suas facas e exigiram que seus adversários lhes pagassem 30 mil réis. Com o poncho perfurado pela ponta da faca do Onça, o dono da casa pediu que arrumassem logo o dinheiro, entregou-o a Leonardo, que o passou às mãos de seu patrão.

Os homens de Felício tinham por costume tocar viola nas ruas durante a noite, provocando as autoridades. Por vezes, invadiam a Igreja Matriz e davam duas badaladas no sino, simulando o toque

---

42 Cartório do 1º Ofício Criminal de Franca, Processo n.149, cx.05, 1834, AHMUF.

destinado aos funerais. Em suas melodias, os camaradas escarneciam dos habitantes do arraial e mandavam recados aos fazendeiros mais poderosos, como o aqui já mencionado capitão Jacob Ferreira de Menezes, dizendo que não havia ali quem os pudesse enfrentar. A um escravo de Jacob, o caixeiro Vicente disse que ofereceria um baile "em casa de Bárbara" e, caso o capitão tivesse coragem, que fosse até lá para enfrentá-lo. Leonardo, por sua vez, prometeu arrancar as barbas de Jacob.

Em uma dessas noites, os camaradas resolveram inquirir a patrulha de guardas municipais a respeito de sua utilidade. Líder dos guardas, o cabo Ignácio Ferreira do Prado respondeu que a escolta trabalhava sob as ordens do subdelegado de polícia e ali estava para o que fosse preciso. Os camaradas afrontaram novamente o cabo com inúmeros palavrões e desafios, e, após prometerem que "ele havia de pagar", saíram todos do lugar. Horas mais tarde, Ignácio estava na casa de Joaquim Ferreira da Costa e foi surpreendido por Leonardo, Vicente, José Soares e João Bernardo. Mais uma vez com as armas em punho, os homens arrastaram o cabo para a rua. O dono da casa tentou impedi-los puxando o rapaz de volta para o interior da residência, defendendo-se com uma faca. O Onça tomou-lhe a faca das mãos, quebrou-a e saiu com os seus companheiros pelas ruas bradando contra as autoridades do lugar.

Na madrugada do dia 8 de agosto, o subdelegado de polícia do Carmo reuniu vinte guardas e todos os homens que quiseram se juntar a eles e partiram com um mandado de prisão para "Felício Borges e seus capangas". O destino era a loja de Felício, que ficava próxima à Igreja Matriz do arraial. Ao se aproximar da igreja, a escolta deparou com Leonardo, que ia à frente de seu patrão e dos outros camaradas de encontro aos guardas, armado com uma faca em uma das mãos e uma pistola na outra. Não se sabe quem deu o primeiro tiro, mas no momento seguinte o cadáver do Onça estava estendido no chão, todo cravado de chumbos.

O negociante e seus homens recuaram até a casa de onde haviam saído e se trancaram. A escolta os perseguiu e começou a cercar o lugar. O caixeiro Vicente e o camarada João Bernardo fugiram. Felício, os dois cativos e os demais camaradas estavam armados com espingardas de dois canos, clavinotes, garruchas, pistolas, facas e resolveram resistir. Antes que fosse declarada a ordem de prisão, começou o fogo de parte a parte. Conclamando seus companheiros a não se entregarem, o camarada José Soares saltou do forro de um dos quartos, de onde atirava na escolta, e desafiou a todos. No chão, foi morto com diversos tiros. Sem saída, Felício, os escravos e os demais camaradas se entregaram à prisão.

Felício José Borges foi processado por tentativa de homicídio, resistência, ameaças, furto, ajuntamento ilícito e uso de armas defesas. Apelou de todas as sentenças condenatórias que lhe foram impostas, apresentando as mais variadas versões para cada um dos episódios aqui narrados. Por fim, foi definitivamente condenado a diferentes penas, sendo a maior delas quatro anos e meio de galés. Os caixeiros, camaradas e escravos julgados foram absolvidos. Livres e escravos foram associados ao mesmo crime e ao mesmo bando, citado no processo criminal como "a comitiva de Felício". No entanto, suas posições eram diferentes. Na narrativa das testemunhas a respeito de cada um dos episódios que antecederam o confronto final, o roubo da esposa, o roubo no carteado, as provocações à patrulha e a tentativa de homicídio contra o cabo, não há nenhuma menção à presença dos dois cativos. Eles não pertenciam ao grupo, mas sim a seus senhores. A participação de Paulo de Nação e do escravo Rafael no último conflito, essa sim relatada pelas testemunhas, aparece mais como uma contingência do que propriamente uma equiparação entre livres e escravos. O fato de pertencer a um grupo capaz de desafiar as autoridades de um lugar, e apostar nisso suas próprias vidas, não fazia dos senhores pertencentes ao bando homens diferentes de quaisquer outros donos escravos.

Pelo que se pode depreender até aqui, nos casos de crimes cometidos a mando, os cativos ficavam sujeitos às ordens de seus senhores, como os camaradas às de seus patrões. É possível considerar, contudo, que a sujeição aos senhores tornava mais difícil aos escravos negarem-se ao cumprimento de uma ação criminosa. No entanto, havia escravos, como foi o caso de Joaquim Crioulo,

CRIMES EM COMUM **225**

pertencente ao vigário Joaquim Soares Ferreira, que até se vangloriavam da condição de capangas. Na Freguesia de Santa Rita do Paraíso, atual cidade de Igarapava, então integrante do município de Franca, existia um outro escravo, também pertencente a um padre, cuja fama era de ter matado sete pessoas.

O pescador José Bernardes Ferreira vivia em companhia de uma mulher conhecida no arraial de Santa Rita do Paraíso apenas como Vida, com quem constava que ele mantinha "relações ilícitas". Certo dia, ao retornar do trabalho, José Bernardes surpreendeu Vida, dentro de sua casa, em companhia do padre Zeferino Candido da Costa. José Bernardes, descontente com a situação, espancou a mulher na frente do padre, que era um dos homens influentes do lugar.

O padre tomou a situação como um grande insulto. Saiu da casa de Bernardes e foi até a residência de Maria Silvéria, conhecida como Maria Tica. Lá, contou a história à mulher e disse que o pescador "não insultaria a outro".[43] Tica pediu ao padre Zeferino que não levasse avante o seu intento, mas foi ignorada. Três noites mais tarde, o pescador estava em sua cama, quando de um orifício cuidadosamente preparado na parede de seu quarto, abaixo da janela, recebeu um tiro que atingiu a altura do cotovelo esquerdo, penetrando o peito. A companheira do pescador gritou por ajuda, mas não houve o que fazer. Segundo os peritos que examinaram o cadáver para a elaboração do Auto de Corpo de Delito, José Bernardes havia morrido quase instantaneamente.

A autoria do crime tornou-se um mistério. Os homens que foram acudir aos pedidos de socorro não viram o assassino, apenas um buraco feito na cerca que protegia a frente da casa, por onde o atirador entrou. Dias após o crime, o subdelegado de Santa Rita se recusava a abrir o inquérito para a apuração da morte. Após muitas insistências dos inimigos políticos do padre, foi mandado ao escrivão que lavrasse o auto de inquirição de testemunhas. Os depoi-

---

43 Cartório do 1º Ofício Criminal de Franca, Processo n.579, cx.20, 1861, AHMUF.

mentos mencionaram que nos dias que se passaram entre a desfeita sofrida pelo padre e a noite do assassinato, um escravo de nome Modesto, pertencente ao padre Zeferino, foi visto rondando a casa do pescador.

Tão logo a inquirição começou, o padre e seu cativo foram vistos cruzando o Rio Grande na direção da província de Minas Gerais. Pesava sobre o padre Zeferino a suspeita de ter sido o mandante do crime. O escravo Modesto foi citado por mais de uma testemunha como um assassino de sete mortes. Sua fama se espalhou para além da divisa com Minas. Alguns dos viajantes que faziam o percurso entre o porto do Rio Grande e o Arraial de Santa Rita diziam ter ouvido falar do escravo Modesto em distantes paragens. Preso, Modesto negou qualquer participação no crime, dizendo que todas as noites, à mesma hora, era trancado por seu senhor em um dos quartos da casa onde dormia. Modesto alegou que não havia rondado a casa de José Bernardes, como afirmaram as testemunhas, pois naqueles dias estava trabalhando na construção de uma cerca para a propriedade de seu senhor. Perguntado pelo motivo de sua fuga, Modesto disse que a ordem partiu de seu senhor. O padre Zeferino lhe explicou que eles haviam sido acusados pela morte de José Bernardes, e deveriam se retirar para não serem presos. Dizendo, ainda, que só voltariam ao lugar por ocasião do julgamento, quando ambos poderiam se defender.

O processo criminal estava condenado ao arquivamento. Os primeiros autos de inquirição de testemunhas foram roubados da subdelegacia. Novamente instaurado o processo, travou-se um longo debate entre o subdelegado de Santa Rita, o delegado e o juiz municipal de Franca, pois cada um, partidário ou inimigo do padre, opinava alternadamente pela procedência e improcedência do processo. Uma década depois do crime, em 1871, Heitor Leal da Fonseca, tido pelo padre Zeferino como seu "inimigo capital", tentou mais uma vez oferecer uma denúncia e reabrir o processo. No entanto, apresentando testemunhas e certidões de idoneidade, o padre se livrou das acusações e o processo foi declarado extinto por prescrição.

Ao que parece, não houve na região de Franca um escravo como Vicente Crioulo, preso em Lorena como assassino profissional, de quem já falamos neste capítulo. Joaquim Crioulo, acusado pelo atentando da Rua do Comércio, no Centro da Vila Franca, não foi levado a sério, pois estava embriagado quando se intitulava capanga. Por fim, todo o processo montado para apurar a morte do pescador José Bernardes mostra que o assassinato foi cometido por alguém que tinha algum conhecimento do ofício de matador. No entanto, as intrigas políticas do lugar eram tamanhas que não é possível saber se na época poderia ser plausível admitir que o escravo Modesto era o assassino das sete mortes.

Vinganças e outras associações criminosas entre livres e escravos

Em uma região rural onde as relações estabelecidas entre livres e escravos eram significativas, em razão da ampla mobilidade espacial de que dispunham muitos cativos, a prática de ações criminosas conjuntas também era uma possibilidade sempre que a necessidade de resolução de um problema comum se tornava iminente. Nesses casos também predominavam as mortes e ferimentos; no entanto, no município de Franca, foram registrados crimes contra a propriedade praticados por cativos sob a influência de pessoas livres.

Germano de Annecy, religioso francês – responsável pelo projeto e execução do Relógio Solar que adorna a praça central de Franca até os dias atuais –, queixou-se ao delegado da então Vila Franca por ter sido vítima de um roubo. Os ladrões invadiram o seu quarto, arrombaram uma canastra e dela retiraram todas as suas economias em cédulas e moedas, além de um cronômetro, que lhe fora presenteado pelo imperador Pedro II. O crime ocorreu na chácara do monsenhor Candido Martins da Silveira Rosa, onde residiam os clérigos acompanhados de algumas pessoas livres e seus escravos. O dia e a hora do roubo foram cuidadosamente escolhidos. Uma "sexta-feira da paixão" do ano de 1886, por volta das

228 RICARDO ALEXANDRE FERREIRA

dezoito horas, oportunidade em que os religiosos encontravam-se na Igreja Matriz de Franca.

As suspeitas logo recaíram sobre uma das cativas da casa de nome Joaquina, pertencente a dona Maria Antonia de Jesus, que também morava na chácara. Envolvida amorosamente com o italiano Francisco Tarssia, Joaquina teria franqueado a entrada dele e de seu compatriota Pascoal Pezzini no quarto de Annecy. Os dois italianos não tiveram nenhuma dificuldade para carregar a canastra até o quintal, arrombá-la e retirar do seu interior os objetos que lhes interessavam.

Como os padres eram muito conhecidos na cidade, os diferentes depoimentos prestados pela cativa atraíram a atenção de várias pessoas. Pressionada, Joaquina ofereceu diferentes versões para o roubo. Entre um e outro depoimento, o escrivão registrou uma frase atribuída a ela na qual dizia: "se vacilou algumas vezes em suas respostas foi porque é mulher e fraca".[44]

Inicialmente, Joaquina incriminou seus tios, um casal de escravos, moradores na mesma chácara onde ocorreu o roubo. Em outro depoimento, disse que ela e os tios estiveram no quarto de Annecy apenas para ver os livros que o padre possuía. Posteriormente, a cativa acusou os italianos Pascoal Pezzini e Francisco Tarssia de terem mandado que ela os ajudasse a praticar o roubo, ameaçando-a para que não os incriminassem. Por medo das ameaças, ela acusou inicialmente seus tios. Em um novo interrogatório, Joaquina mudou mais uma vez de história. Disse que foi espancada na prisão para confessar o crime e acusar os dois italianos. As sucessivas mudanças de depoimento da ré, associadas aos testemunhos conseguidos pelos italianos, que atestavam suas presenças em lugares distantes da chácara dos religiosos no momento em que a canastra foi arrombada, fizeram que o juiz de direito julgasse o sumário de culpa improcedente, ordenando a libertação de todos os acusados.

Todas as histórias contadas por Joaquina tinham algum elemento plausível. Por isso, ela foi mantida na cadeia durante todo o

---

44 Cartório do 1º Ofício Criminal de Franca, Processo n.1182, cx.56, 1886, AHMUF.

inquérito. No entanto, o comportamento das autoridades, especialmente do juiz de direito, permite observar que a maior suspeita era a de que ela cometeu o crime a mando dos italianos. Pois, tão logo eles conseguiram comprovar seus álibis, o processo foi encerrado.

Crimes cometidos por livres em conjunto com escravos também podiam se originar em situações coerção pessoal. No dia 13 de abril de 1864, à tarde, na Fazenda Ribeirão Corrente, ocorreu um triplo homicídio. As vítimas foram Constância Maria da Conceição – grávida de oito meses – e sua filha, também chamada Maria.

Os Autos de Corpo de Delito realizados nas vítimas registraram as dimensões da crueldade empregada pelos assassinos. De acordo com os peritos, além de vários ferimentos pelo corpo, Constância teve um dos olhos arrancado, todos os ossos do peito quebrados, um corte na vagina que media seis polegadas, o lábio superior do lado esquerdo cortado, além de ter sido morto o feto que ela trazia no ventre. A "inocente Maria", além de vários ferimentos pelo corpo, também teve a orelha do lado direito cortada e, como a mãe, todos os ossos do peito quebrados. O crime causou grande comoção nos moradores da região, que no local construíram uma capela. A Constância atribui-se até mesmo a realização de milagres. A fazenda deu origem à atual cidade de Ribeirão Corrente.

Os acusados pelo delito foram Francisco Antunes de Camargo – dono de um longo rol de antecedentes criminais: furto, deserção, homicídio, fuga de cadeia, sedução e faltas disciplinares no destacamento de permanentes de Franca, onde servia como militar – e Francisco, escravo de dona Rosa Angélica de Jesus. Após um primeiro depoimento, no qual negava qualquer culpa no crime, o escravo foi novamente inquirido e, dessa vez, atribuiu sua participação no assassinato ao fato de ter sido obrigado por Francisco Antunes de Camargo, que desejava vingar-se do marido e pai das assassinadas.

De acordo com o cativo, a casa da vítima localizava-se a uma pequena distância da residência de sua senhora. No dia do crime, o cativo se ocupava com as tarefas de alimentar os animais, abater e limpar um porco, quando foi surpreendido por Francisco Camargo. Com uma arma em punho, Camargo obrigou o cativo a segui-lo até a casa de Constância Maria da Conceição. Lá chegando, o homem perguntou a ela por seu marido. Em seguida, agarrou a mulher pelos cabelos e a arrastou para o interior da residência, onde a assassinou, obrigando o cativo a fazer o mesmo com a pequena Maria.

Os dois Franciscos, o livre e o escravo, foram pronunciados e levados a julgamento. No entanto, a versão de que o cativo Francisco foi obrigado a cometer o crime sob ameaças de morte surtiu efeito entre os jurados, que o declararam inocente. Francisco Antunes de Camargo, por sua vez, foi condenado a pena capital, comutada pelo imperador em galés perpétuas. Seu último destino foi a Ilha de Fernando de Noronha, onde morreu – vítima de um assassinato – em 7 de julho de 1878.[45]

Havia diferentes tipos de conveniências mútuas que levavam livres e escravos a cometerem crimes juntos. A vingança era um dos argumentos mais recorrentemente empregados para a justificação de terríveis assassinatos. O corpo de Cândida Figueira foi encontrado à margem de um caminho, todo ensanguentado. Após realizarem os exames, os peritos descreveram que a morte foi o resultado de uma grande pancada que a mulher recebeu na cabeça, onze facadas profundas e outras seis "facadinhas pelo corpo".[46] Durante algum tempo, ninguém soube quem poderia ter matado a mulher, até que os vizinhos começaram a comentar que Manoel Crioulo, escravo de Ambrósio Gonçalves Pinheiro, foi o assassino.

Ao ouvir os boatos que proliferavam a cada dia, Manoel fugiu da fazenda de seu senhor e foi pedir a outro fazendeiro, Silvestre Magalhães Portilho, que o comprasse. A tentativa frustrou-se, pois Portilho prendeu o cativo e o levou até José Machado Diniz para que este o entregasse ao proprietário. Perguntado por Diniz a respeito da morte de Cândida Figueira, o escravo Manoel confessou que ele, acompanhado de Lina Silveira da Cruz, havia matado

---

45 Cartório do 1º Ofício Criminal de Franca, Processo n.609, cx.21, 1864, AHMUF.

46 Cartório do 1º Ofício Criminal de Franca, Processo n.429, cx.15, 1854, folha 4, AHMUF.

Cândida. Segundo contou o escravo a Diniz, por várias vezes Lina o convidou e ele se recusou: "em uma ocasião o Diabo o atentou ele escutou o convite e foram matar a dita Cândida Figueira".[47] Diniz devolveu o cativo a seu proprietário. O senhor desejava pessoalmente castigar Manoel, mas ele fugiu.

Presa, Lina só confirmou que o escravo Manoel havia cometido o crime por ter estabelecido um acordo com uma mulher que não era ela. Certo dia, estando todos reunidos no pátio da casa do senhor de Manoel, Anna Rosa, esposa de Manoel Fidellis, pegou uma faca e começou a perseguir Cândida, dizendo que queria matá-la. Cândida tornou-se inimiga de Anna Rosa por "desencaminhar" Fidellis. De seu lado, segundo Lina, o cativo Manoel também tinha motivos para matar Cândida porque ela fazia muitos enredos ao senhor. Em razão desses enredos, o senhor sempre castigava seus escravos, incluindo Manoel. No entanto, durante o inquérito, todas as testemunhas repetiam ter ouvido do cativo Manoel que ele e Lina foram os assassinos de Cândida. Como Manoel nunca foi preso, todos os depoimentos seguiram a lógica do "sei por ouvir dizer". As informações prestadas por Lina não foram comprovadas. A denúncia contra a própria Lina também foi considerada improcedente e o processo, encerrado.

Até aqui foram expostas diferentes possibilidades de junção de livres e escravos para a prática de crimes, sob as mais variadas motivações. No entanto, temos um último tipo de associação bastante comum dentro da casa de senhores que tratavam muito mal seus escravos, além de desagradarem outras pessoas livres que com eles conviviam.

Num domingo, por volta das nove horas da manhã, José da Costa Ribeiro, conhecido como Zé Gordo, montado em seu cavalo e acompanhado por um sobrinho, saiu da casa de Anselmo Gomes da Silva e tomou a estrada rumo à Vila de Santa Rita do Paraíso. A certa altura, em uma depressão, onde a estrada cortava uma mata,

---

47 Cartório do 1º Ofício Criminal de Franca, Processo n.429, cx.15, 1854, folha 24, AHMUF.

José da Costa recebeu um tiro e caiu ainda vivo. Com muito medo, seu sobrinho foi até a vila em busca de ajuda. Quando voltava, resolveu tomar um caminho lateral ao do conflito e encontrou-se com um enteado de José da Costa, Antonio Alexandre Barbosa, carregando uma garrucha. Ao ser perguntado sobre o que fazia por ali, o rapaz disse que estava a caminho da vila. Ocorre que Barbosa não foi visto pelas pessoas que visitavam José da Costa antes da morte e nem mesmo no dia do velório. Apenas à noite, se divertindo em uma "súcia".

Os conflitos entre o morto e seu enteado começaram quando José da Costa negou-se a emprestar dinheiro e alguns animais para que Barbosa fosse até a cidade mineira de São Gonçalo da Campanha comprar um carregamento de chapéus afim de negociá-los na região de Santa Rita do Paraíso. Seis meses antes do assassinato, padrasto e enteado tiveram uma outra discussão que terminou com José da Costa expulsando Barbosa de sua fazenda. No mesmo período, José da Costa Ribeiro foi até a sua roça verificar o serviço que lá fazia o escravo Quintino. Insatisfeito, José da Costa espancou Quintino e mandou que ele fosse tapar um buraco em uma cerca próxima. O cativo se dirigiu até a cerca, mas, quando o senhor retornou para verificar o trabalho, decidiu novamente bater no escravo. Só que dessa vez o cativo estava com um machado nas mãos e não teve dúvidas em defender-se do senhor. José da Costa prometeu terminar o castigo quando o cativo voltasse para casa. No caminho entre a roça e a casa do senhor, o cativo Quintino encontrou-se com o enteado de seu senhor, Antonio Alexandre Barbosa, e lhe contou o que havia se passado na roça. Barbosa sacou uma garrucha que trazia nos coldres e a entregou ao cativo dizendo que ele poderia matar o senhor. O escravo recusou-se, dizendo que não tinha coragem para matar José da Costa. "Em vista desta recusa, Barbosa oferecera-se para coadjuvar a perpetração do assassinato, ou para, por si só perpetra-lo e que assim ficaram conversados."[48]

---

48 Cartório do 1º Ofício Criminal de Franca, Processo n.852, cx.33, 1876, folha 45, AHMUF.

Ouvido em depoimento, o escravo Quintino confirmou toda a historia do castigo e da oferta da arma que lhe fez o enteado Barbosa. No dia da emboscada, Quintino saiu pela manhã com a missão de levar alguns bois até uma invernada. O cativo afirmou que não teve nenhuma participação no crime, apesar de saber da intenção de Barbosa. Antonio Alexandre Barbosa também foi interrogado e disse não ter sido o assassino, mas sim o escravo Quintino. No momento do crime, Barbosa disse que estava a caminho da Vila de Santa Rita do Paraíso, onde ia buscar uma viola, mas resolveu mudar de direção e ir até a casa de um amigo jogar cartas. A troca de acusações marcou as fases seguintes do processo.

Quintino e Barbosa foram levados a julgamento. O enteado, sob a acusação de efetivamente ter assinado seu padrasto. O promotor público reconheceu que Quintino não teve participação direta na morte, mas o considerou cúmplice no crime por ter conhecimento das intenções de Barbosa e não avisar a ninguém a respeito do assassinato iminente do senhor. Nesse caso, sem o apoio do senhor mandante, como ocorreu com outros cativos réus aqui já mencionados, Quintino foi condenado à pena de duzentos açoites e a carregar um ferro no pé por um ano. Antonio Alexandre Barbosa, no entanto, conseguiu, por meio de apelações e recursos jurídicos, arrastar o processo por quatro julgamentos. Cinco anos após o crime, Barbosa foi absolvido com base na tese de que o único assassino foi o cativo Quintino.

Perseguindo uma suspeita levantada por alguns estudos integrantes da historiografia dedicada à compreensão da história social da escravidão no Brasil, foi possível concluir que, tal como ocorria no mundo dos trabalhadores livres (camaradas e agregados), alguns escravos estavam sujeitos ao cumprimento de missões criminosas a mando de seus senhores. Em exíguos informes ou em relatos um pouco mais detalhados, observou-se que essa prática era disseminada em diferentes regiões do Império.

Centrar a análise em uma região específica da província de São Paulo possibilitou o entendimento mais acurado das relações e costumes do lugar e a investigação mais detida das facetas dos mundos de livres e escravos que se envolviam em tais ações. O núcleo privilegiado dessas relações era a família, onde todos os participantes estavam submetidos a uma só ordem, fossem eles livres ou escravos. Evidentemente, mesmo numa região onde predominavam as pequenas posses, os conflitos mais graves estavam sempre relacionados aos proprietários mais abastados, pois, se, por um lado, o mandante deveria ser obedecido, por outro, cabia a ele garantir o resgate dos mandatários, fosse do conflito em si ou das consequências jurídicas dele advindas. No entanto, a relação não se esgotava no proprietário, livres e escravos podiam conciliar seus próprios interesses com os de seus senhores e patrões. Num primeiro momento, a valentia e o tornar-se temido já os distinguiam de seus iguais. Em cada missão, contudo, abria-se a possibilidade de resolver uma questão de interesse próprio, ao mesmo tempo que se solucionava um problema do patrão ou senhor.

Poucos foram os processos do município de Franca que registraram a presença de assassinos profissionais desvinculados do núcleo familiar dos patrões e senhores. Em todos os autos analisados existem apenas cinco casos, a maioria envolvendo exclusivamente homens livres. No único processo em que existe o envolvimento dos cativos entre os criminosos, assim reconhecidos por toda a população de um povoado, os escravos permaneceram sempre em segundo plano, sendo considerados como parte do grupo apenas no momento fatídico de sua dissolução.

Livres e escravos também eram capazes de se organizar para a prática conjunta de ações criminosas que visavam à solução de problemas comuns. No entanto, o que fica patente no estudo de alguns casos específicos é que após o descobrimento da ação delituosa pelas autoridades havia uma negativa sistemática das associações, recaindo sobre os escravos a culpa e as punições. Assim foi no caso da cativa Joaquina e dos italianos, no do escravo Manoel e de sua parceira Lina, bem como do escravo Quintino e do livre Alexandre Barbosa, enteado de seu senhor.

Considerações finais

Nas últimas décadas, a historiografia brasileira avançou significativamente na compreensão de que, além da relação primordial estabelecida pelos escravos com os seus senhores, havia um conjunto amplo de possibilidades de associações dos cativos com a população livre, especialmente nas áreas urbanas e nas regiões rurais de predomínio das pequenas posses de escravos. Inserido nesse debate, o presente estudo dedicou-se à compreensão de um aspecto do tema: o das interpenetrações dos mundos de livres e escravos, adotando como fio condutor o tema da criminalidade – um assunto de Estado.

Uma primeira aproximação com os debates a respeito da segurança pública e individual produzida por diferentes agentes do Executivo Imperial poderia sugerir que os escravos cometeram crimes exclusivamente contra os seus senhores, feitores, além de tramarem planos insurrecionais. No entanto, a documentação criminal remanescente das regiões rurais onde predominavam as pequenas posses de escravos, fartamente investigada pelos pesquisadores nos últimos anos, revela que esses tipos de crimes figuravam como uma pequena parte do conjunto das ações tidas como delituosas praticadas pelos cativos.

O exame aprofundado dos relatórios emitidos pelos ministros da Justiça e presidentes da província de São Paulo, sobretudo dos debates a respeito da segurança individual, resultou na percepção de que os crimes cometidos por escravos, que não se enquadravam nas insurreições ou na famosa lei excepcional de 1835, eram agrupados com a criminalidade atribuída à população em geral. Ministros e presidentes reuniam réus cativos e livres sob a denominação de "classes ínfimas da sociedade". Ao omitirem as diferenças de condição jurídica dos réus em grande parte dos delitos cometidos no Império, os membros do Executivo admitiam que livres e escravos praticavam crimes similares. A esses delitos, especialmente os chamados crimes contra a pessoa, que se avultaram na segunda metade do Oitocentos, eram atribuídas causas genéricas, sempre ligadas à lógica de que juntos, ambos, livres e escravos criminosos, constituíam um mal que afligia o corpo social.

O estudo mais detalhado dos motivos que levavam livres e escravos a cometerem crimes em comum demandou a interpretação dos processos criminais produzidos em uma das regiões não exportadoras do Império do Brasil. O Termo e depois Comarca de Franca foi durante muito tempo associado com um lugar perigoso, povoado por facinorosos. A origem dessa má fama estava relacionada com dois aspectos principais: a localização da região – no extremo nordeste da província de São Paulo, um lugar de fronteira e passagem – e um episódio de sua história noticiado tanto na sede da província quanto na corte do Rio de Janeiro – as anselmadas. Contudo, apesar de persistente, a má fama foi apenas um dos elementos constitutivos da história da região no século XIX. As atividades ali desenvolvidas, os hábitos e costumes levados para a região pelos primeiros povoadores mineiros, perpetuados sem grandes alterações durante décadas, compuseram fundamentalmente o ambiente que cercava os mundos de livres e escravos.

A criação de gado, de porcos e o cultivo de lavouras destinadas à produção de gêneros para o consumo nunca demandou muitos cativos. No entanto, ser livre ou escravo em uma região rural onde predominavam os senhores de pequenas posses não era uma situação irrelevante. Sem meios materiais para a compra de escravarias maior que demandavam a contratação de feitores e administradores, os proprietários cuidavam pessoalmente da administração do trabalho de seus escravos. No entanto, morando durante anos nas mesmas propriedades, os cativos conseguiam ampliar os limites de suas ações, especialmente a capacidade de circular pelos mais variados locais. Nesses momentos, a proximidade com a população livre se tornava mais intensa.

O estudo da criminalidade praticada por livres e escravos na região demonstrou que o recurso às soluções violentas para os desacertos do cotidiano permeava tanto as relações extremas dos cativos com seus senhores quanto os conflitos estabelecidos com a população em geral. No pequeno núcleo urbano, nos subúrbios da vila e na zona rural, durante os dias e as noites, as disputas por jogos, pela possibilidade de frequentar os mesmos lugares, pelos mesmos amores, por dinheiro, pela posse de animais ou objetos de valor pessoal levavam livres, libertos e escravos a travarem disputas que acabavam em ferimentos e mortes.

Embora o ato de ferir ou matar pudesse representar uma solução para os conflitos enfrentados no cotidiano, essas ações criavam um outro problema – a necessidade de prestar contas à polícia e à Justiça. Nesse âmbito a balança pesava desfavoravelmente aos cativos. Mesmo compondo uma parte pequena da população local, quando comparados aos réus livres, os escravos eram mais recorrentemente condenados, pois pesava sobre eles o interesse dos proprietários. Os senhores tinham a prerrogativa, como curadores natos de seus escravos, de prescindir do direito de apelar das sentenças condenatórias, sempre que optavam pelo cumprimento imediato da pena de açoites para que seus escravos retornassem rapidamente ao trabalho. Sentados no mesmo banco dos réus, julgados pelo mesmo juiz, com base no mesmo código de leis, escravos permaneciam escravos e livres permaneciam livres, independentemente da região onde habitavam.

Da mesma forma que ocorria com trabalhadores livres, muitos escravos estavam sujeitos ao cumprimento de missões criminosas a mando de seus senhores. O núcleo privilegiado dessas relações era a família, onde todos os participantes estavam submetidos a uma só ordem, fossem eles livres ou escravos. Em geral, mesmo numa região onde predominavam os senhores de poucos recursos, os conflitos mais graves envolviam os proprietários mais abastados, pois, se, por um lado, o mandante deveria ser obedecido, por outro, cabia a ele garantir o resgate dos mandatários, fosse do conflito em si ou das consequências jurídicas dele advindas. A relação de mando não se esgotava no mandante. Por vezes, livres e escravos enviados para uma missão criminosa podiam resolver um problema do patrão ou senhor e, ao mesmo tempo, solucionar uma questão de interesse próprio.

Nem sempre, contudo, o senhor ou patrão eram os idealizadores de mortes e ferimentos destinados ao reparo de uma situação considerada ultrajante. Em alguns casos, livres e cativos se associavam para a eliminação de um desafeto comum. Embora seja necessário observar que, tão logo a notícia se espalhava chegando aos ouvidos das autoridades, livres e escravos parceiros se separavam definitivamente.

Mesmo convivendo muito próximos, livres e escravos não se confundiam no cotidiano. A fronteira entre a escravidão e a liberdade era constantemente reafirmada todas as vezes que o limite do tolerável era ultrapassado. No entanto, muitos livres, libertos e escravos ocuparam os mesmos espaços, lutaram pelos mesmos interesses e praticaram crimes em comum. As penas dos membros do Executivo e do Judiciário Criminal do Estado Imperial Brasileiro trataram de dar a esses crimes a homogeneidade que a própria população não tinha. Generalizar a respeito dos criminosos e dos crimes era também uma maneira de o Estado expressar o povo que não desejava ser.

REFERÊNCIAS BIBLIOGRÁFICAS

Fontes

Manuscritas

Arquivo Histórico Municipal de Franca "Capitão Hipólito Antonio Pinheiro" – AHMUF. Fundo: Cartório do 1º Ofício Criminal de Franca. Processos Criminais – 1830-1888 – Caixas 02 a 56.

Departamento de Arquivo do Estado de São Paulo – Daesp. Ofícios Diversos – Franca – 1822-1888 – Latas C01017 a C01024. Ofícios dos Juízes de Direito – Franca – 1835-1888 – Latas CO 04773 a CO 04775.

Disponíveis em meio digital

Projeto de Imagens de Publicações Oficiais Brasileiras do "Center for Research Libraries e Latin American Microform Project". Pesquisa realizada entre março de 2005 e janeiro de 2006.

Relatórios dos Presidentes das Províncias – São Paulo – 1838-1888. Disponível em: <http://www.crl.edu/content/brazil/sao.htm>.

Relatórios Ministeriais – Justiça – 1830-1888. Disponível em: <http://brazil.crl.edu/bsd/bsd/hartness/justica.html>.

Fontes impressas e obras contemporâneas à delimitação temporal da pesquisa

A ABOLIÇÃO NO PARLAMENTO: 65 anos de lutas, 1823-1888. 2v. Brasília: Senado Federal, Subsecretaria de Arquivo, 1988.

ALMANAK DA PROVÍNCIA DE SÃO PAULO para o ano de 1873, organizado e publicado por Antonio José Baptista Luné e Paulo Selfino Fonseca. Edição fac-similar. São Paulo: Imprensa Oficial do Estado S.A., 1985.

ALVES JÚNIOR, T. *Anotações teóricas e práticas ao Código Criminal*. Rio de Janeiro: Francisco Luiz Pinto & C. Editores, 1864. 4t.

ANTONIL, A. J. *Cultura e opulência do Brasil por suas drogas e minas*. (1711). Introdução e Vocabulário por A. P. Canabrava. São Paulo: Companhia Editora Nacional, 1967.

ATLAS DO IMPÉRIO DO BRASIL – *Os mapas de Cândido Mendes (1868)*. Rio de Janeiro: Arte e História Livros e Edições, 2000.

BENCI, J. *Economia cristã dos senhores no governo dos escravos*. (1705). São Paulo: Grijalbo, 1977.

CASTRO, J. A. de Azevedo. *Breves anotações à Lei do Elemento Servil nº 2040 de 28 de setembro de 1871*. Rio de Janeiro: B. L Garnier, s.d.

CÓDIGO DO PROCESSO CRIMINAL de Primeira Instancia do Império do Brasil com a Lei de 3 de dezembro de 1841 n.261, comentado e anotado pelo Conselheiro Vicente Alves de Paula Pessoa. Rio de Janeiro: Jacintho Ribeiro dos Santos Livreiro-Editor, 1899.

CÓDIGO CRIMINAL DO IMPÉRIO DO Brasil, comentado e anotado pelo Conselheiro Vicente Alves de Paula Pessoa. 2.ed. (aum.). Rio de Janeiro: Livraria Popular de A. A. da Cruz Coutinho, 1885.

CÓDIGO FILIPINO, ou, Ordenações e Leis do Reino de Portugal: recopiladas por mandado d'el-Rei D. Filipe I – Ed. fac-similar da 14.ed. (1870), segundo a primeira, de 1603, e a nona, de Coimbra, de 1821. 4v. / com introdução e comentários de Cândido Mendes de Almeida. Brasília: Senado Federal, Conselho Editorial, 2004.

COLEÇÃO DAS LEIS DO IMPÉRIO DO BRASIL. Rio de Janeiro: Tipografia Nacional, 1864.

CORDEIRO, C. A. *Novíssimo assessor forense reformado ou Formulário de todas as ações conhecidas no foro brasileiro*. Tomo 1 – Ações Criminais. 7.ed. Rio de Janeiro: Laemmert & C., 1888.

D'ALINCOURT, L. *Memória sobre a viagem do porto de Santos à cidade de Cuiabá*. Belo Horizonte: Itatiaia; São Paulo: Editora da Universidade de São Paulo, 1975.

DIÁRIO DA ASSEMBLÉIA GERAL Constituinte e Legislativa do Império do Brasil – 1823. Edição Fac-Similar. Introdução de Pedro Calmon. 3t. Brasília: Editora do Senado, 2003.

MACEDO, J. M. de. *As vítimas-algozes*: quadros da escravidão. 3.ed. São Paulo: Scipione, 1988. Originalmente publicado em 1869.

————. *As vítimas-algozes*: quadros da escravidão. 3.ed. São Paulo: Scipione, 1988.

MALHEIRO, P. *A escravidão no Brasil*: ensaio histórico, jurídico e social. 3.ed. Petrópolis: Vozes, 1976. Estudo originalmente publicado entre os anos de 1866 e 1867.

MÜLLER, D. P. *Ensaio dum quadro estatístico da Província de São Paulo*: ordenado pelas leis municipais de 11 de abril de 1836 e 10 de março de 1837. 3.ed. (fac-similada). São Paulo: Governo do Estado, 1978.

NABUCO, J. *Um estadista do Império*. São Paulo: IPÊ – Instituto Progresso Editorial S. A., 1949. 4v.

————. *A escravidão*. Rio de Janeiro: Nova Fronteira, 1999.

————. *Minha formação*. Belo Horizonte: Editora Itatiaia, 2004.

ORDENAÇÕES FILIPINAS: livro V / organização Silvia Hunold Lara. São Paulo: Companhia das Letras, 1999.

REFORMA JUDICIÁRIA *(Lei nº 2033 de 20 de setembro de 1871).* Comentada pelo Magistrado Vicente Alves de Paula Pessoa. Recife: Typ. Mercantil, 1874.

SAINT-HILAIRE, A. de. *Viagem às nascentes do rio S. Francisco.* Belo Horizonte: Editora Itatiaia; São Paulo: Editora da Universidade de São Paulo, 1975a.

————. *Viagem à Província de Goiás.* Belo Horizonte: Editora Itatiaia; São Paulo: Editora da Universidade de São Paulo, 1975b.

————. *Viagem à Província de São Paulo.* Belo Horizonte: Editora Itatiaia; São Paulo: Editora da Universidade de São Paulo, 1976.

SÃO VICENTE, J. A. P. B. (Marquês de) *Apontamentos sobre o Processo Criminal Brasileiro.* (Edição anotada, atualizada e completada por José Frederico Marques). São Paulo: Editora Revista dos Tribunais, 1959. (Livro elaborado a partir da 2.ed. da obra de Pimenta Bueno originalmente publicada em 1857).

————. *José Antonio Pimenta Bueno, marquês de São Vicente.* Org. e introd. Eduardo Kugelmas. São Paulo: Editora 34, 2002.

SARMENTO, A. *Os crimes célebres de São Paulo*: histórico e julgamento dos crimes mais importantes ocorridos nesta província nos últimos Tempos... Campinas: Typ. a Vapor do Diário de Campinas, 1886.

242 RICARDO ALEXANDRE FERREIRA

SÜSSEKIND, F. As vítimas algozes e o imaginário do medo. In. MACEDO, J. M. de. *As vítimas-algozes*: quadros da escravidão. 3.ed. São Paulo: Scipione, 1988.

TAUNAY, A. d'E. *Marcha das forças*: (Expedição de Mato Grosso) 1865-1866. Do Rio de Janeiro ao Coxim. São Paulo: Melhoramentos, 1928. Originalmente publicada em 1867.

URUGUAI, Visconde do. *Visconde do Uruguai*. Org. e introd. José Murilo de Carvalho. São Paulo: Editora 34, 2002.

VASCONCELOS, B. P. de. *Bernardo Pereira de Vasconcelos*. Org. e introd. José Murilo de Carvalho. São Paulo: Editora 34, 1999.

VASCONCELOS, Z. de G. e. *Zacarias de Góis e Vasconcelos*. Org. e introd. Cecília Helena de Salles Oliveira. São Paulo: Editora 34, 2002.

VIDAL, J. M. *Repertório da legislação servil*. Rio de Janeiro: H. Laemmert, 1883.

Estudos a respeito do direito, da legislação e da criminalidade envolvendo livres, libertos e escravos no Brasil e outros países das Américas

ADORNO, S. *Aprendizes do poder*. O bacharelismo liberal na política brasileira. Rio de Janeiro: Paz e Terra, 1988.

AGUIRRE, C. A.; BUFFINGTON, R. (Ed.) *Reconstructing Criminality in Latin America*. Wilmington: Jaguar Books on Latin America, 2000. n.19.

ALGRANTI, L. M. *O feitor ausente*: estudo sobre a escravidão urbana no Rio de Janeiro. Petrópolis: Vozes, 1988.

AZEVEDO, C. M. M. de. *Onda negra, medo branco*: o negro no imaginário das elites – século XIX. Rio de Janeiro: Paz e Terra, 1987.

AZEVEDO, E. *Orfeu de carapinha*. A trajetória de Luiz Gama na Imperial cidade de São Paulo. Campinas: Editora da Unicamp, Centro de Pesquisa em História Social da Cultura, 1999.

_____. *O direito dos escravos*: lutas jurídicas e abolicionismo na província de São Paulo na segunda metade do século XIX. Campinas, 2003. Tese (Doutorado em História) – Instituto de Filosofia e Ciências Humanas, Universidade Estadual de Campinas.

BANDECCHI, P. B. Legislação sobre a escravidão africana no Brasil. *Revista de História*. São Paulo, v.XLIV, n.89, p.207-13, jan.-mar. 1972.

_____. Legislação da Província de São Paulo sobre escravos. *Revista de História*. São Paulo, v.XXV, n.99, p.235-40, 1974.

BATISTA, N. *Matrizes ibéricas do sistema penal brasileiro*. 2.ed. Rio de Janeiro: Revan: ICC, 2002. (Pensamento Criminológico 5).

BEVILAQUA, C. Evolução jurídica do Brasil no Segundo Reinado. *Revista do Instituto Histórico e Geográfico Brasileiro*. Rio de Janeiro: Imprensa Nacional, 1927. t.98, v.152, 1925.

_____. *História da Faculdade de Direito do Recife*. 2.ed. Brasília: INL, Conselho Federal de Cultura, 1977.

BRANDÃO, J. de F. O escravo e o direito (Breve abordagem histórico-jurídica). *Anais do VI Simpósio Nacional dos Professores Universitários de Historia*. São Paulo, v.I, n.XLIII, p.255-283, s.d.

BRESCIANI, M. S. Condições de vida do escravo na Província de São Paulo no século XIX. *Revista do Arquivo Municipal*. São Paulo, n.192, ano 42, p.1-95, jan.-dez. 1979.

BRETAS, M. O crime na historiografia brasileira: uma revisão da pesquisa recente. *Boletim Informativo e Bibliografia de Ciências Sociais*. Rio de Janeiro, n.32, p.49-61, 1991.

BRETAS, M. et al. (Org.) *História das prisões no Brasil*. 1.ed. Rio de Janeiro: Rocco, 2009. 2v.

CAMPOS, A. P. *Nas barras dos tribunais*: direito e escravidão no Espírito Santo, século XIX. Rio de Janeiro, 2003. Tese (Doutorado em História) – Instituto de Filosofia e Ciências Sociais, Universidade Federal do Rio de Janeiro.

CANCELLI, E. *A cultura do crime e da lei*: 1889-1930. Brasília: Editora Universidade de Brasília, 2001.

CERQUEIRA LEITE, B. W. de. A reforma judiciária de 1871 e sua discussão no Senado do Império. *História*, São Paulo, v.1, p.61-75, 1982.

CHAIA, J.; LISANT, L. O escravo na legislação brasileira (1808-1889). *Revista de História*. São Paulo, v.XXV, n.99, p.241-7, 1974.

CHALHOUB, S. *Visões da liberdade*: uma história das últimas décadas da escravidão na Corte. São Paulo: Companhia das Letras, 1990.

DE JESUS, A. L. F. *O sertão oitocentista*: violência, escravidão e liberdade no Norte de Minas Gerais (1830-1888). Belo Horizonte, 2005. Dissertação (Mestrado em História) – Faculdade de Filosofia e Ciências Humanas, Universidade Federal de Minas Gerais.

DI LISCIA, M. S.; BOHOSLAVSKY, E. *Instituciones e formas de control social em América Latina 1840-1890*: una revisión. Buenos Aires: Prometeo Libros: Universidad Nacional de General Sarmiento: Universidad Nacional de La Pampa, 2005.

DUTRA, P. *Literatura jurídica no Império*. 2.ed. rev. e ampl. Rio de Janeiro: Padma, 2004.

FAUSTO, B. *Crime e cotidiano*: a criminalidade em São Paulo 1880-1924. 2.ed. São Paulo: Editora da Universidade de São Paulo, 2001.

FENELON, D. R. Levantamento e sistematização da legislação relativa aos escravos do Brasil. *Anais do VI Simpósio Nacional dos Professores Universitários de História*. São Paulo, p.199-307, 1975.

FERREIRA, R. A. *Senhores de poucos escravos*: cativeiro e criminalidade num ambiente rural, 1830-1888. São Paulo: Editora Unesp, 2005a. il.

_____. Entre el control social y las estratégias de supervivencia. Criminalidad y esclavitud en el Brasil rural, siglo XIX. In: DI LISCIA, M. S.; BOHOSLAVSKY, E. *Instituciones e formas de control social em América Latina 1840-1890*: una revisión. Buenos Aires: Prometeo Libros: Universidad Nacional de General Sarmiento: Universidad Nacional de La Pampa, 2005b. p.145-66.

FLORY, T. *Judge and jury in imperial Brazil, 1808-1871*: social control and political stability in the new State. Austin: University of Texas Press, 1981.

FRANCO, M. S. de C. *Homens livres na ordem escravocrata*. 4.ed. São Paulo: Ática, 1974. São Paulo: Editora Unesp, 1997.

GEBARA, A. *O mercado de trabalho livre no Brasil (1871-1888)*. São Paulo: Brasiliense, 1986.

GRINBERG, K. *Liberata: a lei da ambigüidade*: as ações de liberdade da Corte de Apelação do Rio de Janeiro no século XIX. Rio de Janeiro: Relume-Dumará, 1994.

_____. *O fiador dos brasileiros*: cidadania, escravidão e direito civil no tempo de Antonio Pereira Rebouças. Rio de Janeiro: Civilização Brasileira, 2002.

GUIMARÃES, E. S. *Violência entre parceiros de cativeiro*: Juiz de Fora, segunda metade do século XIX. Niterói, 2001. Dissertação (Mestrado em História) – Instituto de Ciências Humanas e Filosofia, Universidade Federal Fluminense.

HOLLOWAY, T. H. *Polícia no Rio de Janeiro*: repressão e resistência numa cidade do século XIX. Rio de Janeiro: Editora Fundação Getúlio Vargas, 1997.

LAMOUNIER, M. L. *Da escravidão ao trabalho livre*: a lei de locação de serviços de 1879. Campinas: Papirus, 1988.

LARA, S. H. *Campos da violência*: escravos e senhores na Capitania do Rio de Janeiro 1750-1808. Rio de Janeiro: Paz e Terra, 1988.

_____. Legislação sobre escravos africanos na América portuguesa. In: *Nuevas aportaciones a la historia juridica de Iberoamerica*. Madrid:

Fundación Histórica Tavera-Digibis-Fundación Hernando de Laramendi, 2000. (CD-Rom)

LIBBY, D. C.; FURTADO, J. F. (Org.) *Trabalho livre, trabalho escravo*: Brasil e Europa, séculos XVIII e XIX. São Paulo: Annablume, 2006.

LIMA, L. L. da G. *Rebeldia negra e abolicionismo*. Rio de Janeiro: Achimaé, 1981.

LOPES, M. A. de S. *De costumbres e leyes*: abigeato e derechos de propriedad em Chihuahua durante el porfiriato. México, D. F.: El Colégio de México, Centro de Estudios Historicos; Zamora, Michoacán, México: El Colégio de Michoacán, 2005.

MACHADO, M. H. P. T. *Crime e escravidão*: trabalho, luta e resistência nas lavouras paulistas 1830-1888. São Paulo: Brasiliense, 1987.

_____. *O plano e o pânico*: os movimentos sociais na década da abolição. Rio de Janeiro: UFRJ; São Paulo: Edusp, 1994.

MALERBA, J. *Os brancos da lei*: liberalismo, escravidão e mentalidade patriarcal no Império do Brasil. Maringá: Eduem, 1994.

MATTOS, H. M. *Das cores do silêncio*: os significados da liberdade no sudeste escravista – Brasil século XIX. Rio de Janeiro: Nova Fronteira, 1998.

MENDONÇA, J. M. N. *Entre a mão e os anéis*: a lei dos sexagenários e os caminhos da abolição no Brasil. Campinas: Editora da Unicamp; Centro de Pesquisa em História Social da Cultura, 1999.

MORAES, E. de. A legislação escravocrata e a magistratura, *Archivo Judiciário*. Rio de Janeiro, v.45, n.6, p.128-31, 1938.

NEDER, G. *Iluminismo jurídico-penal luso brasileiro*: obediência e submissão. Rio de Janeiro: Freitas Bastos, 2000. (Pensamento Criminológico 4).

NEQUETE, L. *O Poder Judiciário no Brasil a partir da Independência*. Porto Alegre: Livraria Sulina Editora, 1973. v.1: Império.

PAPALI, M. A. C. R. *Escravos, libertos e órfãos*: a construção da liberdade em Taubaté (1871-1895). São Paulo: Annablume; Fapesp, 2003.

PENA, E. S. *O jogo da face; a astúcia escrava frente aos senhores e à lei na Curitiba provincial*. Curitiba: Aos Quatro Ventos, 1999.

_____. *Pajens da Casa Imperial*: jurisconsultos, escravidão e a lei de 1871. Campinas: Editora da Unicamp; Centro de Pesquisa em História Social da Cultura, 2001.

PIERANGELLI, J. H. *Códigos penais do Brasil*: evolução histórica. São Paulo: Jalovi, 1980.

PIMENTEL FILHO, J. E. *A produção do crime*: violência, distinção social e economia na formação da província cearense. São Paulo, 2002.

Tese (Doutorado em História) – Faculdade de Filosofia, Letras e Ciências Humanas, Universidade de São Paulo.

PINHEIRO, P. S. *Crime, violência e poder*. São Paulo: Brasiliense, 1983.

PIRES, M. de F. N. *O crime na cor*. Escravos e forros no alto do sertão da Bahia (1830-1888). São Paulo: Annablume; Fapesp, 2003.

QUEIROZ, S. R. R. de. *Escravidão negra em São Paulo*: um estudo das tensões provocadas pelo escravismo no século XIX. Rio de Janeiro: José Olympio, 1977.

REIS, J. J. *Rebelião escrava no Brasil*: a história do levante dos malês em 1835. Edição revista e ampliada. São Paulo: Companhia das Letras, 2003.

REIS, J. J.; SILVA, E. *Negociação e conflito*: a resistência negra no Brasil escravista. São Paulo: Cia. das Letras, 1989.

REIS, J. J.; GOMES, F. dos S. (Org.) *Liberdade por um fio*: história dos quilombos no Brasil. São Paulo: Companhia das Letras, 1996.

REIS, L. M. *Por ser público e notório*: escravos urbanos e criminalidade na Capitania de Minas (1720-1800). São Paulo, 2002. Tese (Doutorado em História) – Faculdade de Filosofia, Letras e Ciências Humanas, Universidade de São Paulo.

RIBEIRO, A. *Pena de morte no Brasil* autônomo. Rio de Janeiro, 1974. Tese (Livre-Docência em História do Direito Nacional) – Faculdade de Direito, Universidade Federal do Rio de Janeiro.

RIBEIRO, J. L. *No meio das galinhas as baratas não têm* razão: a Lei de 10 de junho de 1835: os escravos e a pena de morte no Império do Brasil: 1822-1889. Rio de Janeiro: Renovar, 2005.

ROSEMBERG, A. *Ordem e burla*: processos sociais, escravidão e justiça, Santos, década de 1880. São Paulo: Alameda, 2006.

SALGADO, G. (Org.) *Fiscais e meirinhos*: a administração no Brasil colonial. Rio de Janeiro: Nova Fronteira, 1985.

SALLA, F. A. *O encarceramento em São Paulo*: das enxovias à Penitenciária do Estado. São Paulo, 1997. 354f. Tese (Doutorado em Sociologia) – Faculdade de Filosofia, Letras e Ciências Humanas, Universidade de São Paulo.

_____. *As prisões em São Paulo*: 1822-1940. 2.ed. São Paulo: Annablume; Fapesp, 2006.

SANTOS, L. de L. dos. *Crime e liberdade*: o mundo que os escravos viviam. Araraquara, 2000. Dissertação (Mestrado em Sociologia) – Faculdade de Ciências e Letras de Araraquara, Universidade Estadual Paulista "Júlio de Mesquita Filho".

SHWARTZ, S. B. *Burocracia e sociedade no Brasil colonial*. A Suprema Corte da Bahia e seus juízes. São Paulo: Perspectiva, 1979.

SILVA, F. A. R. *Pena de morte no Brasil autônomo*. Rio de Janeiro: Gonçalo Ferreira Studio Gráfico Editora, 1993.

SILVA, C. M. *Escravidão e violência em Botucatu 1850-1888*. Assis, 1996. Dissertação (Mestrado em História) – Faculdade de Ciências e Letras, Universidade Estadual Paulista "Júlio de Mesquita Filho".

SLATTA, R. W. (Ed.) *Bandidos*: the varieties of Latin American banditry. Westport: Greenwood Press, 1987.

SOARES, C. E. L. *A capoeira escrava e outras tradições rebeldes no Rio de Janeiro (1808-1850)*. 2.ed. rev. e ampl. Campinas: Editora da Unicamp; Centro de Pesquisa em História Social da Cultura, 2004.

SOARES, G. A. Cotidiano, sociabilidade e conflito em Vitória no final do século XIX. *Dimensões – Revista de História da UFES*. Vitória, n.16, p.57-80, 2004.

SOARES, L. C. Os escravos de ganho no Rio de Janeiro do século XIX. *Revista Brasileira de História*. São Paulo, v.8, n.16, p.107-42, mar.-ago. 1988.

SOTO, M. C. M. *Pobreza e conflito*: Taubaté 1860-1935. São Paulo: Annablume, 2001.

SOUZA, C. de. *Formas de ações e resistência dos escravos na região de Itu*: século XIX. Franca, 1998. Dissertação (Mestrado em História) – Faculdade de Ciências Humanas e Sociais, Universidade Estadual Paulista "Júlio de Mesquita Filho".

VELLASCO, I. de A. *As seduções da ordem*: violência, criminalidade e administração da justiça: Minas Gerais – século 19. São Paulo: Anpocs; Bauru: Edusc, 2004.

VIEIRA JÚNIOR, A. O. *A família na seara dos sentidos*: domicílio e violência no Ceará. São Paulo, 2002. Tese (Doutorado em História) – Faculdade de Filosofia, Letras e Ciências Humanas, Universidade de São Paulo.

VOLPATO, L. R. R. *Cativos do sertão*: vida cotidiana e escravidão em Cuiabá (1850-1888). São Paulo: Marco Zero, 1993.

WEHLING, A.; WEHLING, M. J. *Direito e justiça no Brasil Colonial*: o Tribunal da Relação do Rio de Janeiro (1751-1808). Rio de Janeiro: Renovar, 2004.

WISSENBACH, M. C. C. *Sonhos africanos, vivências ladinas*: escravos e forros em São Paulo (1850-1880). São Paulo: Hucitec, 1998.

ZENHA, C. *As práticas da justiça no cotidiano da pobreza*: um estudo sobre o amor, o trabalho e a riqueza através dos processos penais. Niterói, 1984. Dissertação (Mestrado em História) – Instituto de Ciências Humanas e Filosofia, Universidade Federal Fluminense.

Obras a respeito da escravidão africana e das relações raciais no Brasil e outras partes das Américas

ALENCASTRO, L. F. de. A vida privada e a ordem privada no império. In: NOVAIS, F. A.; ALENCASTRO, L. F. de. (Org) *História da vida privada no Brasil*: Império: a corte e a modernidade nacional. São Paulo: Companhia das Letras, 1997.

_____. *O trato dos viventes*: formação do Brasil no Atlântico Sul, séculos XVI e XVII. São Paulo: Companhia das Letras, 2000.

ASSUNÇÃO, M. R. A resistência escrava nas Américas: algumas considerações comparativas. In: LIBBY, D. C.; FURTADO, J. F. (Org.) *Trabalho livre, trabalho escravo*: Brasil e Europa, séculos XVIII e XIX. São Paulo: Annablume, 2006. p.359.

AZEVEDO, C. M. M. de. *Abolicionismo:* Estados Unidos e Brasil, uma história comparada (século XIX). São Paulo: Annablume, 2003a.

_____. *Anti-racismo e seus paradoxos*: reflexões sobre cota-racial, raça e racismo. São Paulo: Annablume, 2003b.

BACELAR, C. de A. P. A escravidão miúda em São Paulo colonial. In: SILVA, M. B. N. da. (Org.) *Brasil: colonização e escravidão*. Rio de Janeiro: Nova Fronteira, 2000. p.239-54.

BACELAR, C. de A. P.; BRIOSCHI, L. R. (Org.) *Na estrada do Anhangüera*: uma visão regional da história paulista. São Paulo: Humanitas; FFLCH/USP, 1999.

BERTIN, E. *Alforrias na São Paulo do século XIX*: liberdade e dominação. São Paulo: Humanitas/FFLCH/USP, 2004.

BLACKBURN, R. *A queda do escravismo colonial*: 1776-1848. Rio de Janeiro: Record, 2002.

_____. *A construção do escravismo no Novo Mundo, 1492-1800*. Rio de Janeiro: Record, 2003.

BOTELHO. T. R. *Famílias e escravarias*: demografia e família escrava no norte de Minas no século XIX. São Paulo, 1994. Dissertação (Mestrado em História) – Faculdade de Filosofia, Letras e Ciências Humanas, Universidade de São Paulo.

CAMPOS, A. L. de A. *O agregado na cidade de São* Paulo. São Paulo, 1978. Dissertação (Mestrado em História) – Faculdade de Filosofia, Letras e Ciências Humanas, Universidade de São Paulo.

CANDIDO, A. *Os parceiros do Rio Bonito*: estudo sobre o caipira paulista e a transformação dos seus meios de vida. São Paulo: Duas Cidades; Editora 34, 2001.

CARDOSO, C. F. *Agricultura, escravidão e capitalismo*. Petrópolis: Vozes, 1979.

_____. *Escravo ou camponês?* São Paulo: Brasiliense, 1987.

_____. (Org.) *Escravidão e abolição no Brasil*: novas perspectivas. Rio de Janeiro: Jorge Zahar Editor, 1988.

CARDOSO, F. H. *Capitalismo e escravidão no Brasil meridional*: o negro na sociedade escravocrata do Rio Grande do Sul. Rio de Janeiro: Paz e Terra, 1977.

CARDOSO, M. T. P. *Lei branca e justiça negra*: crimes de escravos na comarca do Rio das Mortes (Vilas Del-Rei, 1814-1852). Campinas, 2002. Tese (Doutorado em História) – Instituto de Filosofia e Ciências Humanas, Universidade Estadual de Campinas.

CARVALHO, J. M. de. Escravidão e razão nacional. *Dados Revista de Ciências Sociais*, v.31, n.3, p.287-308, 1988.

COSTA, E. V. da. *Da senzala à colônia*. 3.ed. São Paulo: Editora Unesp, 1998a.

_____. *Coroas de glória, lágrimas de sangue*: a rebelião dos escravos de Demerara em 1823. São Paulo: Companhia das Letras, 1998.

CUNHA, M. C. da. *Negros estrangeiros*: os escravos libertos e sua volta à África. São Paulo: Brasiliense, 1985.

DANTAS, M. D. *Fronteiras movediças*: relações sociais na Bahia do século XIX (a comarca de Itapirucu e a formação do arraial de Canudos). São Paulo, 2002. Tese (Doutorado em História) – Faculdade de Filosofia, Letras e Ciências Humanas, Universidade de São Paulo.

DAVIS, D. B. *O problema da escravidão na cultura ocidental*. Rio de Janeiro: Civilização Brasileira, 2001.

DEAN, W. *Rio Claro: um sistema brasileiro de grande lavoura, 1820-1920*. Rio de Janeiro: Paz e Terra, 1977.

DIAS, M. O. L. da S. *Quotidiano e poder em São Paulo no século XIX*. 2.ed. rev. São Paulo: Brasiliense, 1995.

_____. Sociabilidades sem história: votantes pobres no Império, 1824-1881. In: FREITAS, M. C. (Org.) *Historiografia brasileira em perspectiva*. São Paulo: Contexto, 1998a. p.57-72.

EISENBERG, P. L. *Homens esquecidos*: escravos e trabalhadores livres no Brasil – séc. XVIII e XIX. Campinas: Editora da Unicamp, 1989.

FARIA, S. S. de C. *A colônia em movimento*: fortuna e família no cotidiano colonial. Rio de Janeiro: Nova Fronteira, 1998.

FERNANDES, F.; BASTIDE, R. (Org.) *Relações raciais entre brancos e negros em São Paulo*. São Paulo: Unesco; Anhembi, 1955.

_____. *A integração do negro na sociedade de classes*. São Paulo: Dominus/ Edusp, 1965.

_____. *O negro no mundo dos brancos*. São Paulo: Difel, 1972.

FINLEY, M. *Escravidão antiga e ideologia moderna*. Rio de Janeiro: Graal, 1991.

FLORENTINO, M. *Em costas negras*: uma história do tráfico de escravos entre a África e o Rio de Janeiro (séculos XVIII e XIX). São Paulo: Companhia. das Letras, 1997.

_____. (Org.) *Tráfico, cativeiro e liberdade*: Rio de Janeiro, séculos XVIII-XIX. Rio de Janeiro: Civilização Brasileira, 2005.

FLORENTINO, M.; GÓES, J. R. *A paz das senzalas*: famílias escravas e tráfico atlântico, Rio de Janeiro, c.1790-c.1850. Rio de Janeiro: Civilização Brasileira, 1997.

FLORENTINO, M.; MACHADO, C. (Org.) *Ensaios sobre a escravidão* (1). Belo Horizonte: Editora UFMG, 2003.

FRANÇA, J. M. C. *Imagens do negro na literatura brasileira*. 1.ed. São Paulo: Brasiliense, 1998.

FREYRE, G. *Casa-grande e senzala*: formação da família brasileira sob o regime de economia patriarcal. 45.ed. Rio de Janeiro: Record, 2001.

_____. *Sobrados e mucambos*: decadência do patriarcado e desenvolvimento do urbano. 14.ed. rev. São Paulo: Global, 2003.

_____. *Nordeste*: aspectos da influência da cana sobre a vida e a paisagem do Nordeste do Brasil. 7.ed. rev. São Paulo: Global, 2004.

GENOVESE, E. D. *O mundo dos senhores de escravos*: dois ensaios de interpretação. São Paulo: Paz e Terra, 1979.

_____. *Da rebelião à revolução*: as revoltas de escravos nas Américas. São Paulo: Global, 1983.

_____. *A terra prometida*: o mundo que os escravos criaram. Rio de Janeiro: Paz e Terra, 1988.

GÓES, J. R. P. *O cativeiro imperfeito*: um estudo sobre a escravidão no Rio de Janeiro da primeira metade do século XIX. Vitória: Lineart, 1993.

_____. *Escravos da paciência*: Estudo sobre a obediência escrava no Rio de Janeiro (1790-1850). Niterói, 1998. Tese (Doutorado em História) – Instituto de Ciências Humanas e Filosofia, Universidade Federal Fluminense.

GOMES, F. dos S. *A hidra e os pântanos*: mocambos, quilombos e comunidades de fugitivos no Brasil (séculos XVII-XIX). São Paulo: Editora Unesp; Polis, 2005.

GOMES, J. M. V. *Polêmicas do abolicionismo*: Franca 1850-1888. Franca, 2001. Trabalho de Conclusão de Curso (Graduação em História) –

Faculdade de Ciências Humanas e Sociais, Universidade Estadual Paulista "Júlio de Mesquita Filho".

GORENDER, J. *O escravismo colonial*. São Paulo: Ática, 1978.

_____. *A escravidão reabilitada*. São Paulo: Ática, 1990.

GOULART, J. A. *Da palmatória ao patíbulo*. Rio de Janeiro: Conquista/INL, 1971.

_____. *Da fuga ao suicídio*: aspectos da rebeldia do escravo no Brasil. Rio de Janeiro: Conquista, 1982.

GRAF, M. E. de C. *Imprensa periódica e escravidão no Paraná*. São Paulo, 1979. 401f. Tese (Doutorado em História) – Faculdade de Filosofia, Letras e Ciências Humanas, Universidade de São Paulo.

GRAHAM, R. Nos tumbeiros mais uma vez? O comércio interprovincial de escravos no Brasil. *Afro-Ásia*, n.27, p.121-60, 2002.

GRAHAM, S. L. *Proteção e obediência*: criadas e seus patrões no Rio de Janeiro: 1860-1910. São Paulo. Companhia das Letras, 1992.

GUTIÉRREZ, H. Demografia escrava numa economia não exportadora: Paraná, 1800-1830. *Estudos Econômicos*, v.17, n.2, p.287-314, maio-ago. 1987.

_____. Crioulos e africanos no Paraná: 1798-1830. *Revista Brasileira de História*. São Paulo, v.8, n.16, p.161-88, mar.-ago. 1988.

IANNI, O. *As metamorfoses do escravo*: apogeu e crise da escravatura no Brasil meridional. São Paulo: Hucitec; Curitiba: Scientia et Labor, 1988.

_____. *Escravidão e racismo*. São Paulo: Hucitec, 1978.

JAMES, C. L. R. *Os jacobinos negros*: Toussaint L'Ouverture e a revolução de São Domingos. São Paulo: Boitempo, 2000.

KARASCH, M. C. *A vida dos escravos no Rio de Janeiro (1805-1850)*. São Paulo: Companhia das Letras, 2000.

KNOX, M. B. *Escravos do sertão. Demografia, trabalho e relações sociais – Piauí – 1826-1888*. São Paulo, 1993. Tese (Doutorado em História) – Faculdade de Filosofia, Letras e Ciências Humanas, Universidade de São Paulo.

KOWARICK, L. *Trabalho e vadiagem*: a origem do trabalho livre no Brasil. Rio de Janeiro: Paz e Terra, 1994.

LARA, S. H. Blowin'in the wind: E. P. Thompson e a experiência negra no Brasil. *Projeto História*, São Paulo, n.12, out. 1995.

_____. Sedas, panos e balangandãs: o traje de senhoras e escravas nas cidades do Rio de Janeiro e de Salvador (XVIII). In: SILVA, M. B. N. da. (Org.) *Brasil: colonização e escravidão*. Rio de Janeiro: Nova Fronteira, 2000.

_____. *Fragmentos setecentistas*: escravidão, cultura e poder na América portuguesa. Campinas, 2004. 375f. Tese (Livre-Docência em História) – Instituto de Filosofia e Ciências Humanas, Universidade Estadual de Campinas.

LEWKOWICZ, I. Herança e relações familiares: os pretos forros nas Minas Gerais do século XVIII. *Revista Brasileira de História*. São Paulo, v.9, n.17, p.101-14, set. 1998-fev. 1989.

LIBBY, D. C. *Transformação e trabalho em uma economia escravista*. Minas Gerais no século XIX. São Paulo: Brasiliense, 1988.

LUNA, F. V. *Minas Gerais: escravos e senhores*. Análise da estrutura populacional de alguns centros migratórios (1718-1804). São Paulo: Instituto de Pesquisas Econômicas, 1981.

LUNA, F. V.; COSTA, I. Del N. da. Posse de escravos em São Paulo no início do século XIX. *Estudos Econômicos*. São Paulo, v.13, n.1, p.211-21, jan.-abr. 1983.

LUNA, F. V.; KLEIN, H. S. *Evolução da sociedade e economia escravista de São Paulo, de 1750 a 1850*. São Paulo: Editora da Universidade de São Paulo, 2005.

MACHADO, M. H. P. T. Em torno da autonomia escrava: uma nova direção para a história social da escravidão. *Revista Brasileira de História*. São Paulo, v.8, n.16, p.143-60, mar.-ago. 1988.

_____. Sendo cativo nas ruas: a escravidão urbana na Cidade de São Paulo. In: PORTA, P. (Org.) *História da cidade de São Paulo*: a cidade no Império. São Paulo: Paz e Terra, 2004. v.2, p.57-97.

MAESTRI, M. *O escravo gaúcho*: resistência e trabalho. Porto Alegre: Editora da UFRGS, 1993.

MARQUESE, R. de B. *Administração e escravidão*: idéias sobre a gestão da agricultura escravista brasileira. São Paulo: Hucitec; Fapesp, 1999.

_____. *Feitores do corpo, missionários da mente*: senhores, letrados e o controle dos escravos nas Américas, 1660-1860. São Paulo: Companhia das Letras, 2004.

MARSON, I. A. *O Império do progresso*: a revolução praieira em Pernambuco. São Paulo: Brasiliense, 1986.

_____. O "cidadão-criminoso": o engendramento da igualdade entre homens livres e escravos no Brasil durante o segundo reinado. *Estudos Afro-Asiáticos*, n.16, 1989.

_____. O Império da revolução: matrizes interpretativas dos conflitos da sociedade monárquica. In: FREITAS, M. C. (Org.) *Historiografia brasileira em perspectiva*. São Paulo: Contexto, 1998. p.73-10.

CRIMES EM COMUM **253**

_____. *Política, história e método em Joaquim Nabuco:* tessituras da revolução e da escravidão. Uberlândia: Edufu, 2008.

MATTOS, H. M. *Ao sul da história:* lavradores pobres na crise do trabalho escravo. São Paulo: Brasiliense, 1987.

_____. A escravidão fora das unidades agro-exportadoras. In: CARDOSO, C. F. (Org.) *Escravidão e abolição no Brasil:* novas perspectivas. Rio de Janeiro: Jorge Zahar Editor, 1988.

_____. O olhar do historiador – territórios e deslocamentos na história social da escravidão no Brasil. In: HEINZ, F. M.; HARRES, M. M. (Org.) *A História e seus territórios:* conferências do XXIV Simpósio Nacional de História da ANPUH. São Leopoldo: Oikos, 2008. p.49-61.

MATTOSO, K. M. de Q. No Brasil escravista: relações sociais entre libertos e homens livres e entre libertos e escravos. *Revista Brasileira de História.* São Paulo, v.1, n.2, p.219-33, set. 1981.

_____. *Ser escravo no Brasil.* São Paulo: Brasiliense, 1982.

_____. *Ser escravo no Brasil.* 3.ed. São Paulo: Brasiliense, 1990.

MESSIAS, R. C. *O cultivo do café nas bocas do sertão paulista:* mercado interno e mão-de-obra no período de transição – 1830-1888. São Paulo: Editora Unesp, 2003.

MONTEIRO, J. M. *Negros da terra:* índios e bandeirantes nas origens de São Paulo. São Paulo: Companhia das Letras, 1995.

MOTTA, J. F. *Corpos escravos, vontades livres:* posse de cativos e família escrava em Bananal (1801-1829). São Paulo: Fapesp; Annablume, 1999.

MOURA, C. *Rebeliões da senzala.* São Paulo: Zumbi, 1959.

MOURA, D. A. S. de. *Saindo das sombras:* homens livres no declínio do escravismo. Campinas: Área de Publicações CMU/Unicamp, 1998.

_____. *Sociedade movediça:* economia, cultura e relações sociais em São Paulo, 1808-1850. São Paulo: Editora Unesp, 2005. il.

NOVAIS, F. A. *Portugal e Brasil na crise do Antigo Sistema Colonial (1777-1808).* São Paulo: Hucitec, 1995.

NOVAIS, F. A.; ALENCASTRO, L. F. de. (Org.) *História da vida privada no Brasil:* Império: a corte e a modernidade nacional. São Paulo: Companhia das Letras, 1997.

OLIVEIRA, M. I. C. de. *O liberto:* o seu mundo e os outros. São Paulo: Corrupio, 1988.

PALACIOS, G. *Campesinato e escravidão no Brasil:* agricultores livres e pobres na Capitania Geral de Pernambuco (1700-1817). Brasília: Editora UnB, 2004.

PAIVA, E. F. *Escravos e libertos nas Minas Gerais do século XVIII*: estratégias de resistência através dos testamentos. São Paulo: Annablume, 1995.

_____. *Escravidão e universo cultural na colônia*: Minas Gerais, 1716-1789. Belo Horizonte: Editora UFMG, 2001.

PARRON, T. Introdução. In. ALENCAR, J. de. *Cartas a favor da escravidão*. São Paulo: Hedra, 2008. p.9-36.

QUEIROZ, S. R. R. de. Aspectos ideológicos da escravidão. *Estudos Econômicos*. São Paulo, v.13, n.1, 1983.

_____. Rebeldia escrava e historiografia. *Consciência*. Palmas, p.49-80, jan.-jun. 1988.

_____. Escravidão negra em debate. In: FREITAS, M. C. (Org.) *Historiografia brasileira em perspectiva*. São Paulo: Contexto, 1998. p.103-17.

RAMOS, A. Castigos de escravos. *Revista do Arquivo Municipal*. São Paulo, v.XLVII, maio 1938.

REIS, J. J. Nos achamos em campo a tratar da liberdade: a resistência negra no Brasil oitocentista. In: MOTA, C. G. (Org.) *Viagem incompleta*: a experiência brasileira (1500-2000). São Paulo: Senac, 2000.

RIOS, A. M. L.; MATTOS, H. M. *Memórias do cativeiro*: família, trabalho e cidadania no pós-abolição. Rio de Janeiro: Civilização Brasileira, 2005.

ROCHA, A. P. *Abolicionistas brasileiros e ingleses*; a coligação entre Joaquim Nabuco e a British and Foreign Anti-Slavery Society (1880-1902). São Paulo: Editora Unesp; Santana do Parnaíba, SP: BBS Treinamento e Consultoria em Finanças, 2009.

RODRIGUES, J. *De costa a costa*: escravos, marinheiros e intermediários do tráfico negreiro de Angola ao Rio de Janeiro (1780-1860). São Paulo: Companhia das Letras, 2005.

RUSSEL-WOOD, A. J. R. *Escravos e libertos no Brasil Colonial*. Rio de Janeiro: Civilização Brasileira, 2005.

SAMARA, E. de M. *Lavoura canavieira, trabalho livre e cotidiano*: Itu, 1780-1830. São Paulo: Editora da Universidade de São Paulo, 2005.

SCHWARCZ, L. M. *Retrato em branco e negro*: jornais, escravos e cidadãos em São Paulo no final do século XIX. São Paulo: Companhia das Letras, 1987.

_____. *O espetáculo das raças*: cientistas, instituições e questão racial no Brasil, 1870-1930. São Paulo: Companhia das Letras, 1993.

SCHWARTZ, S. B. *Burocracia e sociedade no Brasil colonial*: a Suprema Corte da Bahia e seus juízes: 1609-1751. São Paulo: Perspectiva, 1979.

_____. Padrões de propriedade de escravos nas Américas: nova evidência para o Brasil. *Estudos econômicos*, v.13, n.1, p.259-87, jan.-abr. 1983.

_____. *Segredos internos*: engenhos e escravos na sociedade colonial 1550-1835. São Paulo: Companhia das Letras, 1988.

_____. *Escravos, roceiros e rebeldes*. Bauru: Edusc, 2001.

SILVA, E. *Dom Oba II D'África, o príncipe do povo*: vida, tempo e pensamento de um homem livre de cor. São Paulo: Companhia das Letras, 1997.

_____. *As camélias do Leblon e a abolição da escravatura*: uma investigação de história cultural. São Paulo: Companhia das letras, 2003.

SILVA, M. B. N. da. (Org.) *Brasil: colonização e escravidão*. Rio de Janeiro: Nova Fronteira, 2000.

SLENES, R. W. Os múltiplos de porcos e diamantes: a economia escravista de Minas Gerais no século XIX. *Cadernos do IFCH*, n.17, 1985.

_____. *Na senzala, uma flor*: esperanças e recordações na formação da família escrava, Brasil Sudeste, século XIX. Rio de Janeiro: Nova Fronteira, 1999.

SOUZA, L. de M. e. *Desclassificados do ouro*: a pobreza mineira no século XVIII. 4.ed. rev. e ampl. Rio de Janeiro: Edições Graal, 2004.

SOUZA, M. de M. e. *Reis negros no Brasil escravista*: história da festa de coroação de Rei Congo. Belo Horizonte: Editora da UFMG, 2002.

VAINFAS, R. *Ideologia e escravidão*: os letrados e a sociedade escravista no Brasil Colonial. Petrópolis: Vozes, 1986.

XAVIER, R. C. L. *A conquista da liberdade*: libertos em Campinas na segunda metade do século XIX. Campinas: Centro de Memória – Unicamp, 1996.

Demais obras a respeito do Brasil

BEIGUELMAN, P. *A formação do povo no complexo cafeeiro*: aspectos políticos. 2.ed. São Paulo: Pioneira, 1977.

_____. *A formação do povo no complexo cafeeiro*: aspectos políticos. 3.ed. São Paulo: Editora da Universidade de São Paulo, 2005,

BERBEL. M. R. *A nação como artefato*: deputados brasileiros nas cortes portuguesas (1821-1822). São Paulo: Hucitec; Fapesp, 1999.

BOTELHO. T. R. *População e nação no Brasil do século XIX*. São Paulo, 1998. 248f. Tese (Doutorado em História) – Faculdade de Filosofia, Letras e Ciências Humanas, Universidade de São Paulo.

CAMPOS, A. L. de A. *Casamento e família em São Paulo colonial*: caminhos e descaminhos. São Paulo: Paz e Terra, 2003.

256 RICARDO ALEXANDRE FERREIRA

CAMPOS, A. P.; BETZEL, V. Dal P. Júri no Brasil Império: polêmicas e desafios. In: RIBEIRO, G. S. *Brasileiros e cidadãos*: modernidade política 1822-1830. São Paulo: Alameda, 2008. p.228-56.

CANABRAVA, A. P. *O desenvolvimento da cultura do algodão na Província de São Paulo (1861-1875)*. São Paulo: s.n., 1951.

CARVALHO, J. M. de. *Construção da ordem*: a elite política imperial; *Teatro de sombras*: a política imperial. 2.ed. Rio de Janeiro: Editora UFRJ; Relume-Dumará, 1996.

_____. Mandonismo, coronelismo, clientelismo: uma discussão conceitual. *Dados*, v.40, n.2, 1997.

CHALHOUB, S. *Trabalho, lar e botequim*: o cotidiano dos trabalhadores no Rio de Janeiro da Belle Époque. São Paulo: Brasiliense, 1986.

_____. *Cidade febril*: cortiços e epidemias na Corte imperial. São Paulo: Companhia das Letras, 1996.

DOLHNIKOFF, M. *O pacto imperial*: origens do federalismo no Brasil do século XIX. São Paulo: Globo, 2005.

FLORENTINO, M.; FRAGOSO, J. *O arcaísmo como projeto*: mercado atlântico, sociedade agrária e elite mercantil em uma economia colonial tardia. 4.ed. rev. e ampl. Rio de Janeiro, c.1790-c.1840. Rio de Janeiro: Civilização Brasileira, 2001.

FRAGOSO, J. L. R. *Homens de grossa aventura*: acumulação e hierarquia na praça mercantil do Rio de Janeiro (1790-1830). 2.ed. Rio de Janeiro: Civilização Brasileira, 1998.

DIAS, M. O. L. da S. *A interiorização da metrópole e outros estudos*. São Paulo: Alameda, 2005.

GRAHAM, R. *Clientelismo e política no Brasil do século XIX*. Rio de Janeiro: Editora da UFRJ, 1997.

HOLANDA, S. B. de. *Raízes do Brasil*. 26.ed. São Paulo: Companhia das Letras, 1995.

LENHARO, A. *As tropas da moderação*: o abastecimento da corte na formação política do Brasil, 1808-1842. São Paulo: Símbolo, 1976.

LEWKOWICZ, I. *Vida em família*: caminhos da igualdade em Minas Gerais (séculos XVIII e XIX). São Paulo, 1992. Tese (Doutorado em História) – Faculdade de Filosofia, Letras e Ciências Humanas, Universidade de São Paulo.

LUNA, F. V. *Minas Gerais: escravos e senhores*: análise da estrutura populacional de alguns centros mineratórios (1718-1804). São Paulo: Fundação Instituto de Pesquisas Econômicas, 1981.

MATTOS, I. R. de. *O tempo Saquarema*: a formação do Estado imperial. 4.ed. Rio de Janeiro: Access, 1994.

CRIMES EM COMUM **257**

MELLO, Z. M. C. de. *Metamorfoses da riqueza – São Paulo, 1845-1895:* contribuição ao estudo da passagem da economia mercantil-escravista à economia exportadora capitalista. São Paulo: Hucitec, 1985.

MOTTA, M. (Org.) *Dicionário da terra*. Rio de Janeiro: Civilização Brasileira, 2005.

NAXARA, M. R. C. *Estrangeiro em sua própria terra*: representações do brasileiro 1870-1920. São Paulo: Annablume, 1998.

OLIVEIRA, C. H. de S. Da natureza do Poder Moderador e a memória do Conselheiro Zacarias de Góis e Vasconcelos. In: ___. (Org. introd.) *Zacarias de Góis e Vasconcelos*. São Paulo: Editora 34, 2002

_____. O Poder Moderador no segundo reinado – mediações entre fontes e historiografia. *Justiça e História*. Porto Alegre, v.3, n.5, p.141-60, 2003.

PETRONI, T. S. As áreas de criação de gado. In: HOLANDA, S. B. de. (Org.) *História geral da civilização brasileira*. São Paulo: Difusão Europeia do Livro, 1960. t.I, v.2, cap.IV.

PRADO JÚNIOR, C. *Formação do Brasil contemporâneo*: colônia. São Paulo: Brasiliense: Publifolha, 2000.

RIBEIRO, G. S. *Brasileiros e cidadãos*: modernidade política 1822-1830. São Paulo: Alameda, 2008.

SLEIMAN, A. À nação independente, um novo ordenamento jurídico: a criação dos Códigos Criminal e do Processo Penal na primeira década do Império do Brasil. In: RIBEIRO, G. S. *Brasileiros e cidadãos*: modernidade política 1822-1830. São Paulo: Alameda, 2008.

VIANNA, O. *Populações meridionais do Brasil:* história, organização, psicologia. Belo Horizonte: Itatiaia; Niterói: Editora da Universidade Federal Fluminense, 1987. 2v.

WISSENBACH, M. C. C. Desbravamento e catequese na constituição da nacionalidade brasileira: as expedições do barão de Antonina no Brasil Meridional. *Revista Brasileira de História*, n.30, p.137-56, 1990.

Estudos a respeito do município de Franca e região

AISSAR, A. da G. *Natalidade e mortalidade em Franca*: estudo de demografia histórica (1800-1850). São Paulo, 1981. Tese (Doutorado em História) Faculdade de Filosofia, Letras e Ciências Humanas, Universidade de São Paulo.

ANTÔNIO, E. M. M. *A Anselmada*: a trama de uma sedição (1838). Franca, 1999. Dissertação (Mestrado em História), Faculdade de História, Direito e Serviço Social, Universidade Estadual Paulista "Júlio de Mesquita Filho".

BACELLAR, C. de A. P.; BRIOSCHI, L. R. (Org.) *Na estrada do Anhanguera*: uma visão regional da história paulista. São Paulo: Humanitas, FFLCH/USP, 1999.

BASTOS DE MATOS, C. A. *Apontamentos sobre a história da comarca da Franca*. Franca, s.d. (Mimeogr.).

BATISTA, D. J. *Cativos e libertos*: a escravidão em Franca entre 1825-1888. 1998. Franca, 212f. Dissertação (Mestrado em História), Faculdade de História, Direito e Serviço Social, Universidade Estadual Paulista "Júlio de Mesquita Filho".

BENTIVOGLIO, J. C. *Igreja e urbanização em Franca*: século XIX. Franca: Unesp-FHDSS: Amazonas Prod. Calçados S. A., 1997.

BRIOSCHI, L. R. *Entrantes no sertão do Rio Pardo*: o povoamento da Freguesia de Batatais – século XVIII e XIX. São Paulo: Ceru, 1991.

CALEIRO, R. C. L. *História e crime*: quando a mulher é a ré – Franca 1890-1940. São Paulo, 1998. Dissertação (Mestrado em História), Faculdade de História, Direito e Serviço Social, Universidade Estadual Paulista "Júlio de Mesquita Filho".

_____. Mulheres e cotidiano na ordem escravocrata: a violência que se adivinha. Belo Horizonte, 2004. Tese (Doutorado em História). Faculdade de Filosofia e Ciências Humanas, Universidade Federal de Minas Gerais.

CAMPOS, A. L. de A. Mulheres criminosas (Franca, século XIX). *Estudos de História*. Franca, v.6, n.2, p.53-81, 1999.

CHIACHIRI, J. *Vila Franca do Imperador*: subsídios para a história de uma cidade. Franca: Editora "O Aviso da Franca", 1967.

CHIACHIRI FILHO, J. *Do Sertão do Rio Pardo à Vila Franca do Imperador*. Ribeirão Preto: Ribeira, 1986.

CONSTANTINO, A. Crônicas Francanas: 17 de julho de 1852, data histórica. *Comércio da Franca*, Franca 19 de julho de 1931.

MARTINS, A. M. V. *Um império a constituir, uma ordem a consolidar*: elites políticas e Estado no sertão, Franca-SP, 1824-1852. Franca, 2001. Dissertação (Mestrado em História), Faculdade de História, Direito e Serviço Social, Universidade Estadual Paulista "Júlio de Mesquita Filho".

NALDI, M. R. G. *Coronelismo e poder local*: Franca 1850-1889. Franca: Unesp, 1992.

OLIVEIRA, L. L. *Economia e história em Franca*: século XIX. Franca: Unesp-FHDSS: Amazonas Prod. Calçados S. A., 1997.

SANTOS, W. dos. Quadro demonstrativo do desmembramento do município, *Diário da Franca* (Suplemento Especial de Aniversário da Cidade), Franca, 28 de novembro de 1991.

TOSI, P. G. *Capitais no interior*: Franca e a história da indústria coureiro-calçadista (1860-1945). Campinas, 1998. Tese (Doutorado em Economia) – Instituto de Economia, Universidade Estadual de Campinas.

Demais obras pertinentes à pesquisa

DE CERTEAU, M. *A escrita da história*. 2.ed. Rio de Janeiro: Forense Universitária, 2002.

DIAS, M. O. L. da S. Hermenêutica do quotidiano na historiografia contemporânea. *Projeto História*. São Paulo, v.17, nov. 1998b.

FOUCAULT, M. *Vigiar e punir*: nascimento da prisão. 28.ed. Petrópolis: Vozes, 2004.

HAY, D. et al. *Albions's fatal tree*. Crime and society in eighteenth-century England. London: Penguim Books, 1988.

HOBSBAWM, E. *Rebeldes primitivos*: estudos sobre formas arcaicas de movimentos sociais nos séculos XIX e XX. Rio de Janeiro: Zahar, 1970.

_____. *Bandidos*. 2.ed. Rio de Janeiro: Forense-Universitária, 1976.

PERROT, M. *Os excluídos da História*: operários, mulheres e prisioneiros. Rio de Janeiro: Paz e Terra, 1998.

REVEL, J. (Org.) *Jogos de escalas*: a experiência da micro-análise. Rio de Janeiro: Editora Fundação Getúlio Vargas, 1998.

ROUSSEAU, J.-J. *O contrato social*: princípios do direito político. 4.ed. São Paulo: Martins Fontes, 2006.

THOMPSON, E. P. *Tradición, revuelta y consciencia de clase*: estudios sobre la crisis de la sociedad preindustrial. Barcelona: Crítica, 1979.

_____. *A formação da classe operária inglesa*. Rio de Janeiro: Paz e Terra, 1987a. 3v.

_____. *Senhores e caçadores*: a origem da Lei Negra. Rio de Janeiro: Paz e Terra, 1987b.

_____. *Senhores e caçadores*: a origem da Lei Negra. 2.ed. Rio de Janeiro: Paz e Terra, 1997.

_____. *Costumes em comum*. São Paulo: Companhia das Letras, 1998.

_____. *As peculiaridades dos ingleses e outros artigos*. Campinas: Editora da Unicamp, 2001.

Anexo

Lei nº 4 de 10 de junho de 1835

Artigo 1º – Serão punidos com a pena de morte os escravos ou escravas, que matarem, por qualquer maneira que seja, propinarem veneno, ferirem gravemente ou fizerem qualquer outra grave ofensa física a seu senhor, à sua mulher, descendentes ou ascendentes, que em sua companhia morarem, a administrador, feitor e às suas mulheres que com eles viverem.

Se o ferimento ou ofensa física forem leves a pena será de açoites à proporção das circunstâncias mais ou menos agravantes.

Artigo 2º – Acontecendo alguns dos delitos mencionados no artigo 1º, o de insurreição, e qualquer outro cometido por pessoas escravas em que caiba a pena de morte, haverá reunião extraordinária do júri do termo (caso não esteja em exercício) convocada pelo juiz de direito, a quem tais acontecimentos serão imediatamente comunicados.

Artigo 3º – Os juízes de paz terão jurisdição cumulativa em todo o município para processarem tais delitos até a pronúncia, com as diligências legais posteriores, e prisão dos delinqüentes, e concluído que seja o processo, o enviarão ao juiz de direito, para este apresentá-lo no júri, logo que esteja reunido, e seguir-se os mais termos.

Artigo 4º – Em tais delitos, a imposição da pena de morte será vencida por dois terços do número de votos; e para as outras, pela maioria; e a sentença se for condenatória, se executará sem recurso algum.

Artigo 5º – Ficam revogadas todas as leis, decretos e mais disposições em contrário.

Fonte: Coleção das Leis do Império do Brasil (1835 – 1ª Parte). Rio de Janeiro: Tipografia Nacional, 1864, p.5-6.

SOBRE O LIVRO

Formato: 14 x 21 cm
Mancha: 23,7 x 42,5 paicas
Tipologia: Horley Old Style 10,5/14
Papel: Offset 75 g/m² (miolo)
Cartão Supremo 250 g/m² (capa)
1ª edição: 2011

EQUIPE DE REALIZAÇÃO

Coordenação Geral
Marcos Keith Takahashi

Impressão e acabamento